U0934425

本书编写人员

张　勇　曹伟美　陈怀京　郭莉莉
弓　弘　李嘉凤　孙杰夫　李伟民
王亚辉　陈云梅　任耀平　尤宁戈

顾问 王家瑞

当代世界

大事概览（2013）

主　　编　于洪君
执行主编　尤宁戈　张　勇

党建读物出版社

图书在版编目(CIP)数据

当代世界大事概览．2013／于洪君主编．—北京：
党建读物出版社，2014．5

ISBN 978－7－5099－0511－1

Ⅰ．①当… Ⅱ．①于… Ⅲ．①大事记—世界—2013
Ⅳ．①D5

中国版本图书馆 CIP 数据核字(2014)第 084083 号

当代世界大事概览

DANGDAI SHIJIE DASHI GAILAN

(2013)

于洪君　主编

责任编辑:刘君　**责任校对**:钱玲娣　**封面设计**:李志伟

党建读物出版社出版发行

http://www.djcb71.com

(北京市西城区南横东街 6 号　邮编:100052　电话:010－58587632 ／7681)

新华书店经销　保定市中画美凯印刷有限公司印刷

710 毫米×1000 毫米　16 开本　15.75 印张　243 千字

2014 年 5 月第 1 版　2014 年 5 月第 1 次印刷

印数:1—1500

ISBN 978－7－5099－0511－1　定价:42.00 元

本社版图书如有印装错误，我社负责调换(电话:010－58587660)

目　　录

月

叙利亚局势出现新迹象

法国主导欧盟对马里进行军事干预

阿尔及利亚发生人质事件

埃及发生社会动乱

朝鲜对联合国安理会第 2087 号决议反应强烈

国际社会展望 2013 年。新年前夕，中国国家主席胡锦涛发表题为《携手促进世界和平与共同发展》的贺词。他表示，中国将继续处理好保持经济平稳较快发展、调整经济结构、管理通胀预期的关系，加快推进经济发展方式转变和经济结构调整，着力保障和改善民生，努力巩固经济社会发展良好势头。同时将继续恪守维护世界和平、促进共同发展的外交政策宗旨，坚持独立自主的和平外交政策，始终不渝走和平发展道路，始终不渝奉行互利共赢的开放战略，在和平共处五项原则的基础上发展同各国的友好交往和互利合作，积极参与应对全球性问题的国际合作。

胡锦涛还和俄罗斯总统普京互致新年贺电并表示，在新的一年里，中方愿同俄方携手努力，全面深入落实两国关系未来 10 年发展规划，扎实推进各领域务实合作和战略协作，办好俄罗斯的“中国旅游年”，加强在国际和地区热点问题上的磋商与协调，推动中俄全面战略协作伙伴关系迈上新台阶。普京在贺电中高度评价俄中关系积极发展势头和取得的丰硕成果，表示愿与中方继续共同努力，推动两国关系在新的一年里取得更大发展。

朝鲜国防委员会第一委员长金正恩发表新年贺词呼吁韩国切实履行朝韩共同宣言，并表示为结束分裂状态，进而实现统一，朝韩摆脱对决状态是非常重要的。朝鲜将同友好对待朝鲜的世界各国进一步加强友好合作关系，努力维护区域和平与稳定。

韩国总统李明博发表新年贺词称，韩国不仅是经济强国，同时也是文化强国、体育强国和绿色强国，韩国已跨入世界中心国家的行列。2013 年韩国要以坚强的国力为基础，竭尽全力迈向世界。韩国候任总统朴槿惠也发表新年贺词表示，今后新政府会把关切民生、解决民生难题放在国政运营的首位。

日本首相安倍晋三发表新年感言提出重建经济、教育及外交的方针。安倍表示将于年初尽快重新启动经济财政咨询会议，实施大胆的金融政策、灵活的财政政策以及促进民间投资的成长战略三大战略，并表示将在强化日美同盟的基础上，“结合边境岛屿的实际情况振兴当地经济、加强管理，并强化警备”，“将恢复世界一流水平的学力，重建规范意识、对历史及文化的尊重态度”，将努力推进“国土强韧化”、社保及税制整体改革、创造女性亦能充分发挥能力的环境。

澳大利亚总理吉拉德发表新年贺词，回顾工党政府在应对气候变化、改善医疗保障和老年人福利方面取得的成绩，指出澳大利亚在新的一年里面临的一些重要机遇与挑战。

英国首相卡梅伦发表新年讲话表示在新的一年中，他的政府要保证英国在全球竞争中取胜，并帮助英国人民获得成功。

德国总理默克尔在新年致辞中说，作为欧洲最大经济体，德国2013年的经济形势“可能比2012年更艰难”。她警告说，欧元区债务危机“远远没有结束”，“但是我们不能因此丧失勇气，正相反，应该因此激励自己，在新年中证明我们的强大，团结一致，发挥创造力，为经济发展增添力量”。

美国财政“悬崖”变“缓坡”。1日，美国国会参议院民主和共和两党达成“财政悬崖”解决方案。根据方案，美国将在2013年向年收入45万美元以上的富裕家庭增税，并把将在2013年年初启动的约1100亿美元的政府开支削减计划延后两个月再执行。当天，美国国会众议院亦投票通过此项协议。美国总统奥巴马就此发表讲话称，此项协议让美国赋税制度更加公平。3日，奥巴马签署协议。

委内瑞拉总统查韦斯病情反复。1日，委内瑞拉副总统马杜罗表示，总统查韦斯目前病情仍不稳定，政府将及时公布其真实的健康状况。3日，多名政府高官齐聚哈瓦那，讨论查韦斯能否参加定于10日举行的就职典礼。5日，查韦斯的强力支持者、委内瑞拉国民大会主席卡贝罗再次当选连任。8日，委内瑞拉国会投票通过查韦斯就职典礼延期的决定，此举被反对派指责“违宪”。10日，委内瑞拉为查韦斯举办象征性的就职仪式，尼加拉瓜、玻利维亚、乌拉圭等国总统以及20多个国家的高官出席。这是委内瑞拉历史上首次出现总统缺席就职典礼的情况。16 日，马杜罗代替查韦斯在国会发表国情咨文。19 日，马杜罗说，查韦斯的状况有所改善。26 日，马杜罗表示，查韦斯的病情已大为好转。28 日，在拉美及加勒比国家共同体峰会闭幕式上，查韦斯让马杜罗代为宣读了一封信，对自己不能亲自出席峰会表达了歉意，同时对古巴领导人劳尔·卡斯特罗出任拉美及加勒比国家共同体轮值主席表达祝贺。

英阿关于马尔维纳斯群岛归属的争议持续不断。2 日，阿根廷总统克里斯蒂娜致信英国首相卡梅伦，要求英国“结束殖民主义”，向阿根廷“归还马尔维纳斯群岛”。此信被公开后，福克兰群岛（阿根廷称“马尔维纳斯群岛”）当地政府回击了克里斯蒂娜的言论，称希望由当地居民决定岛屿的主权归属。英国首相府随即发表措辞强硬的声明，表示福克兰群岛上的居民表示出归属英国的愿望，阿根廷必须尊重岛民自决的权利。3 日，卡梅伦重申，政府将采取一切措施保护福克兰岛民的利益。6 日，卡梅伦在接受英国广播公司采访时强硬表态说，如有必要英国将随时准备为保留福克兰群岛而战，“我们的决心非常坚定”。14 日，英国军方称已做好应战计划，包括增援驻军、增派一艘战舰、增调皇家空军“台风”战斗机等。17 日，南大西洋和平与合作区国家敦促英国和阿根廷就该群岛主权归属问题重启谈判。

巴基斯坦安全形势不佳。3 日，美军无人机在巴基斯坦北瓦济里斯坦地区对一辆疑似武装分子驾驶的汽车发射了 3 枚导弹，造成 3 人死亡。当天早些时候，美军无人机还向巴基斯坦南瓦济里斯坦地区一所疑似藏匿武装分子的房屋发射了 4 枚导弹，造成至少 5 人死亡。4 日，巴基斯坦政府军在巴西北部开伯尔部落区针对武装分子的清剿行动中打死 20 名武装分子。6 日，美军无人机在巴西北部地区发动空袭，造成至少 23 人死伤。8 日，美军无人机在巴北瓦济里斯坦部落地区分别向两所疑似藏匿武装分子的房屋发动导弹袭击，共造成至少 8 人死亡，4 人受伤。10 日，巴西南部城市奎达发生连环爆炸袭击事件，造成至少 120 人丧生，200 多人受伤，极端主义团体“坚格维军”宣称制造了该袭击事件。巴基斯坦总统扎尔达里和总理阿什拉夫均对该袭击予以谴责。联合国秘书长潘基文就此特别发表声明，对巴境内持续发生的恐怖主义暴力活动深表关切，并对此次连环袭击事件表示强烈谴责。13 日，巴西北部地区发生 3 起军方车辆遭遇爆炸袭击事件，造成至少 17 名巴基斯坦士兵丧生，另有 25 人受伤。24 日，联合国在伦敦宣布，将尽快发起一项对以美国为首的军队进行无人机空袭以及在反恐行动中进行定点清除的调查行动。巴基斯坦是提出这项调查行动要求的3个主要国家之一。巴一直谴责美国在巴基斯坦和阿富汗交界地区使用无人机空袭进行定点清除。巴外交部表示，对巴基斯坦的领土进行空袭是“不可接受的”，是对国际法和巴领土的“明显侵犯”。25日，巴两个武装组织在西北部地区发生冲突。29日，两个伊斯兰武装团体在巴基斯坦西北部和阿富汗交界处的部落地区发生军事冲突。这一系列冲突导致至少70人死亡，另有几十人受伤。

法国出现富人“出逃”风潮。3日，俄罗斯总统普京签署政令，给予法国影星德帕迪约俄罗斯国籍。6日，普京在索契亲自向德帕迪约颁发了俄罗斯护照，并与其共进午餐。法国政府决定从2013年起向年收入超过100万欧元的个人征收税率为75%的所得税以及提高财产继承税税率，导致不少富人寻求外国国籍。法国商界领袖批评政府此举打击了企业发展和创造财富的积极性；经济学家认为此举带来的结果是，“增加的收入微乎其微，引起的非议却破坏了法国形象”，进而打消了外来投资者的信心。

巴勒斯坦两大派系五年之后再度和解。4日，巴勒斯坦民族权力机构主席阿巴斯到哈马斯控制的加沙地带，出席法塔赫成立48周年纪念活动。此为2007年法塔赫与哈马斯发生武装冲突、哈马斯实际控制加沙地带以来，首次允许法塔赫举行如此大规模的集会，也是自2012年11月以来巴两大政治、武装派别关系走向缓和的一个标志。法塔赫多名高层官员出现在集会现场，约有数万民众参加。阿巴斯通过电视直播向民众致意并发表讲话，称期望巴两大派系结束历时五年的分裂。阿巴斯表示，两大派别应当团结合作，因为“我们没有除了团结以外的更佳选择”。哈马斯发言人回应称，法塔赫在加沙集会的成功是迈向巴勒斯坦民族团结的实质性一步。

北约在土耳其部署“爱国者”导弹系统。4日，负责监督在土耳其与叙利亚接壤的边境地区部署“爱国者”导弹防御系统的美军士兵抵达土耳其。同日，美军欧洲司令部副司令查尔斯说，“爱国者”导弹的发射将听令于北约，导弹防御系统可在安装完成后数周内投入使用。6日，德国国防军开始在土耳其部署“爱国者”导弹防御系统工作，并将从2月起在土叙边境承担导弹拦截任务。7日，来自荷兰的两套导弹防御系统海运至土耳其。26日，北约发言人宣布，北约在成员国土耳其亚达那省部署的首套“爱国者”导弹防御系统正式进入战斗值班状态。29日，北约部署在土耳其南部卡赫拉曼马拉什省的两套“爱国者”导弹防御系统也正式进入战斗值班状态。

南北苏丹达成多项共识。5 日，苏丹总统巴希尔和南苏丹总统基尔就沿着两国边界设立非军事区，以重启南苏丹石油出口达成协议。双方没有发表正式声明。阿卜耶伊归属问题仍然悬而未决，双方同意在该地区成立行政机构、地区委员会及警察机构，但具体如何落实还需继续谈判。

印巴边境交火导致两国关系降温。6 日，巴基斯坦军方称巴基斯坦与印度边境巴方一哨所遭到印军越境袭击，1 名巴士兵死亡，两国军队在当地交火。印度则称印军向巴方控制一侧开枪，是对巴军炮击炸毁印方一栋住宅所做出的报复行动。美欧各国政府纷纷通过外交渠道希望双方保持克制，勿使局势升温。8 日，印度媒体和军方人士称，2 名印度士兵当天在克什米尔印巴边境地区被巴军人射杀。为此，印度外交部召见巴基斯坦驻印度高级专员表示抗议。9 日，巴外长希娜表示，巴方对印度的指控感到“震惊”，对悲剧的发生表示遗憾，呼吁联合国观察员介入调查。同日，联合国敦促印巴双方缓解由于克什米尔冲突引发的紧张局势，要求双方进行对话。美国国务院发言人纽兰表示，印巴任何一方都不能诉诸暴力解决问题。美国一直在与印巴两国政府磋商，敦促两国缓和紧张局势，继续展开高级别对话。10 日，巴基斯坦军方称，印度军人在克什米尔印巴边境地区射杀了一名巴基斯坦士兵，印度则警告冲突可能影响双方的和平进程。为缓解近来印巴在克什米尔地区的紧张局势，14 日，印度与巴基斯坦军方在克什米尔地区举行会谈，双方均指责对方率先违背停火协议。16 日，巴基斯坦军方说，在没有原因的情况下，印度军队在克什米尔印巴边境向巴方开火，并射杀了 1 名巴国士兵。这是本月以来印巴在克什米尔发生的第四起冲突致死事件。同日，印度军方发言人称，两军高级指挥官进行了 10 分钟电话交谈，就缓解克什米尔地区的紧张局势达成了共识。巴方表示已下达了不许违反停火协议的严格指示，驻边境沿线的印军也不会违反两国 2003 年达成的停火协议。巴基斯坦军方证实了与印方通电话一事，并补充说，巴基斯坦就巴士兵 15 日在克什米尔地区被印方射杀一事提出强烈抗议，但双方一致同意，需要缓解目前的紧张局势。

叙利亚局势出现新迹象。6 日，叙利亚总统巴沙尔 · 阿萨德公开发表电视讲话，提出新的和平倡议，呼吁全国对话结束 21 个月的国内冲突，但是强调不会与那些拿起武器对抗政府的人对话，也不会与那些听命于外国势力的人对话。巴沙尔提出的和平倡议包括召开民族和解大会与制定新宪法，这个民族和解大会将起草“国民宪章”，该宪章将成为叙利亚政治与经济前途的指导文件。然后，叙利亚将举行议会选举，随后组建新政府。巴沙尔表示，只有在西方国家停止资助“极端武装分子”后，这项倡议才能生根发芽。巴沙尔指责外国势力卷入叙利亚国内冲突，表示叙利亚政府目前还没有找到政治解决国内冲突的合作伙伴，但没有找到伙伴，不意味着政府对政治解决国内冲突没兴趣。这是2012年11月巴沙尔接受俄罗斯一家电视台访问以来首次公开讲话。

当天，叙利亚反对派“全国委员会”拒绝了巴沙尔提出的和平倡议。英国指责巴沙尔的倡议“虚伪”。欧盟重申巴沙尔必须下台的立场。美国国务院发言人纽兰表示，巴沙尔提出的解决叙利亚当前危机新倡议“脱离实际”，只是其寻求保住权力的“又一图谋”。美国将继续支持落实叙利亚问题行动小组2012年6月底达成的日内瓦公报。7日，联合国秘书长潘基文通过发言人表示，对巴沙尔就缓和叙利亚国内危机提出的政治倡议感到失望。潘基文强调，通过军事手段解决叙利亚危机是行不通的，将继续和联合国—阿盟叙利亚危机联合特别代表卜拉希米一道推动政治解决叙利亚问题，包括建立一个过渡政府以及举行自由和公正的选举。9日，卜拉希米首次明确表态：叙利亚过渡政府没有巴沙尔的位置。11日，卜拉希米、美国常务副国务卿伯恩斯和俄罗斯副外长、中东问题特别代表波格丹诺夫在瑞士日内瓦举行第二轮会谈。卜拉希米会后代表与会各方向媒体发表谈话，重申叙利亚问题只能通过政治方案来解决。

15日，位于叙利亚北部主要城市阿勒颇的阿勒颇大学发生巨大爆炸，造成82人死亡，160人受伤。24日，潘基文指出，叙利亚内部和该地区的政治环境继续处于分裂的两极化状态，以势不两立的军事手段解决问题的思维继续在叙利亚内部和向双方提供武器、激化冲突的国家中占上风。潘基文再次呼吁停止这类武器供应，通过政治途径解决叙利亚危机。30日，以色列战机侵入叙利亚领空，空袭了位于叙利亚首都大马士革的一个科研中心，造成2死5伤。31日，叙利亚反对派和革命力量全国联盟主席哈提卜表示，愿意与叙利亚政府代表开始谈判。

美国前州长和谷歌高层访问朝鲜。7日，美国前新墨西哥州州长威廉·理查森和谷歌董事会执行主席埃里克·施密特一行飞赴朝鲜首都平壤，开始访问朝鲜。此前，美国国务院发言人纽兰表示，理查森和施密特将只以普通美国公民的身份访问朝鲜，不代表美国政府。由于朝鲜2012年12月不顾国际社会劝阻发射火箭运载卫星，美国认为两人选择此时访朝“不合时宜”。代表团一行在朝鲜访问的 4 天 3 夜中，同朝鲜外务省官员举行了会谈，参观了金日成综合大学电子图书馆、人民大学习堂、朝鲜电脑中心等，还前往锦绣山拜谒了金日成和金正日遗体。代表团一行没有说服朝鲜释放被扣韩裔美国人裴俊浩，但理查森认为此行“成功和富有成果”。他在访问结束后发表了三点声明：代表团在访问期间敦促朝鲜停止核试验以及任何与弹道导弹相关的实验；朝方表示裴俊浩目前身体状况良好；朝鲜应该更加开放网络环境。

阿富汗总统卡尔扎伊访问美国。8 日，阿富汗总统卡尔扎伊抵达美国首都华盛顿，对美国展开访问。11 日，卡尔扎伊与美国总统奥巴马举行会晤，商讨美军撤军进程和 2014 年后驻军安排问题。奥巴马表示，美国在阿撤军问题上“路线清晰”且推进顺利，长达 11 年的阿富汗战争将拥有一个“负责任的终结”。美军在培训阿安全部队与作战两方面均进展顺利，北约的撤军目标将按期实现，其步调还“可以稍微加快”。在 2014 年后美国是否保留部分驻军这一关键问题上，奥巴马将驻阿美军的司法豁免权作为任何驻军方案的前提。

法国主导欧盟对马里进行军事干预。9 日，马里政府军与控制该国北部地区的伊斯兰武装发生激烈交火。马里临时总统特拉奥雷紧急致函联合国秘书长和法国总统求援。10 日，联合国安理会发表声明，对恐怖分子针对马里北部实施的军事袭击表示严重关切，强调应尽快将由非洲主导的国际支助团部署到位。11 日，在马里政府的请求下，法国发动军事行动。12 日，西非国家经济共同体召开紧急会议，决定立即开始在马里部署军队。13 日，法国军队对马里极端宗教组织和恐怖势力位于加奥附近的训练营发动猛烈空袭，造成超过 60 名极端分子丧生。同时，经过连续两天的空中打击，法国空军阻止了反政府武装向马里首都巴马科进军的步伐。14 日，反政府武装发动反攻，经过激烈争夺，政府军再度失去对重要军事基地迪亚巴雷的控制。15 日，法国空军对被武装分子占领的马里西部城市贾巴利发动空袭。16 日，法国军事介入由空袭转向地空联合打击的新阶段。同时，联合国担忧马里国内人道主义局势恶化，要求法国恪守相关国际法规定，不得损毁和破坏马里境内的文化遗产。法国总统奥朗德表示，法国军队将继续驻扎在马里，直到完全确保马里安全举行选举，并消除恐怖主义威胁。17 日，欧盟各国外长正式同意启动一项军事任务，以训练和重组马里军队。24 日，马里政府军及其盟军的军事行动向北稳步推进。继收复北部重镇科纳后，马里政府军又相继收复曾被极端宗教组织和恐怖势力占领的贾巴利和顿察两镇。26 日，法军和马里军队夺回加奥。28 日，奥朗德表示，法国及其非洲伙伴“正在赢得马里战争”。29日，法国总理埃罗表示马里战争已取得“实质性进展”。同日，英国政府宣布将向马里派兵支持法国。同日，在非盟发起的解决马里危机捐赠者大会上，近40个国家和国际组织承诺为国际支助团提供总计约4.5亿美元资金，一些捐赠方还承诺提供装备、武器、燃油等物资。30日，法军进入“伊斯兰捍卫者”的大本营马里北部城市基达尔。特拉奥雷表示，政府拒绝与该国伊斯兰极端分子举行谈判。

英国与欧盟离心倾向加剧。9日，美国政府欧洲和欧亚事务助理国务卿高登在访问英国时，针对英国首相卡梅伦欲退出欧盟的言论，警告英国不要脱离欧盟，“我们和欧盟之间的整体关系正不断发展，欧盟在国际范围内的影响力也不断增大，我们希望欧盟中有一个强有力的英国声音，这也是美国的利益所在”。11日，德国外长韦斯特韦勒表示，德国希望英国“作为一个有建设性和主动性的伙伴留在欧盟”，未来欧盟所有层面上都有融合问题，但德国希望有一个关系更紧密的欧盟，由27个国家组成，包括英国在内。17日，美国总统奥巴马致电卡梅伦表示，美国支持英国在欧盟中保持强大的影响力。23日，卡梅伦正式就英国与欧盟关系前景发表讲话，称如果欧盟不采取措施解决核心问题，英国将有可能退出该组织。德国、法国等国再次迅速对卡梅伦的讲话提出批评。德国总理默克尔呼吁，应当在英国和其他欧盟成员国的想法之间找到妥协。法国也表示欧盟成员国不能“随心所欲”，并警告卡梅伦有关英国可能退出欧盟的计划十分“危险”。欧盟委员会表示，英国成为欧盟成员国中的活跃成员，不仅符合欧盟利益，而且符合英国利益。美国也对英国出现的反欧盟现象表示担忧。欧洲议会议长舒尔茨表示，欧盟需要英国，英国不应该自我孤立，但欧盟应该将注意力集中于就业和增长问题上，而不能浪费在条约谈判中。

中非冲突双方达成协议。11日，中非共和国政府与包括反叛武装“塞雷卡”在内的反对派组织签署了旨在解决中非共和国政治与安全危机的原则宣言、停火协议和政治安排三项协议。政治安排的主要内容有：博齐泽总统继续掌权；任命一位来自反对派的人担任总理，掌握全面执行权力；建立一个由参与谈判的所有利益攸关者的代表组成的民族团结政府，过渡期内，总统无权解职总理，且过渡政府成员必须放弃参加下一届立法选举；在国民议会解散前，就新的选举法和全国选举委员会通过一项法案；在12个月内举行立法选举；建立后续跟踪机制，确保协议条款得到全面执行。在安全方面，协议决定将来自中部非洲国家经济共同体区域以外的部队撤出中非。当晚，联合国安理会发表声明，欢迎中非共和国冲突双方就解决危机签署协议，呼吁有关各方真诚履行协议，致力于建设中非共和国的持久和平。17 日，经与“塞雷卡”、政治反对派及民间代表协商，博齐泽任命尼古拉·蒂昂盖伊为总理，负责组建过渡政府。

泽曼成为捷克首位直选总统。11 日，捷克总统直选进行投票，由于没有候选人获得过半数选票，获得选票前两位的捷克前总理米洛什·泽曼和现任外交部长施瓦岑贝格进入第二轮投票。26 日，第二轮投票结束，泽曼赢得 54.8% 的选票，成为捷克历史上首位由全体公民直接投票选出的总统。泽曼 1944 年 9 月出生于捷克中部的科林市。1996 年至 1998 年任捷克众院议长，1998 年至 2002 年任捷克总理。1993 年至 2001 年担任捷克社会民主党领导人。2003 年，泽曼曾参加总统竞选，但遭遇挫败。

美国和伊拉克共同宣布伊战结束。12 日，美国总统奥巴马与伊拉克总理马利基共同宣布美国在伊拉克打了将近 9 年的战争正式结束，两国关系进入新的篇章。奥巴马还宣布，将继续对伊拉克售武，加强与伊拉克经贸关系。16 日，伊拉克各地发生连环袭击事件，造成至少 43 人死亡。22 日，伊南部巴比伦省发生一起自杀式汽车炸弹袭击事件，至少造成 6 人死亡、14 人受伤。同一天，伊首都巴格达及周边地区发生 3 起汽车炸弹袭击事件，导致至少 17 人死亡、47 人受伤。巴格达以南的巴比伦省发生一起针对军队哨卡的自杀式汽车炸弹袭击事件，至少造成 6 人死亡、14 人受伤。巴格达以北的塔季镇发生自杀式汽车炸弹袭击事件，有 6 人死亡、21 人受伤。23 日，伊北部一座什叶派清真寺发生爆炸，造成至少 42 人死亡、75 人受伤。25 日，伊反政府示威者与政府安全部队在中部城市费卢杰发生冲突，导致至少 5 人死亡、45 人受伤。同日，联合国秘书长潘基文发表声明，对近期发生在伊拉克的多起恐怖袭击事件表示强烈谴责。

巴基斯坦政法系统矛盾激化。15 日，巴基斯坦最高法院下令逮捕涉嫌在担任水电部长期间存在腐败行为的总理阿什拉夫。数千名民众在首都伊斯兰堡示威，要求立即解散议会。巴基斯坦政府表示，尚未收到最高法院所发布的对阿什拉夫逮捕令的任何书面通知。巴基斯坦股市在法院发出庭令后立即暴跌近 3%。阿什拉夫的助手乔杜里称，巴基斯坦军方和高等法院试图携手推翻政府。

伊朗最高领袖颁布禁止开发核武器法令。15 日，伊朗外交部证实，伊朗最高领袖哈梅内伊已经签署教法决议，禁止伊朗开发核武器。伊朗外交部发言人梅赫曼帕拉斯特表示，西方国家应该清楚，最高领袖在伊朗拥有至高无上的地位，他的这一法令对于伊朗进行的任何核活动均具有约束力。16 日，国际原子能机构代表团与伊朗在德黑兰进行了新一轮核查对话，但未取得任何实质性成果。

美国助理国务卿坎贝尔访问韩国和日本。16 日，正在韩国访问的美国负责东亚及太平洋事务的助理国务卿坎贝尔同韩国统一部长官柳佑益进行了会谈，双方一致认为改善因争议岛屿问题陷入低谷的韩日关系十分重要。同日，坎贝尔和美国国家安全委员会亚洲事务高级主任罗素及助理国防部长利珀特等人会晤韩国候任总统朴槿惠。“重新构筑韩日关系”以维护亚洲地区的稳定是坎贝尔此次访问韩、日两国的目的之一。17 日，坎贝尔到访日本，与日本外相岸田文雄举行会谈。双方就密切合作达成一致。坎贝尔表示，“良好的日中和日韩关系对所有相关国家都有利”，敦促日方努力改善与中韩两国的关系。

日本首相安倍晋三出访越南、泰国和印度尼西亚。16 日，日本首相安倍晋三对越南、泰国和印度尼西亚进行访问，这是安倍第二次就任首相后的首次外访。当日，安倍在河内与越南总理阮晋勇举行会谈，中国成为热点话题。安倍公开呼吁越南与日本联手应对中国在本地区“日益活跃的行动”。两国决定推动高层级的政治与安全保障对话。在经济合作领域，日本决定向越南新提供约 5 亿美元的贷款，并帮助越南建设核电站。双方还决定在稀土开发问题上强化合作。17 日，安倍访问泰国，与泰国总理英拉举行会谈。双方确认将在安全保障和经济等领域加强合作，还就“携手应对东亚地区的课题”达成一致。安倍表示希望推进高铁和信息技术的基建出口，从而构筑两国稳固的合作关系。18 日，安倍晋三访问印度尼西亚，与印尼总统苏西洛举行会晤，就双边经济合作等问题交换意见。双方一致同意加强贸易与投资领域的合作。

阿尔及利亚发生人质事件。16 日凌晨，41 名外国人在阿尔及利亚东部一个油气公司遭一伊斯兰团伙劫持。这个伊斯兰团伙来自马里，跟“基地”组织有紧密联系，劫持人质旨在报复法国对马里北部武装分子的空袭行动，该团伙还把阿尔及利亚政府释放被关押的同伴作为释放人质的条件。17 日，阿尔及利亚政府军出动直升机，对武装组织绑架人质的天然气田进行了轰炸，炸死了 35 名外国人质与 15 名绑匪，成功解救了近 600 名阿尔及利亚籍人质和 4 名外籍人质。阿尔及利亚政府发言人表示，由于与武装分子就释放人质的谈判破裂，军方才被迫采取行动。当日，英国首相卡梅伦表示，他对阿尔及利亚采取军事行动前未事先通知英国表示愤怒。法国总统奥朗德说，阿尔及利亚的情况更进一步证实了法国采取出兵马里的决定是正确的。日本首相安倍晋三致电阿尔及利亚总理，要求撤走攻击部队，因为营救人质任务似已失败，造成严重伤亡。美国白宫表示，对人质情况担忧，要求阿尔及利亚做“清楚的说明”。而阿尔及利亚声称，解救人质行动是正确的。阿尔及利亚特别部队在 17 日的攻势结束后，已经恢复与武装分子的谈判。18 日，联合国安理会发表声明，强烈谴责阿尔及利亚恐怖袭击事件，强调必须将肇事者绳之以法。欧美各国纷纷指责劫持人质的武装分子要为死伤负责。20 日，欧洲理事会主席范龙佩发表声明，谴责恐怖分子在阿尔及利亚劫持人质。同日，法、日、美纷纷呼吁加强合作，保护侨民。

美国正式承认索马里新政府。17 日，美国国务卿希拉里·克林顿与正在美国访问的索马里总统马哈茂德互换外交信函，正式承认索马里新政府，确立两国新的外交关系。这是自 1993 年索马里武装组织打下两架美国军用直升机后美国第一次重启和索马里的正式外交关系。随着政局稳定和安全形势好转，索马里迎来建交小高潮。除美国外，自 2011 年以来与索马里建交或恢复外交关系的还有爱沙尼亚、格鲁吉亚、巴勒斯坦、土耳其、利比亚、南非、吉布提、埃塞俄比亚、瑞典、意大利等国，一些国家已任命或派驻了驻索马里大使。

潘基文称核裁军进程偏离应有轨道。18 日，联合国秘书长潘基文发表题为《促进核裁军和不扩散议程：在一个过度军备的世界寻求和平》的演讲，强调《不扩散核武器条约》仍是全球核裁军及不扩散机制的基石，有助于遏制核武器扩散并避免出现一个拥有众多核国家的世界。各国须努力推动核武器以及生物和化学武器的裁军和不扩散。目前核裁军进程偏离了应有的轨道。“拖延带来的是高昂的代价。拖延时间越长，核武器被利用带来的风险就越大，恐怖分子将会得到这些核武器。”潘基文指出，裁军谈判会议 10 年来停滞不前，这种现实必须改变。

奥巴马开启总统第二任期。20 日，美国总统奥巴马在白宫举行宣誓仪式，履行法定连任就职程序，开始第二任期。21 日，奥巴马在国会山公开宣誓就职并发表就职演讲，阐明了第二任期执政政纲，列出了今后 4 年的施政重点，主要包括：医疗改革——继续推进相关改革，在减少医保成本和削减赤字之间作出选择；移民改革——找到更好的方法容纳勤奋上进的移民，帮助青年学生和工程师得到雇用；枪支管制——修订多年来备受争议的枪支管制政策；外交政策——通过“接触”长久地消除对有关国家的怀疑和恐惧，继续支持世界各地的民主运动；应对气候变化——采取行动减少野火、干旱、风暴带来的致命威胁；同性恋权益——使同性恋者在法律框架内得到平等对待。

法国和德国庆祝签署和解条约50周年。21日，法国总统奥朗德抵达德国首都柏林，参加庆祝法德签署友好条约50周年纪念活动。奥朗德当天下午与德国总理默克尔会面，之后两人在德国联邦总理府共同会见200多名德法青年。22日，德国联邦议院与法国国民议会举行联席会议，庆祝两国和解50周年。当天，法国总理埃罗带领内阁部长和400多位法国参众两院议员，分乘两架飞机来到柏林，举行法德联合会议和联合政府内阁会议。默克尔和奥朗德共同表示，“世界上没有哪两个国家能有德法如此紧密的关系”，两国接下来将加强欧盟层面的合作，包括稳定和深化货币联盟、促进就业、加强能源与环保等领域合作。

朝鲜对联合国安理会第2087号决议反应强烈。22日，联合国安理会一致通过关于朝鲜发射卫星问题的第2087号决议，要求朝鲜遵守安理会有关决议，不得再使用弹道导弹技术进行发射。决议同时重申，希望寻求以和平、外交和政治方式解决有关问题，呼吁重启六方会谈。23日，朝鲜外务省针对该决议发表声明称，由美国主导通过的安理会决议，是将朝鲜发射和平卫星非法化、强化妨碍朝鲜发展经济和加强国防力量的“敌对措施”。声明坚决谴责和反对联合国安理会的此项决议，要求安理会立即撤回一切侵犯朝鲜主权的决议并道歉。声明表示，朝鲜将根据有关和平利用宇宙的国际法，继续行使自主合法的和平卫星发射权利，更多开发和发射建设经济强国所必要的通信卫星等各种实用卫星和更具威力的运载火箭。朝鲜将借发射卫星打造经济强国，朝鲜未来的宇宙空间技术也将达到世界水平。声明称，在美国敌朝政策丝毫没有变化的情况下，朝鲜认为在实现世界无核化之前，朝鲜半岛无核化绝不可能实现。由于美国变本加厉的对朝敌视政策，基于尊重主权和平等原则的六方会谈“9·19”联合声明和朝鲜半岛无核化宣告终结。今后，只能有旨在保障朝鲜半岛和地区和平与稳定的对话，但不会有议论朝鲜半岛无核化的对话。声明说，针对美国制裁，朝鲜将采取扩大和加强包括核遏制力在内的自卫军事力量的任何物理回应措施。朝鲜革命武装力量将以“先军”捍卫祖国安全和国家主权，维护本地区和平与稳定。如果敌对势力继续进行挑衅，朝鲜“将采取重大措施彻底根除其祸根”。“在反美对决战中，朝鲜不掩饰将继续发射卫星和运载火箭，以及进行更高水平的核试验，以瞄准宿敌美国”。

同日，韩国外交通商部发言人赵泰永表示，安理会的决议表明了国际社会将严正应对朝鲜“挑衅”。朝鲜应废除所有的核武器和核计划，中断有关弹道导弹的一切活动，彻底遵守安理会的决议。俄罗斯外长拉夫罗夫希望朝方能够倾听国际社会意见，回到六方会谈框架下的合作道路上来。俄方将尽全力促成谈判恢复。日本首相安倍晋三称，希望朝鲜保持克制，并强烈要求朝鲜停止导弹发射、核试验等挑衅行为。24日，联合国秘书长潘基文对此决议表示欢迎，认为对话是实现朝鲜半岛无核化以及持久和平的唯一途径，呼吁有关各方不遗余力，通过六方会谈，恢复外交接触。同时要求朝鲜全面履行安理会决议，避免采取导致朝鲜半岛局势紧张的任何行动，包括使用弹道导弹技术的任何发射或核试验。

美日“铁拳”联合夺岛实战军演在美国西海岸举行。22日，美国与日本代号为“铁拳”的联合夺岛实战军演在美国西海岸举行。这是美日联合举行的第8次“铁拳”演习，也是在美国举行的规模最大、日本自卫队员参加人数最多、投放武器最多的联合实战演习，共有280名日本自卫队人员与约1000名美国海军陆战队人员参加。27日，日本在鹿儿岛县种子岛宇宙中心成功发射两颗卫星，即“雷达4号”情报收集卫星和一颗光学传感实验卫星，至此，日本由4颗间谍卫星组成的“宇宙监视网络”构建完成。

第三届阿拉伯国家经济社会发展峰会通过《利雅得宣言》。22日，第三届阿拉伯国家经济社会发展峰会在沙特阿拉伯首都利雅得闭幕，阿拉伯各国首脑出席此次会议。在为期两天的峰会上，各国领导人就加强相互间切实有效的合作以改善社会与经济条件达成《利雅得宣言》。宣言称，阿拉伯国家相互间投资有助于实现阿拉伯经济一体化，改善部分国家面临的贫困和失业情况。宣言还涉及阿拉伯国家联合行动机制能力建设、发展可再生能源、加快阿拉伯国家关税同盟建设等问题。

利库德集团赢得以色列议会选举。22日，以色列大选开始投票。23日，根据以色列中央选举委员会公布的计票结果，以色列总理内塔尼亚胡领导的右翼政党竞选联盟“利库德集团——以色列是我们的家园”赢得31个议席，成为议会第一大党。内塔尼亚胡将获得总统佩雷斯授权在规定期限内组建新一届政府。

约旦举行大选。23 日，约旦议会选举开始投票。此次选举共有 1425 名合法候选人角逐 150 个议会席位，拥有投票权的选民超过 227 万。约旦国王阿卜杜拉二世说，约旦正在向议会制政府过渡，“强化了国家权力系统的分权和制衡，以及司法的独立性和公民权”，还修改了 1/3 的宪法，建立了宪法法院。24 日，约旦独立选举委员会主席表示，约 56.68% 的选民参加了投票，选举是透明的，没有面临任何压力。同日，独立选举委员会宣布选举的最终结果后，约旦部分地区发生了骚乱。

澳大利亚公布首份《国家安全战略》。23 日，澳大利亚总理吉拉德在澳大利亚国立大学国家安全学院公布《澳大利亚国家安全战略》，明确澳大利亚所面临的危险，包括传统的和人们熟知的危险，如谍报和外来干涉、以国家为基础的冲突和胁迫等。吉拉德说：“大规模杀伤性武器的扩散，特别是伊朗核项目和朝鲜不间断的导弹试射与核计划都严重威胁世界和平和地区稳定。”其他方面的危险有恐怖主义和极端主义暴力，以及日益增加的严重有组织犯罪。该安全战略把网络安全作为澳大利亚国防、司法和情报机构今后五年工作的焦点之一。

第 43 届世界经济论坛在瑞士达沃斯举行。23 日，第 43 届世界经济论坛在瑞士达沃斯举行，会议主题是“为持久发展注入活力”。政商界要人集中探讨对策以化解欧债危机、贫富差距扩大、青年人失业、气候灾害频繁等因素带来的风险，与中国合作也是论坛的热门议题。世界经济论坛主席施瓦布强调，在全球化时代，各国面临共同的外部挑战，开放合作是应对危机、解决问题的唯一途径。

国际货币基金组织报告称 2013 年全球经济将缓慢回升。25 日，国际货币基金组织发布最新的《世界经济展望》报告。报告预测，因抑制全球经济活动的因素将在 2013 年消退，全球增长步伐将会加快，年度经济增长率平均将达到 3.5%，高于 2012 年的 3.2%。报告称，美国在 2013 年的平均增长率将为 2%。欧元区的增长预测被下调，预计在 2013 年将收缩 0.2%。欧元区将继续给全球前景带来严重的下行风险。日本经济在 2013 年将增长 1.2%。日本大规模的财政刺激、进一步放松银根、外部需求回升和日元走弱都将刺激经济增长。报告指出，新兴市场和发展中经济体的增长在 2013 年将升至 5.5%。许多发展中经济体近期经济活动的加速在很大程度上得益于支持性的政策，但发达经济体的疲软将对外部需求以及商品出口国产生不利影响。此外，发展中经济体进一步放松政策的空间已经缩小，而供给“瓶颈”和政策不确定性阻碍了巴西、印度等经济体的增长。报告认为，全球需要通过政策行动保护脆弱的经济复苏。

日本政府正式决定修改现行《防卫计划大纲》。25 日，日本政府召开内阁会议，正式决定修改现行的《防卫计划大纲》和《中期防卫力量整备计划》，还决定了暂时的防卫力量整备计划，以加强保卫领土、领海和领空，提高自卫队应对各种事态的能力。日本防卫省将迅速成立一个专门研究委员会，开展修改上述两份文件的相关工作，计划于 6 月提出中期报告，并争取在今年修改完成。

埃及发生社会动乱。25 日，埃及反对派在首都开罗解放广场进行大规模示威游行，反对穆尔西政府。当天，数千名示威者还冲击了苏伊士省政府大楼，9 人遭枪击身亡，456 人受伤。埃及总统穆尔西呼吁民众用“文明、和平”的方式纪念推翻穆巴拉克政权两周年。26 日，埃及一家法院宣判卷入 2012 年塞得港足球骚乱的 21 名罪犯死刑，引发大规模冲突，导致 31 人死亡、300 多人受伤。冲突发生后，穆尔西呼吁各方保持平静，拒绝暴力。埃及国防委员会也呼吁进行对话。27 日，塞得港再次发生大规模冲突，有 5 人死亡、623 人受伤。当晚，穆尔西宣布塞得港、苏伊士以及伊斯梅利亚省进入紧急状态并实施宵禁，同时邀请国内各派别 28 日在开罗就形势举行对话。同日，美国白宫发言人卡尼表示，美国强烈谴责最近在埃及多个城市发生的暴力事件，希望埃及领导人能够明确传递“暴力不可接受”的信息，希望埃及人民能够和平地表达自己的愿望。29 日，埃及国防部长兼武装部队最高委员会主席塞西警告称，如果埃及的政治危机仍然持续，整个国家可能会“瓦解”。30 日，埃及主要反对派“全国拯救阵线”和萨拉菲派光明党称，他们已达成一致，呼吁与现政府展开对话，组建新的联合政府并举行议会选举。31 日，各主要党派领导人举行会谈，表示将结束暴力。

新加坡人民行动党补选失利。26 日，新加坡榜鹅东选区举行国会补选，二度代表工人党征战该选区的李丽连获得 54.52% 的选票，击败执政的人民行动党候选人许宝琨，成为 1968 年后首位当选单选区议员的反对党女性候选人。目前，新加坡人民行动党在国会 87 个民选议席中占有 80 个议席。

首届拉美及加勒比国家共同体—欧盟峰会通过《圣地亚哥声明》。26 日，首届拉美及加勒比国家共同体—欧盟国家首脑会议在智利首都圣地亚哥举行，来自拉美及加勒比地区和欧盟60个国家的国家元首、政府首脑或政府代表出席。会议的主要议题是探讨如何建立一个新的经济和社会战略联盟，通过改善社会和环境质量的投资取得可持续发展。会议通过《圣地亚哥声明》和2013—2014行动计划。声明强调，建立旨在促进可持续发展的协作关系可以引导拉美和欧盟两大地区取得经济的可持续增长。声明说，与会领导人对目前世界所面临的经济危机表示忧虑，承诺建立一个新的国际金融体制，加强对市场的调节并努力减少市场风险。同时还将提供一切便利条件，促进双方自由贸易协议的实施，加强技术转让并推动微型企业和中小企业的发展。在安全方面，会议建议加强在扫毒领域的协调与合作机制，支持打击犯罪行为，在执法和实施法律援助等方面加强合作。会议还承诺加强反腐合作力度，在高等教育、公共安全、食品安全和营养等彼此感兴趣的领域努力开展新的合作。

第20届非盟首脑会议召开。27日，第20届非洲联盟首脑会议在埃塞俄比亚首都亚的斯亚贝巴拉开帷幕，共有37个非洲国家的元首、政府首脑，以及包括联合国秘书长潘基文在内的国际组织代表等出席。本次峰会议题为“泛非主义和非洲复兴”。非洲一些国家近期的动荡局势引起与会者普遍关注，和平与安全问题因此成为本届峰会的重中之重。非盟委员会主席德拉米尼·祖马在开幕式上表示，和平与安全对非洲大陆的发展至关重要。非洲地区的经济发展也是本次峰会关注的焦点之一。潘基文对非洲的经济发展给予了高度肯定，同时对非洲当前的地区冲突表示担忧，希望领导人们在本次峰会期间通过有关决议，以解决非洲地区周期性冲突背后所存在的结构性因素，进而从制度上解决该问题。

日本首相安倍晋三发表施政演说强调重振经济。28日，日本第183届例行国会召开，首相安倍晋三在众议院全体会议上进行了政策宣示。他把摆脱通缩重振经济作为最大最紧要的任务，重申将与央行紧密合作，通过大胆的货币政策、灵活机动的财政政策和唤起民间投资增长战略“三管齐下”重振日本经济。他还承诺将加快东日本大地震的灾后重建工作。对于导致10名日本人遇难的阿尔及利亚绑架事件，安倍在演说伊始表示了“坚决谴责”，并称“将与国际社会合作继续与恐怖主义战斗”。在外交安全领域，安倍称“日本所处的形势越发严峻”，表示“将坚决保卫国民的生命、财产以及领土、领海、领空”。

缅甸民盟主席昂山素季访问韩国。28 日，缅甸全国民主联盟（民盟）领导人昂山素季开始对韩国为期 5 天的访问，这是她近 25 年来首次访问韩国。29 日，韩国候任总统朴槿惠在韩国首都首尔与昂山素季会面，希望韩、缅两国团结一致，为打造更为自由幸福的亚洲而努力。昂山素季表达了相同的愿望。同日，昂山素季与韩国总统李明博会面。李明博强调，缅甸的民主化应和经济发展同步进行。昂山素季则希望更多缅甸劳工到韩国发展。同日，昂山素季出席第 10 届冬季特奥会开幕式。30 日，昂山素季参加特奥会的连带活动“全球开发高层会议”并发表主旨演讲。

韩国成功发射“罗老”号火箭。30 日，韩国教育科学技术部长官李周浩正式宣布韩国首枚运载火箭“罗老”号火箭在当地时间 30 日下午 4 时发射升空，将卫星成功送入预定轨道。韩国总统李明博通过电视观看了“罗老”号火箭的发射情况，在发射获得成功后，致电李周浩和航空宇宙研究院“罗老”号发射推进团团长赵光来表示祝贺，并称韩国正式迈出了打开宇宙科学时代的第一步，要把此次发射作为提升大韩民国国力的一个契机。

月

朝鲜进行第三次核试验

朴槿惠就任韩国第18届总统

突尼斯反对派领导人遇刺身亡

国际社会继续斡旋叙利亚危机

伊朗核问题新一轮对话举行

埃及总统发起全国对话遭反对派拒绝。1 日，埃及 16 个反政府政治派别宣布，发起全国性示威活动，要求总统穆尔西解散现政府、修改宪法和重新任命总检察长。同日，数千名埃及民众聚集在首都开罗的解放广场，纪念 2012 年塞得港冲突中的遇难者，并进行反政府示威游行。一些示威者与安全部队发生冲突，造成至少 1 人死亡、数十人受伤。冲突发生后，穆尔西发表声明说，各政治派别应为此承担责任，并谴责总统府外发生的冲突，呼吁其支持者立即离开该区域，承诺调查游行示威者向安全部队发起的攻击行为。埃及主要反对派“全国拯救阵线”也发表声明，对暴力冲突表示谴责，认为穆尔西及穆斯林兄弟会应为过去两个月爆发的国内冲突负责。2 日，“全国拯救阵线”发表声明，支持抗议者推翻穆尔西政权的要求，表示在停止流血以及相关责任人得到应有惩罚之前不会加入全国对话，呼吁审判造成流血冲突的穆尔西等人。8 日，开罗、西部省及亚历山大等地爆发大规模游行示威，一些示威者与当地维持秩序的军警发生冲突，造成 100 多人受伤。10 日，30 多名来自伊斯兰派别的政治家宣告成立“国家觉醒阵线”。17 日，埃军总参谋长苏卜希说，军方会尽量避免参与政治，除非埃及面临“复杂”局面。22 日，埃及民众聚集在位于开罗市中心的总检察长办公室外举行反政府示威游行，要求将穆尔西及穆斯林兄弟会绳之以法、解除总检察长职务以及立即释放被关押的数名政治活动家。23 日，穆尔西宣布将埃及人民议会的选举时间从 4 月 27 日提前至 4 月 22 日开始，6 月 24 日结束。穆尔西公布选举日期后，反对党华夫脱党宣布抵制选举，称当前政治和安全局势不适合进行选举。“全国拯救阵线”领导人、国际原子能机构前总干事巴拉迪也呼吁抵制选举。26 日，穆尔西与埃及各主要政治派别的代表在开罗举行全国对话，讨论如何确保即将举行的人民议会选举公正、透明且具有完整的代表性。参与全国对话的政治派别包括穆斯林兄弟会下属的自由与正义党、萨拉菲派光明党、萨拉菲派祖国党、温和伊斯兰派政党新中心党、左翼的发展与改革党，还有部分自由派政党。埃及主要科普特党派拒绝参加对话，要求与穆尔西举行单独会谈。穆尔西在开幕演讲中再次邀请未参加对话的派别，强调全国对话在当前的民主进程关键期有重要作用。

巴基斯坦频发袭击事件。1 日，巴基斯坦西北部亨古地区一清真寺外发生自杀式爆炸袭击事件，造成至少 22 人死亡，40 多人受伤。巴基斯坦总统扎尔达里对这起袭击事件予以谴责。2 日，位于巴基斯坦西北部勒吉马尔瓦特地区的一个巴安全部队营地遭武装分子袭击，至少有 22 人死亡、10 人受伤。巴基斯坦塔利班宣称制造了此次袭击事件。巴基斯坦总统扎尔达里和总理阿什拉夫均对此次袭击予以谴责。7 日，巴基斯坦南部港口城市卡拉奇发生一起炸弹袭击事件，造成至少 1 名警察丧生、7 人受伤。14 日，一辆客车在巴基斯坦西北部奥勒格宰部落地区遭地雷袭击，造成至少 4 人死亡、9 人受伤。16 日，巴基斯坦西南部城市奎达一个什叶派穆斯林聚集区的蔬菜市场遭自杀式炸弹袭击，造成 84 人死亡、180 人受伤。遭政府取缔的极端主义团体“坚格维军”宣称制造了此次袭击事件。扎尔达里和阿什拉夫均对此次袭击予以强烈谴责。同日，联合国秘书长潘基文也强烈谴责了该事件，敦促巴当局尽快行动，担起责任。18 日，巴基斯坦西北部城市白沙瓦市高官穆塔赫泽布·汗的办公室发生自杀式袭击事件，造成 5 人死亡、7 人重伤，穆塔赫泽布·汗本人未受伤。21 日，白沙瓦一商场发生炸弹爆炸，造成至少 1 人死亡、12 人受伤。25 日，巴基斯坦南部信德省希卡布尔地区一清真寺遭到炸弹袭击，造成至少 4 人丧生、15 人受伤。

第 49 届慕尼黑安全政策会议举行。1 日，第 49 届慕尼黑安全政策会议在德国慕尼黑召开，来自全球 90 个国家的 400 位政府首脑、高层官员、安全外交领域专家和经济界代表出席了会议。会议议题包括伊朗核及叙利亚问题、埃及和马里危机、欧债危机与欧盟未来、新兴力量与全球治理、网络安全与数字时代的外交政策、美国页岩油气的开发对能源格局和地缘政治的影响等。

美国副总统拜登访问德国和法国。1 日，美国副总统拜登抵达德国首都柏林，对德国进行正式访问。当天，德国总理默克尔会见拜登，就双边关系及国际热点话题交换意见。默克尔强调了德美跨大西洋伙伴关系的重要性，表示即使在当今全球化和亚洲崛起的背景下，德国也要继续发展紧密的跨大西洋友谊。拜登则称赞德国是一个值得信赖且重要的欧洲伙伴，解释美国外交政策往亚洲转移并不意味着欧洲对美国不再重要，反而说明欧洲是美国外交政策必要的基础。双方还讨论了美欧之间的自由贸易协定问题以及国际金融市场调整、世界经济增长、伊朗核问题、阿富汗安全局势和共同打击恐怖主义等话题。

4日，拜登抵达法国访问。法国总统奥朗德在爱丽舍宫会见拜登，双方就诸多国际热点问题交换了意见。会谈后，双方分别发表声明。奥朗德表示，他十分欣赏并感激美国对法国出兵马里提供的政治、物资和后勤方面的支持。法国军队将继续在马里执行任务，以恢复马里领土主权完整，随后将把任务交给非洲部队，并使之成为联合国维和行动的一部分。拜登再次重申了美国对法国出兵马里的支持，认为法国在马里的军事行动符合美国利益，双方将加强在北非及其他地区的反恐合作。奥朗德表示将继续对伊朗施压，以推动谈判取得成果，拜登对此立场表示赞赏。双方还讨论了经济问题和气候变化问题，都希望在削减开支减轻债务负担的同时，努力促进经济增长。

克里就任美国国务卿并出访欧洲和中东。1日，约翰·克里履行就任美国国务卿的法律程序。6日，克里向副总统拜登宣誓，正式就任美国第68任国务卿。25日，克里首访英国，分别会见了英国首相卡梅伦和外交大臣黑格，双方就美英“特殊关系”以及共同关心的国际问题交换意见，同意加强在巴以问题、叙利亚危机、伊朗核问题等议题上合作。克里表示，美国承认英国对福克兰群岛（阿根廷称“马尔维纳斯群岛”）的实际控制，但就主权问题不支持任何一方的立场不会改变。同日，克里抵达德国首都柏林，对德国进行访问并出席第49届慕尼黑安全政策会议。在与德国外长韦斯特韦勒会谈后，克里高度评价美德关系，赞扬德国在国际和欧洲事务中的作用，积极回应德国方面主张的跨大西洋两岸自由贸易谈判问题。同日，克里还在柏林会见俄罗斯外长拉夫罗夫。拉夫罗夫说，他希望奥巴马政府在第二任期内致力于发挥更积极的外交作用。克里承认美国领养俄罗斯儿童领域出现的问题并非凭空臆造，许诺将确保该领域的透明度，俄方也表示将共同努力。27日，克里抵达法国首都巴黎。法国总统奥朗德会见克里。随后，法国外长法比尤斯与克里会谈，重点是马里和叙利亚问题。克里表示美国将继续与国际社会一道帮助马里建立民主法治、实现经济发展。谈到叙利亚问题，法比尤斯强调两国都认为叙利亚总统巴沙尔·阿萨德必须下台。克里则表示，双方正在研拟加速叙利亚政治过渡的途径，必须让叙利亚当局明白无法通过武力摆脱当前局面，为此叙反对派需要得到更多帮助。双方还就伊朗问题、美国—欧盟自由贸易区问题、气候变化问题等交换了意见。同日，克里抵达意大利首都罗马，与意大利看守政府外长泰尔齐就叙利亚局势、国际安全形势、美欧自贸协定等问题举行双边会谈。28日，克里出席在罗马举行的“叙利亚之友”国际会议。3月1日，克里到访土耳其，在安卡拉与土耳其总理埃尔多安会晤时表示，土耳其和以色列是美国在中东地区两大盟友，美不希望土、以两国关系紧张。美希望土在化解叙危机上发挥更大作用。2日，克里开始对埃及进行为期两天的访问。3日，埃及总统穆尔西与克里会谈，双方主要讨论了埃及的经济局势。克里承诺为埃及提供资金援助，以帮助埃及恢复陷入困境的经济。4日，克里抵达沙特阿拉伯首都利雅得，与巴林及科威特外长举行会谈，随后与海湾合作组织其他成员国沙特阿拉伯、阿联酋、阿曼与卡塔尔四国外长会晤，就叙利亚冲突与伊朗核问题等进行讨论。克里说，美国将继续向叙利亚反对派提供支持，争取实现和平解决叙利亚危机。当晚，巴勒斯坦民族权力机构主席阿巴斯突访利雅得，与克里举行会谈。之后，克里抵达阿布扎比，开始对阿联酋进行为期两天的正式访问。克里在与阿布扎比王储兼阿联酋武装部队副总司令谢赫穆罕默德·本·扎耶德·阿勒纳哈扬的会谈中讨论了加强双边合作的途径，以及国际和地区局势的最新进展。5日，克里抵达卡塔尔首都多哈，与卡塔尔首相兼外交大臣哈马德会谈，就叙利亚问题、中东和平进程、伊朗核问题、朝鲜核问题等交换了意见。6日，克里离开多哈，结束此次欧洲和中东的“倾听之旅”。

国际社会继续斡旋叙利亚危机。1日，联合国——阿盟叙利亚危机联合特别代表卜拉希米在联合国安理会举行的闭门会议上表示，可以用议会制取代叙利亚目前的总统制。2日，“叙利亚反对派和革命力量全国联盟”主席哈提卜与俄罗斯外长拉夫罗夫在慕尼黑举行首次直接会谈，双方计划今后实现定期接触。3日，叙利亚总统巴沙尔·阿萨德在会见到访的伊朗国家最高安全委员会秘书贾利利时说，以色列1月30日对叙利亚首都大马士革郊区一处科研机构的轰炸显示以色列正和“敌对外国势力”一起削弱叙利亚，叙有能力应对目前的挑战并回击任何针对叙利亚人民的侵犯。贾利利重申伊朗对叙利亚人民的支持，表示将继续与叙利亚合作应对外部干扰。5日，埃及、伊朗和土耳其三方首脑就叙利亚问题在埃及首都开罗举行会谈。会后各方认为结果是积极的，一致表示支持以和平方式解决叙利亚危机，并表示应以叙利亚人的意愿来决定解决方案。14 日，“全国联盟”在开罗召开 12 名核心领导层全体会议后宣布，“全国联盟”不会与巴沙尔及其核心成员谈判。17 日，卜拉希米发表声明说，叙利亚反对派关于与执政当局开启对话的倡议具有现实意义，完全可以在联合国场所内得以实现。18 日，叙利亚民族和解事务部部长海德尔称，政府准备与反对派武装组织谈判。21 日，“全国联盟”在开罗举行为期两天的会议。其发言人瓦利德·布尼表示，该联盟定于 3 月 2 日在土耳其伊斯坦布尔举行会议，选举政府“总理”和领导层。24 日，叙主要反对派武装“叙利亚自由军”中一些属温和伊斯兰力量的分支首次获得来自境外的重武器。25 日，哈提卜表示，反对派领导人经协商，决定出席 28 日在罗马召开的“叙利亚之友”会议。28 日，“叙利亚之友”会议举行，与会方在最后声明中承诺，将向“全国联盟”提供更多政治和物资支持。美国国务卿克里表示，美国将首次直接向叙利亚反对派提供 6000 万美元，并择机提供军队给养和药品等非武器援助。

安倍晋三重任首相后推进日本内政外交。2 日，日本首相安倍晋三在冲绳县首府那霸市视察航空自卫队那霸基地。同日，冲绳县知事仲井真弘多再次向安倍要求将驻日美军普天间基地迁出冲绳。5 日，日本冲绳和北方领土事务担当大臣山本一太宣布，日本新成立“领土主权对策企划调整室”，负责在政府内部进行协调，制定有效的对外宣传战略，以加大关于“尖阁诸岛”（即中国钓鱼岛及其附属岛屿）、“竹岛”（韩国称“独岛”）和“北方四岛”（俄罗斯称“南千岛群岛”）是“日本领土”的国内外宣传力度。15 日，安倍出席自民党“修宪大会”，明确提出将自卫队改名为“国防军”、修改日本宪法第 96 条等。17 日，安倍正式推进旨在向海外推介日本食品、动漫及地方产品的“酷日本战略”，并把该战略定位为经济增长的原动力，新设相关阁僚并增加预算。20 日，日本外务省任命伊藤诚和丸尾真等 3 人出任联合国安理会非常任理事国选举和改革担当大使，以游说和协调各国支持日本。21 日，安倍访问美国。22 日，安倍与美国总统奥巴马就安全、政治、经济和外交议题举行会谈。双方就《跨太平洋战略经济伙伴协定》发表联合声明，确认如日本加入相关谈判，谈判将包含所有商品，且不必事先承诺单方面取消所有关税。安倍向奥巴马承诺会以冷静的方式处理日中钓鱼岛争端。奥巴马表示，美日同盟是美国在亚太安全和政策的基石。奥巴马特别提到两国对朝鲜进行核试验的担忧，承诺两国将对此采取“强有力行动”。28日，安倍在日本众议院全体会议上发表首次施政演说，表示政府需要大力推进大胆的宽松货币政策、灵活的财政政策及刺激民间投资的增长战略，重建强有力的日本经济。同时，在确认安全的前提下重启核电站，推进与亚太、东亚和欧洲等地区的经济合作，进一步强化日美同盟，提高日美安保体制的遏制力，通过日中首脑会谈来打破两国关系目前的僵局，深化与澳大利亚、印度及东盟的合作，与韩国合作争取构筑重要的伙伴关系，期待能解决困扰日俄关系的最大难题——北方四岛领土争端问题，缔结日俄和平条约。

法国总统出访马里、印度、希腊和俄罗斯。2日，法国总统奥朗德抵达马里，在马里过渡总统特拉奥雷的陪同下前往马里北部古城通布图看望了参加军事行动的法国士兵。当天下午，奥朗德抵达马里首都巴马科，在市中心的独立广场发表讲话。奥朗德强调，法国政府未打算让法军长期留在马里。法国帮助马里打击恐怖势力的行动未结束，还需持续数周时间，恐怖势力仅仅被击退，未被彻底制伏，马里北方部分地区仍在恐怖势力手中。法国军队最终要把“接力棒”交给正在马里部署的非洲部队。特拉奥雷在巴马科独立广场发表讲话时表示，马里政府决心继续打击恐怖势力，他同时希望在2013年7月底前举行大选，完成民主过渡。14日，奥朗德抵达印度访问。奥朗德与印度总理辛格举行会谈，双方表示将加强在防务和核能等领域的合作，同意加强经贸合作，法国将在印度设立常驻经济特别代表。双方在会谈中还就全球和地区形势等达成共识，并签署了四项涉及铁路、教育、文化与空间领域合作的协议或意向书。19日，奥朗德对希腊进行正式访问，这是奥朗德就任总统后首访希腊。奥朗德与希腊总理萨马拉斯举行会谈，双方探讨了在能源、建筑、基础设施、交通和旅游等领域加强合作的议题。27日，奥朗德抵达俄罗斯首都莫斯科开始对俄罗斯进行访问。这是他当选总统后首次访俄。俄罗斯总统普京与奥朗德举行会谈，两国领导人除谈及两国政治与经贸关系外，还就国际热点问题交换了意见，均表示反对叙利亚国内的恐怖主义活动，避免叙利亚分裂。

世界经济复苏依旧艰难。2日，美国劳工部宣布，1月美国失业率从7.8%攀升至7.9%。14日，欧盟统计局数据显示，2012年第四季度欧盟和欧元区经济分别环比萎缩0.5%和0.6%，全年分别衰退0.3%和0.5%，经济衰退程度超出欧洲经济界普遍预期。同日，日本内阁公布的数据显示，经季节调整，2012年第四季度日本实际国内生产总值环比下滑0.1%，换算成年率下降

0.4%，这是日本经济连续第三个季度出现负增长。日本经济财政政策担当大臣甘利明就此发表谈话表示，日本经济仍处于疲软状态，15 日，美国联邦储备委员会数据显示，包括工厂、矿业和公共事业企业产出在内的美国工业生产 1 月环比下降 0.1%。21 日，美国劳工部数据显示，美国首次申请失业救济人数仍保持在 37.5 万的门槛线以下。28 日，美国商务部公布的国内生产总值首次估测数据显示，2012 年美国经济总量达 15.83 万亿美元，实际增长率为 2.2%，增速比 2011 年加快 0.4 个百分点。但 2012 年第四季度国内生产总值环比下降 0.1%，这是自 2009 年第二季度以来，美国经济首次负增长。

老挝正式成为世界贸易组织成员。2 日，老挝正式成为世界贸易组织第 158 个成员。经过 15 年的艰苦谈判，世界贸易组织 2012 年 10 月在瑞士日内瓦召开的总理事会会议上正式批准老挝加入世界贸易组织，老挝国会在 2012 年 12 月通过入世协议。根据入世协议，在货物贸易方面，老挝承诺所有进口商品平均税率为 18.8%，其中农产品平均税率为 19.3%，其余产品平均税率为 18.7%。在服务贸易方面，老挝承诺开放商业服务、保险、银行和其他金融业务、私人医院服务、旅游和航空运输等 10 个领域，涵盖 79 个行业。

伊拉克暴力袭击事件不断。3 日，伊拉克北部基尔库克省警察局总部遭遇自杀式袭击，造成 30 多人死亡、100 多人受伤。4 日，联合国秘书长伊拉克事务特别代表科布勒发表声明，对此予以强烈谴责并敦促伊拉克领导人采取一切必要措施，稳定局势，特别是稳定象征着多民族、多宗教和平共处的基尔库克的局势。同日，伊拉克首都巴格达附近发生一起自杀式炸弹袭击，造成至少 24 人死亡、49 人受伤。5 日，巴格达以北塔季镇一所监狱附近发生一起自杀式汽车炸弹袭击事件，导致袭击者本人、3 名军人和 1 名平民死亡，16 人受伤。8 日，伊拉克发生至少 5 起汽车炸弹袭击，共导致 36 人死亡、近百人受伤，遇袭地点均为什叶派穆斯林聚居区。17 日，巴格达再遭连环炸弹袭击，造成至少 28 人死亡、80 人受伤。同日，基地组织伊拉克分支“伊拉克伊斯兰国”宣布对该连环爆炸案负责并称此次袭击是为报复什叶派领导的伊拉克政府在逊尼派聚集区实施的“犯罪行为”。22 日，一伙不明身份武装人员在伊拉克中部萨拉赫丁省首府提克里特附近绑架了 8 名亲政府民间武装组织成员并将其中 7 人处死。28 日，巴格达一什叶派穆斯林聚居区连续发生两起汽车炸弹爆炸袭击，共造成至少 16 人死亡。

韩美举行海上联合军事演习。4 日，韩国和美国军舰在距韩国首都首尔东南约370公里的浦项市东部海域开始为期3天的联合海上军事演习，演习内容包括反潜训练，舰对舰、舰对空射击，海上战术机动训练等。美方派遣了6900吨级“旧金山”号核潜艇和一艘9800吨级的宙斯盾巡洋舰参与演习。韩方出动“世宗大王”号宙斯盾驱逐舰、韩国型驱逐舰、巡逻舰、214级潜艇等10余艘舰艇，以及P—3C反潜巡逻机和“山猫”直升机参演。18日，朝鲜劳动党机关报《劳动新闻》刊文称，韩美海陆空密集军演是“不可容忍的军事挑衅”，“反朝制裁”和“军事挑衅”将加剧半岛紧张局势甚至引发战争。19日，韩国联合参谋本部表示，为“有效应对朝鲜可能发起的潜艇挑衅”，韩美19日—24日在东部海域进行联合反潜军演，朝鲜对此表示强烈抗议。

缅甸政府与克钦独立组织展开和谈并达成共识。4日，缅甸政府与克钦独立组织在中国云南瑞丽举行非正式会谈。缅甸总统府部长、和平谈判主要负责人吴昂敏和克钦独立组织副总参谋长光莫少率团参加。会谈后双方发表联合声明表示，双方就在冲突地区建立停火监督机制继续举行和谈达成共识。会谈中，双方就建立沟通渠道、缓和双方军事紧张局势、在下次会谈中邀请观察员和见证组织等问题进行了讨论。6日，联合国秘书长潘基文通过发言人发表声明，对会谈成果表示欢迎，呼吁有关各方为实现缅甸北部地区真正持久和平而继续努力，希望此次进展能够实现缅甸自独立以来的首次国内和平。

韩国谴责日本进行“竹岛日”活动。5日，韩国外交通商部发言人赵泰永表示，韩国政府强烈谴责日本政府设置“领土主权对策企划调整室”，敦促日方立即撤回该计划。赵泰永强调，在历史、地理和国际法上“独岛”（日称“竹岛”）属于韩国固有领土，韩日间不存在任何领土主权纠纷。22日，日本隆重举行集会纪念“竹岛（韩称‘独岛’）日”，并首次有政府高官参加。韩方召见日本驻韩大使馆公使提出强烈抗议，严厉敦促日本立即废除“竹岛（韩称‘独岛’）日”的相关条例。负责管辖“独岛”的韩国庆尚北道知事金宽容谴责日本的做法是“犯罪行为”。韩国执政党新国家党发表评论，认为日本举行“竹岛（韩称‘独岛’）日”活动是“充满侵略野心和不知道反省历史的厚颜无耻行为”，只能进一步恶化韩日关系并使日本在国际社会遭到耻笑。韩国各地均爆发反日游行，日本驻韩国大使馆门前成为首尔市民进行反日游行的主要场所。对于韩方的谴责，日本内阁官房长官菅义伟当日表示，“竹岛（韩称‘独岛’）是日本固有领土，派遣政府官员参加理所当然”。日本领土问题担当大臣山本一太表示，“竹岛百分之百是日本领土，日本政府要让别人知道这一点”。

伊朗总统内贾德访问埃及。5 日，伊朗总统内贾德抵达埃及首都开罗，对埃及进行访问并出席 6 日在开罗举行的伊斯兰合作组织首脑会议。内贾德成为自两国断交 30 多年来首位访问埃及的伊朗总统。埃及总统穆尔西亲自到机场迎接。两国总统在机场举行了 20 分钟会谈，就如何结束持续近两年的叙利亚冲突交换了意见。埃及要求内贾德在叙利亚问题上，尤其是在促使叙利亚停止暴力流血事件上“承担义务”。当天，内贾德拜访逊尼派宗教学院艾滋哈尔清真寺，与逊尼派最具影响力的宗教领导人谢赫艾哈迈德·塔伊布会面。塔伊布要求内贾德尊重巴林等海湾阿拉伯国家的主权和宗教自由，承认巴林是姊妹般的阿拉伯国家。他还明确要求伊朗“不要干涉海湾国家的内政”，放弃在逊尼派国家扩大什叶派势力和影响的努力。5 日，内贾德在记者会上表示，他希望其访问能成为伊埃关系的“新起点”。

突尼斯反对派领导人遇刺身亡。6 日，突尼斯反对党“统一民主爱国党”总书记肖克里·贝莱德在寓所遭枪杀身亡，引发数千名示威者抗议。突尼斯总统马尔祖基临时缩短访法行程回国处理。突尼斯总理杰巴利谴责这是一起政治暗杀。7 日，美国国务院发言人纽兰呼吁突尼斯人在该国反对派领导人遭暗杀导致的抗议活动中避免使用暴力。12 日，突尼斯文化部长马布鲁克宣布，一个以杰巴利总理为主席、由 16 位突尼斯各界重量级人物组成的“贤人委员会”正式成立，其宗旨是带领国家走出目前的政治危机，完成第二阶段的民主过渡。15 日，突尼斯最大执政党“伊斯兰复兴运动”号召举行示威活动，理由是杰巴利提出的由非党专家组建新政府的方案使所有党派都被拒之于门外。16 日，突尼斯全国各地均不同程度地发生了针对杰巴利的示威活动，但未造成冲突。18 日，杰巴利宣布，虽然经过两周的持续谈判和协调，但他组建非党专家政府的努力最终未获成功。19 日，杰巴利宣布辞职。21 日，“伊斯兰复兴运动”决策机构召开会议，最终决定推荐阿里·拉哈耶德为新总理。22 日，马尔祖基总统正式任命拉哈耶德为新总理，责成他尽快组建民族联合政府。26 日，拉哈耶德宣布，参与暗杀贝莱德的 4 名嫌犯已被抓获，身份也已被确定，他们均属一个伊斯兰极端组织，但主犯仍在逃。

叙利亚战事频仍。6 日，叙利亚反对派武装“叙利亚自由军”开始对叙首都大马士革展开新一轮攻势。7 日，大马士革一公共汽车站遭反对派武装发射的迫击炮弹袭击，导致包括妇女和儿童在内的多人伤亡。9 日，叙利亚全国范围内暴力冲突共计导致至少 90 人丧生。12 日，叙反对派进攻阿勒颇国际机场，并控制了其中的一个军事基地，缴获十余架空军教练机。14 日，1 名“叙利亚自由军”发言人对外宣称，包括“努斯拉阵线”在内的组织在击溃当地的安全和军事情报机构后，已控制了叙利亚东部幼发拉底河畔的战略重镇沙达德，同时攻克离此不远的叙利亚最大油田吉萨油田。16 日，叙反对派武装和政府军继续在阿勒颇附近激战，造成至少 150 人死亡，政府军和反对派的伤亡各半。20 日，叙利亚总统府一处宫殿被炮弹击中，无人员伤亡。21 日，大马士革发生自杀式汽车炸弹爆炸，造成至少 53 人死亡、237 人受伤。24 日，叙利亚政府军同一伙武装分子在黎巴嫩北部叙黎边界地区交火，造成 1 名黎巴嫩平民死亡，2 名平民受伤。

伊朗核问题新一轮对话举行。6 日，美国政府宣布强化制裁措施以进一步遏制伊朗石油收入，同时对伊朗伊斯兰共和国广播局等实体和个人实施制裁。7 日，伊朗最高领袖哈梅内伊拒绝了美国提出的就伊朗核问题进行一对一会谈的建议，表示只要美国继续对伊朗施加制裁，就不可能有直接对话。10 日，伊朗总统内贾德表示，美国如果希望就伊核问题与伊朗实现直接会谈，就必须改变对伊态度。他再次对美国向伊朗施加制裁表示谴责。13 日，国际原子能机构代表团抵达伊朗首都德黑兰，与伊朗代表就伊核问题进行为期一天的会谈。会谈结束后，伊方称双方就核查“结构性方案”部分要点达成一致并同意继续对话。16 日，哈梅内伊表示，伊朗不打算制造核武器，但假如伊朗想制造核武器，“即使是美国也无法阻止”，称伊朗核计划的唯一目的是满足国民用电需求。20 日，伊朗原子能组织主席阿巴西强调，伊朗与伊核问题六方的谈判必须要围绕合作展开，在谈判中必须围绕世界能源的未来进行讨论。21 日，国际原子能机构发布报告称，伊朗已开始安装能提高铀浓缩能力的新型离心机。但伊朗已表明，此种离心机将用于生产纯度为 5% 的浓缩铀。同日，美国政府对伊朗开始安装新型离心机之举予以谴责，敦促伊朗就其核项目与六国举行“严肃和实质性”会谈。25 日，伊朗政府宣布，在伊朗境内发现储量丰富的新铀矿，并打算在 16 个地点建造新的核电站。26 日，伊朗核问题六国及欧盟与伊朗在阿拉木图举行为期两天的闭门对话会。伊朗国家最高安全委员会秘书贾利利、六国代表以及欧盟外交和安全政策高级代表阿什顿与会。六方未提出新方案。由于各方在“伊朗全面停止铀浓缩活动”和“国际社会解除对伊制裁”这两个核心议题上分歧明显，本轮对话未取得任何实质性进展。27

日，伊朗外长萨利希在维也纳与联合国秘书长潘基文会面时表示，承认伊朗在核能领域的权利是伊核问题谈判取得成功的条件。伊朗准备通过双方都认可的国际渠道致力于消除核疑虑，但条件是对方必须承认伊朗的核权利。潘基文则表示，希望看到伊朗与伊核问题六方进一步展开谈判。

第 12 届伊斯兰合作组织首脑会议举行。6 日—7 日，第 12 届伊斯兰合作组织首脑会议在埃及首都开罗举行。该组织 50 多个成员国中的 27 个国家领导人参加，其中包括伊朗、沙特、土耳其等，另有 29 个国家派代表参会。由于 2012 年被暂停该组织成员国资格，叙利亚未派代表与会。本届峰会的主题是“伊斯兰世界：新挑战与经济发展机遇”，主要议题是叙利亚局势、巴勒斯坦问题以及加强成员国间的经贸合作。会议通过闭幕宣言，重申包括耶路撒冷问题在内的巴勒斯坦问题是全体伊斯兰民族的核心问题，决定建立一个伊斯兰国家广泛参与的资助机制，帮助巴勒斯坦克服以色列停止向其转交税收款项后面临的财政困难。宣言呼吁停止叙利亚流血冲突，表示支持联合国—阿盟叙利亚危机联合特别代表卜拉希米的工作，同时呼吁叙利亚反对派统一立场。宣言还呼吁马里有关各方为落实安理会相关决议做出努力，并谴责一切针对平民的暴力。峰会推选来自沙特的伊亚德·迈达尼为该组织新任秘书长。

欧盟特别峰会和外长会议举行。7 日，欧盟 27 国领导人特别峰会在比利时首都布鲁塞尔召开，主要讨论题为《多年度财政框架》的 2014—2020 年欧盟预算案并最终通过该预算案。欧盟 2014—2020 财政预算案总额约为 9600 亿欧元，与上一个多年预算案相比，削减幅度约为 3%。18 日，欧盟 27 国外长在布鲁塞尔召开会议，研究叙利亚、马里、朝鲜等问题。因朝鲜进行第三次核试验及 2012 年底进行“弹道导弹实验”，会议追加对朝鲜的制裁，主要包括禁止成员国与朝鲜进行弹道导弹关键部件如可用于弹道导弹相关系统的特种铝材的贸易；禁止成员国与朝鲜进行公共债券交易；停止向朝鲜中央银行交付在欧盟域内印制的纸币；禁止朝鲜银行在欧盟域内开设新的分支机构和与欧盟域内金融机构设立合资机构；禁止欧盟域内的银行在朝鲜开设办事处和下属机构。将针对叙利亚的制裁措施有效期延长 3 个月到 5 月 30 日，包括禁止向叙售武。批准向马里派遣军事训练团。

“金色眼镜蛇—2013” 多国联合军演展开。11 日，为期 11 天的“金色眼镜蛇—2013” 多国联合军事演习在泰国多地展开，来自美国、泰国、新加坡、日本、韩国、印度尼西亚和马来西亚 7 国的 1.3 万名军事人员参加了不同科目的演习，旨在推进地区安全以及构建东南亚地区安全体系。美军出动了F16、F18战斗机、“眼镜蛇”系列武装直升机以及“鱼鹰”新型运输机等先进武器装备。文莱、智利、德国、老挝和新西兰等国派观察员观摩此次军演。缅甸正式应美国邀请首次以第二类观察员国身份参加本次军演。

朝鲜进行第三次核试验。12日，朝中社发表新闻公报称，朝鲜国防科学部门在北部地下核试验场成功举行了第三次核试验。此次核试验爆炸威力大，使用小型化和轻型化的原子弹，试验“水平高、安全、完美”，对周围生态环境没有造成任何负面影响。同日，朝鲜外务省发言人发表谈话表示，朝鲜第三次核试验是最大限度保持克制的第一次应对措施。如果美国继续保持敌对立场，将局势复杂化，朝鲜将不得不采取更高强度的第二次、第三次应对连锁措施。

联合国安理会当天上午召开紧急会议并通过主席新闻谈话强调，安理会强烈谴责朝鲜核试验，认为此举严重违反安理会决议，决心就朝鲜再次进行核试验采取重要行动。联合国秘书长潘基文发表声明，谴责朝鲜进行第三次核试验“是对联合国安理会决议明显而严重的违背”，对“这一深刻破坏稳定的行为所产生的负面影响”予以严重关切。韩国候任总统朴槿惠紧急召开应对会议，强烈谴责朝鲜不顾韩国政府和国际社会警告强行进行第三次核试验。日本首相安倍晋三发表声明强调，朝鲜进行第三次核试验是对日本安全的“重大威胁”，“严重损害”国际社会的和平与安全，与通过对话解决相关问题的努力“背道而驰”，“绝不能容忍”。美国总统奥巴马发表声明认为，朝鲜核计划对美国及全世界安全构成威胁，指责朝鲜进行核试验增加了核扩散风险，违反联合国安理会多项决议，违背朝鲜对“朝核问题六方”的义务，要求国际社会采取“迅速且有效”的措施进行回应。俄罗斯外交部发表声明，谴责朝鲜再次不顾国际法规则、无视联合国安理会决议进行新的核试验，要求朝鲜应该停止非法行动，完全放弃核计划和导弹计划。欧盟外交和安全政策高级代表阿什顿发表声明强调，朝鲜进行核试验是对全球核不扩散机制的“公然挑战”以及对不从事核武器生产或实验这一国际义务的“完全违背”，欧盟再次敦促朝鲜放弃核武器项目。中国外交部发表声明，“坚决反对”朝鲜再次进行核试验。

19日，《朝鲜半岛无核化共同宣言》生效21周年之际，韩国统一部发言人说，朝鲜应尽快履行安理会决议及上述宣言，放弃核开发。韩方将与国际社会合作，加强对朝制裁和劝说工作，直至朝鲜弃核。同日，朝鲜驻日内瓦办事处代表团一等秘书全永龙在联合国裁军会议上称，朝鲜不会承认安理会对朝制裁决议，或将在核试后采取“第二步、第三步措施”，韩方轻举妄动只会导致最终灭亡。

美国总统奥巴马发布第二任期首个国情咨文。12 日，美国总统奥巴马在国会发表他第二任期的首个国情咨文，列举新任期施政纲领。奥巴马重点强调经济议题，突出了制造业的重要性，呼吁通过税收杠杆鼓励制造业岗位回流。政府要在科研、基础设施、新能源和节能减排上增加投入，以实现经济可持续增长、创造中产阶级优质工作岗位并应对气候变化。将对美国教育体系开展改革，在确保机会均等的同时加强职业技能培训。对即将在 2013 年 3 月启动的自动减赤机制，奥巴马敦促国会暂缓执行这一大规模政府开支削减计划。奥巴马呼吁国会推动全面移民改革，对加强边境安保、非法移民入籍、吸引高技术移民与创业者问题提供一揽子解决方案。他敦促国会就控枪议题开展行动，对购枪者全面背景审核、攻击性枪支与大容量弹夹禁售令等相关议案开展投票。在对外政策方面，奥巴马宣布，未来 1 年内，3.4 万名驻阿富汗美军将撤离，2014 年底将结束阿富汗战争。2014 年之后，美阿将在双边安全协议基础上建立正常双边关系，美方将为阿富汗部队提供训练与装备，同时在阿富汗境内开展反恐行动，防止“基地”组织卷土重来。针对朝鲜半岛与伊朗核问题，奥巴马说，美国将与盟友站在一起，增强自己的导弹防御系统，在朝鲜进行核试验之后对其采取“强有力行动”。美国敦促伊朗抓住机会通过外交途径解决其核问题，重申美国将采取必要举措阻止伊朗获取核武器。奥巴马重申，美国将与俄罗斯保持接触，继续削减核武器数量，采取措施加强世界核安全。

东亚合作促进巴勒斯坦发展会议举行。14 日，由日本主办，韩国、印度尼西亚、马来西亚等 8 个亚洲国家出席的东亚合作促进巴勒斯坦发展会议在日本首都东京举行。与会者表示亚洲国家应向巴勒斯坦提供有效的经济援助，在实现中东和平方面发挥建设性作用。巴勒斯坦总理法耶兹在会上发言表示，巴勒斯坦经济面临严峻困难，在以色列扩建犹太人定居点的情况下，企业难以正常开展活动，发展经济建设所需的基础设施也很困难，但巴勒斯坦具有潜力。会议发表联合声明，呼吁巴以早日重启直接谈判，表示将增加对巴勒斯坦的投资，并在人才培养等方面加大与巴勒斯坦的合作。

非盟主席祖马访华。14 日，非洲联盟委员会主席德拉米尼·祖马正式访华并出席中国—非盟第五次战略对话。17 日，中共中央总书记习近平在人民大会堂会见祖马。习近平表示，中国支持非洲国家自主发展和联合自强，支持非洲国家积极探索符合自身国情的发展道路，对非洲发展前景始终抱有信心。无论形势如何变化，中国都将重视发展对非关系，始终把非盟视为可以信赖的战略伙伴。中方愿与非洲国家共同努力，落实好中非合作论坛第五届部长级会议各项成果，密切政治交往，加强在非洲和平与安全事务以及重大国际问题上的合作，不断推动中非关系向更高水平发展。祖马表示，非洲国家感谢中国支持和帮助非洲和平与发展。在非洲实现现代化和可持续发展进程中，中国是非洲的重要战略合作伙伴。非洲国家希望借鉴中国发展的成功经验，加强在发展规划、农业、制造业、科技、基础设施建设、人力资源培训等领域的交流与合作，在重大国际和地区问题上保持密切沟通协调。非盟愿同中方加强合作，推动非中关系迈上新台阶。

二十国集团财长及央行行长会议举行。15 日，二十国集团财政部长及央行行长会议在俄罗斯首都莫斯科举行。会议就全球经济和二十国集团有关“强劲·可持续与平衡增长框架”协议、长期投资融资、国际金融架构改革、金融调控、能源原材料与应对气候变化的融资五大领域的问题达成 26 项共识。俄罗斯财长西卢安诺夫表示，作为 2013 年二十国集团轮值主席国，俄方认为各国应该在促进投资、保证市场透明度和相互信任、提高治理有效性三大方面付出努力。世界银行行长金墉说，各国未来必须致力于“促稳定和保增长”。15 日，俄罗斯总统普京会见与会代表时指出，一些世界主要经济体出现的金融混乱对世界经济产生了负面影响。为应对危机，二十国集团应采取协调一致的措施支持经济发展。这些措施包括严格限制贸易保护主义、制定金融监管新原则和启动国际金融机构改革等有效手段，消除不平衡状况、促进世界各地区经济都保持增长。各国政府只有执行清晰透明的赤字和国债管理政策，才能赢得投资者的信任。

科雷亚连任厄瓜多尔总统。17 日，厄瓜多尔举行总统选举投票。根据厄国家选举委员会公布的初步计票结果，现任总统拉斐尔·科雷亚·德尔加多获得 56.36% 的选票，再次成功连任。20 日，科雷亚发表演讲称，他将以“不可抗拒之力”推动改革，使厄瓜多尔的社会主义模式不可逆转。科雷亚承诺授权于低薪民众，破除控制国家、忽视穷人的精英机制，将闲置土地分配给穷人。他还希望制定一部新的采矿法，以放松投资条件，为实施大型及中型项目创造条件。

委内瑞拉总统查韦斯突然回国。18 日，在古巴接受近 70 天治疗后，委内瑞拉总统查韦斯突然返回首都加拉加斯。同日，古巴革命领导人菲德尔·卡斯特罗发表声明，祝贺查韦斯回国。27 日，加拉加斯举行查韦斯回国后的第一次支持者集会。28 日，委内瑞拉副总统马杜罗在电视台发表公开讲话，称查韦斯仍在“为生命而战斗”。

俄罗斯出台新版外交政策构想。18 日，俄罗斯公布了由总统普京批准的新版俄罗斯联邦外交政策构想。新构想对世界形势做出的基本判断是：世界更加“不稳定”和“难以预料”。主要有五个不稳定因素：全球经济危机；西方对别国内政的干涉；联合国地位的削弱；跨境威胁和挑战日益扩大；西方国家重新注重国际关系中意识形态问题的倾向。该构想确定了俄外交四大优先方向，表示俄罗斯高度重视发展与中国和印度的关系，俄中在主要国际政治问题上保持一致的原则立场是维护地区和全球稳定的重要基础之一，俄印中合作机制将是重要的长期发展机制，有益于三国发展互惠互利的外交和经济合作关系。亚太国家和亚太区域组织都是俄罗斯外交新的关注重点。除中国和亚太地区，俄对外政策优先目标是前苏联地区的一体化。其次是欧盟，该文件将德国、法国、意大利和荷兰称为俄罗斯最重要的欧洲伙伴。俄罗斯将在对美外交中寻求“反导系统不针对俄罗斯核威慑力量的法律保证”，并要求美国“遵守包括不干涉他国内政原则在内的国际法准则”。俄罗斯将考虑俄美合作潜力及两个大国对全球战略稳定承担的特殊责任，发展与美国的关系。

英国首相卡梅伦访问印度。18 日，英国首相卡梅伦抵达印度孟买，对印度进行为期三天的访问。卡梅伦表示，英国希望成为印度“首选的合作伙伴”，英国有意将与印度的关系打造成“21 世纪最为杰出的合作伙伴关系之一”。他盛赞印度经济快速增长让人印象深刻，认为印度将会在 2030 年成为世界前三的经济体。卡梅伦督促印度方面加快市场开放程度，特别是对英国的“乐购”、石油公司、电信公司沃达丰等巨头的投资实施便利化措施等。英国欢迎印度企业前往英国投资，并且在诸如塔塔收购路虎、捷豹等项目大获成功的同时，希望印度也能改善投资环境，吸引更多的英国企业投资。19 日，卡梅伦飞抵印度首都新德里，与印度总理辛格举行会晤，就双方共同关心的问题交换了意见，并在双边贸易、投资、核能合作等领域达成一系列共识。双方还就阿古斯塔韦斯特兰公司直升机贿购案司法合作、印度战斗机采购合同、沃达丰在印税收纠纷等事项进行了商议。

俄罗斯总理访问巴西和古巴。20 日，俄罗斯总理梅德韦杰夫访问巴西，会晤巴西总统罗塞夫并主持两国合作委员会会议。双方就进一步强化两国战略合作关系达成共识，还就当前国际经济形势和叙利亚局势交换了意见，一致同意在共同关心的国际问题上协调立场。梅德韦杰夫随后与巴西副总统特梅尔共同主持召开了两国合作委员会第六次会议，围绕贸易、投资、科技、能源、防务和教育领域的合作展开讨论。两国代表签署了有关农产品贸易协议，达成了巴西向俄罗斯购买防空导弹系统及相关技术转让的议定书。21 日，梅德韦杰夫抵达古巴首都哈瓦那，开始对古巴进行为期 3 天的工作访问。当天，梅德韦杰夫和古巴领导人劳尔·卡斯特罗举行会晤并签署包括投资、旅游、教育、医疗、科研、航天航空在内的 10 项经贸系列双边协议。梅德韦杰夫还拜访了古巴革命领导人菲德尔·卡斯特罗。

古巴举行第八届全国人民政权代表大会。24 日，古巴第八届全国人民政权代表大会举行，612 名代表通过不记名投票，选举产生了新一届人大领导班子，选举产生包括国务委员会主席和第一副主席在内、由 31 人组成的国务委员会。劳尔·卡斯特罗再次当选为国务委员会主席。大会选举现年 52 岁的米格尔·迪亚斯·卡内尔为国务委员会第一副主席。劳尔在大会致辞中表示，他的当选是为了维护和完善而非摧毁社会主义，新一届政府将“不急不缓地”扎实推动落实《经济社会政策方针》，稳步深化国内经济体制改革。为落实 2011 年 4 月古共六大批准的经济模式更新进程，国家必须适时修正宪法以适应正在实施的一系列变革，其中包括将限制高级政治领导人任期最多两届、每届五年的提案写入宪法。劳尔同时提议，对领导人参政的最高年龄进行限定，但没有具体说明年龄上限。古巴革命领导人菲德尔·卡斯特罗出席大会。

意大利举行议会选举。24 日，历时两天的意大利议会选举境内投票正式拉开帷幕。26 日，选举结果公布。在众议院选举中，中左翼联盟得票率为 29. 54%，以微弱多数领先中右翼联盟（29. 18%），排名第一，在众议院 630 个议席中拥有 340 个议席，获得绝对多数。在参议院选举中，中左翼联盟以 31. 6% 的选票获得 315 个议席中的 124 个议席，中右翼联盟以 30. 7% 的选票得到 117 个议席，两大阵营均未能得到绝对多数。首次参加全国大选、由意大利喜剧明星格里洛领导的“五星运动”在参众两院的选举中，分别获得 23. 79% 和 25. 55% 的选票，一举成为意大利政坛的第一大政党。27 日，意大利中左翼联盟拒绝与中右翼联盟组成执政联盟。28 日，针对各界对于意大利议会选举僵局可能引发新政府难产的担忧，正在德国访问的意大利总统纳波利塔诺表示，他相信新一届意大利政府将在未来几周内组建完成。

朴槿惠就任韩国第 18 届总统。25 日，朴槿惠宣誓就职，成为韩国首位女总统。她在就职演说中表示，将顺应民意，实现韩国经济复兴、国民幸福、文化昌盛的伟大梦想，为建设一个国富民安的大韩民国而不懈努力。她说，今后将与美国、中国、日本、俄罗斯及亚洲和大洋洲等区域内国家增进互信，缓和亚洲地区紧张和矛盾，加强合作。她敦促朝鲜放弃核计划，警告朝鲜将成为其核计划的“最大受害者”。同日，朴槿惠批准新任国务总理提名人郑烘原的任命同意案。26 日，韩国国会举行全体会议，以无记名投票方式表决通过郑烘原任命案。

联合国人权理事会第 22 次会议举行。25 日，联合国人权理事会第 22 次会议在瑞士日内瓦开幕，约 60 位政府和国际组织高级官员出席会议。2013 年是《维也纳宣言和行动纲领》通过 20 周年，人权理事会为此特别于当日召开了一场高级别专题讨论会。会上，由人权理事会授权成立的叙利亚问题独立国际调查委员会公布了最新的叙利亚人权状况调查报告，委员会主席皮涅罗表示叙境内的武装冲突正在升级，政府军和反政府武装均犯下战争罪和反人类罪。此外，朝鲜、马里、伊朗、缅甸等国的人权状况以及以色列在巴勒斯坦被占领土上侵犯人权行为等调查报告也在本次会议上进行了讨论。

缅甸总统吴登盛出访欧洲。25 日，缅甸总统吴登盛开始对挪威、芬兰、奥地利、比利时和意大利五国进行访问。这是他担任缅甸总统近两年来首次访欧。26 日，挪威首相斯托尔滕贝格在奥斯陆与吴登盛会谈，双方共同强调了两国之间的友好关系，就缅甸所面临的挑战等问题进行了交谈。3 月 1 日，吴登盛同芬兰总统尼尼斯托在芬兰首都赫尔辛基举行会谈并签署了协议。会谈中，双方都鼓励芬兰公司前往缅甸寻找商机。3 日，吴登盛抵达奥地利，与奥地利总统菲舍尔举行会谈。吴登盛呼吁奥地利在发展援助、环保、经济合作领域与缅甸开展合作。菲舍尔承诺，奥地利政府将与缅方站在一起，并支持其改革进程。5 日，吴登盛抵达比利时对欧盟进行访问。吴登盛分别与欧洲理事会主席范龙佩、欧盟委员会主席巴罗佐、欧洲议会议长舒尔茨以及欧盟外交和安全政策高级代表阿什顿进行了会谈。会谈中，吴登盛要求欧盟尽早解除对缅甸的经济制裁，还要求欧盟恢复缅甸贸易上的优惠待遇。而欧方领导人要求缅甸在政治、社会、经济领域推进改革。巴罗佐向吴登盛承诺，将继续为缅甸提供经济上的支持，并将研究签署双边投资协议的可能性。6 日，吴登盛对意大利进行访问，与意大利总统纳波利塔诺、看守内阁总理蒙蒂举行会谈后发表联合公报，就免除缅甸债务签署《债务处理协定》和《债务换发展协定》。

“信息社会世界峰会 +10”会议举行。25 日，为期 3 天的“信息社会世界峰会 +10”在法国首都巴黎开幕，来自世界各地的 2000 多名国际机构代表、政府官员以及专家学者、企业家出席。会议就信息自由与安全、互联网治理、全媒体时代的新闻形态以及信息社会所面临的伦理挑战等一系列前沿话题进行了讨论。此次峰会由联合国教科文组织举办，旨在从全球角度总结 10 年来信息领域发生的重大变化，调整合作方向，提出新建议，为 2015 年全面审查信息社会世界峰会成果的落实作准备。

3月

习近平出访俄罗斯和非洲三国

金砖国家领导人第五次会晤举行

委内瑞拉总统查韦斯去世

朝鲜半岛紧张局势轮番升级

马里局势严重影响非洲稳定。1 日，法国总统奥朗德在巴黎爱丽舍宫总统府与来访的塞内加尔总统萨勒举行会谈，主要讨论马里局势。法国总统府当天发布的新闻公报说，目前在马里开展行动的非洲国家主导的国际支助团中有塞内加尔军队，这个国际支助团在未来几个月内将转为联合国维和部队。目前法军、非洲国家和马里军队的军事行动主要集中在马里北部最大城市加奥地区和马里东北部伊福拉斯高原。11 日，布隆迪总统恩库伦齐扎赴法国首都巴黎与奥朗德举行会谈，主要讨论双边合作以及马里和非洲大湖地区局势。12 日，恩库伦齐扎在巴黎出席“非洲大湖地区和平与安全：布隆迪的角色”研讨会，表示布隆迪有意派兵前往马里，参加非洲国家主导的国际支助团，帮助马里恢复和平与稳定。

孟加拉国各派围绕独立战争期间战犯审判问题激烈博弈。1 日，孟加拉国反对党伊斯兰大会党（简称伊大党）领导人德拉瓦尔·侯赛因·萨义迪被 1 号国际刑事法庭判处死刑。为抗议该判决，伊大党当天即与警察发生暴力冲突，导致 40 多人死亡、几百人受伤。3 日，伊大党继续进行示威游行。示威者与警察在包括首都达卡在内的 5 个地区发生暴力冲突，造成包括 1 名警察在内的 14 人死亡、数十人受伤。与此同时，约 2000 名社会人士为抗议伊大党的暴力活动在达卡沙巴赫地区进行和平游行示威。主要反对党孟加拉国民族主义党宣布，为抗议政府屠杀民众、分裂国家，将在 5 日举行全国示威游行。4 日，孟民族主义党代理秘书长米扎·法克鲁尔·伊斯拉姆·阿尔莫吉呼吁全国民众参与此次罢工和抗议活动。5 日，民族主义党在全国范围内开始 12 小时大罢工。

马来西亚政府军与菲律宾武装分子交火。1日，马来西亚政府军与盘踞在马来西亚沙巴州的来自菲律宾的苏禄苏丹贾马鲁尔·基拉姆三世的支持者交火，造成6名马来西亚警察和11名苏禄苏丹家族支持者死亡。4日，菲律宾总统阿基诺三世强调，菲律宾政府会努力寻求以和平方式解决苏禄苏丹支持者与马来西亚当局之间的冲突。菲律宾政府优先考虑的是确保在沙巴的80万名菲律宾人的安全。5日，马来西亚总理纳吉布宣布，马安全部队当天开始清剿盘踞在沙巴州一个村庄的外来武装人员，并在沙巴东海岸成立“特别保安区”。纳吉布说，自这伙武装人员从菲律宾进入马来西亚以来，警方与其进行了多轮谈判，希望其主动离境，以和平方式解决，但反遭其袭击，迫使马政府采取有效行动捍卫国家主权和尊严。

韩国总统朴槿惠艰难开局。1日，韩国总统府发言人金杏表示，希望《〈政府组织法〉修订案》在5日临时国会结束前获得通过，并呼吁朝野为此合作。4日，朴槿惠在青瓦台发表“对国民谈话”，就《〈政府组织法〉修订案》未获国会通过而影响多项政府工作向国民道歉，重申将广电和通信相关职能移交给未来创造科学部的立场。5日，韩国市民团体“参与连带”以涉嫌违反《特殊经济犯罪加重处罚法》向首尔中央地方法院举报和起诉前总统李明博购买内谷洞私宅地皮和对普通民众进行非法监察。7日，朴槿惠在第45次国家早餐祈祷会上表示，在全球经济危机当中，韩国国民经济面临困境，朝鲜的核试验和挑衅使韩国安全岌岌可危。在此情况下，新政府虽已上任，但还没有正式开始工作，韩国的政治领导人应该重新审视自己肩负的任务。12日，朴槿惠正式公布37名青瓦台秘书官级别官员名单，结束总统班子组建工作。17日，韩国执政党新国家党与最大在野党民主统合党就《〈政府组织法〉修订案》达成一致。28日，韩国政府将2013年的经济增长率预期下调至2.3%，低于2012年12月预期的3.0%。

俄美关系起伏不定。1日，俄罗斯总统普京应约与美国总统奥巴马通电话，就双边合作和国际热点进行深入讨论。双方强调了俄美的协作互动在确保全球稳定上的重大意义，两国将积极发展在各领域的互利合作。普京特别提到，俄美经贸关系现状不符合两国所拥有的潜力，扩大经贸联系相当重要。双方商定，在叙利亚、中东和平、伊朗、朝鲜，以及导弹防御计划等国际热点问题上保持密切合作。普京指出，在叙利亚危机方面，有必要尽快停止敌对行动。双方已各自责成俄罗斯外长拉夫罗夫和美国国务卿克里继续进行积极接触，致力于寻求有可行性的新举措，以政治手段解决危机。两国总统一致认为，俄美应避免某些可能有损双边关系的举动。2 日，约 1.2 万莫斯科市民举行示威游行，要求美国归还被领养的俄罗斯儿童基里尔·库兹明。拉夫罗夫表示，他与克里详细交谈了领养儿童问题，并称克里将亲自参与调查此前俄领养儿童死亡案。18 日，俄罗斯副外长里亚布科夫称，俄罗斯不会就美国在欧洲部署导弹防御系统问题作出任何让步。21 日，里亚布科夫表示，俄罗斯对美国导弹防御系统的忧虑仍存，但准备好就这个问题继续对话。美国向俄罗斯提供了解决导弹防御系统问题的新资料，俄罗斯将进行研究。25 日，美国国防部发表声明披露，美国防部长哈格尔当天与俄国防部长绍伊古通电话，双方同意恢复导弹防御系统问题的副部长级磋商，并就阿富汗、叙利亚、朝鲜和伊朗等热点地区的相关问题交换了意见。

美国总统奥巴马签署大幅减支计划并加快人事“大洗牌”。1 日，由于未能与国会达成避免自动减赤机制启动的共识，美国总统奥巴马签署行政命令，正式启动大幅减支计划。按照计划，2013 财年美国联邦预算将削减 850 亿美元。奥巴马警告说，减支计划若得到全面执行，将拖累美国经济增速 0.5 个百分点，并可能造成 75 万个就业岗位流失。4 日，奥巴马提名新的白宫行政管理和预算局长、能源部长和环保局长三名人选并敦促参议院尽快确认提名。奥巴马强调这三人将帮助美国解决一些正在面临的重要挑战，包括将帮助美国重新点燃经济增长的真正动力，帮助美国控制未来能源减少和影响气候变化的污染。

葡萄牙民众抗议“三驾马车”及政府经济紧缩政策。2 日，葡萄牙数十万民众在全国 36 个城市举行游行示威，抗议由欧盟委员会、欧洲中央银行和国际货币基金组织组成的“三驾马车”以及政府实行的经济紧缩政策。这是 2013 年以来葡发生的最大规模的抗议活动，由“‘三驾马车’滚出去”运动组织发起，得到葡劳动者总工会的支持。此次游行示威正值“三驾马车”工作组对葡执行救助协议情况进行第七次评估。15 日，葡萄牙政府宣布，“三驾马车”通过了第七次评估，同意再向葡发放总额为 20 亿欧元的援助款。

巴基斯坦政治安全形势复杂。3 日，巴基斯坦南部港口城市卡拉奇什叶派居民区发生汽车炸弹袭击，造成至少 45 人死亡、135 人受伤，上百所房屋、商铺和大量汽车被毁，没有组织宣布对此负责。9 日，巴西北部城市白沙瓦的一座逊尼派清真寺遭到炸弹袭击，造成至少6人丧生、28人受伤。16日，巴总理阿什拉夫表示，他坚信巴基斯坦未来的大选会和平顺利进行。本届政府不仅改善了同印度和阿富汗的关系，而且同伊朗签署了天然气管道项目协议，以解决巴自身能源危机问题。他呼吁所有政党、国家机构、民间团体以及媒体为和平举行大选发挥作用。23日，巴基斯坦选举委员会主席易卜拉欣表示巴选举委员会就看守政府总理提名人选进行了详细讨论，决定由哈扎尔·霍索出任巴基斯坦看守政府总理。

伊朗与伊核问题六国举行专家会议。4日，以色列总理内塔尼亚胡警告说，伊朗的核计划一步步朝着跨越至关重要的红线迈进，伊朗领导人一直在“利用包括最近的一些谈判来拖延时间，从而继续推进核计划”，“如果外交和制裁都不能发挥作用的话，确实有效的军事威胁”是必要的。同日，正在沙特阿拉伯访问的美国国务卿克里表示，经由外交途径化解伊朗核项目争议的窗口不会无限期敞开。国际原子能机构总干事天野之弥强调，无论国际原子能机构与伊朗是否就核查结构化方案达成一致，伊朗都应尽快向机构核查人员开放帕尔钦军事基地。5日，伊朗外交部发言人梅赫曼帕拉斯特回应天野之弥的讲话说，伊朗是国际原子能机构成员国，享有相应的权利和义务，国际原子能机构应向伊朗提供和平发展核能所需的设施，伊朗也会遵照双方达成的协议，采取相应措施消除对方的担忧。同日，美国国防部长哈格尔与到访的以色列国防部长巴拉克会晤，讨论了伊朗核问题等地区安全议题。哈格尔表示，美国总统奥巴马决心采取一切措施，阻止伊朗拥有核武器，但美方认为，眼下仍有时间通过外交手段解决伊朗核问题。7日，伊朗最高领袖哈梅内伊指责西方大国在上周的核谈判中不做让步，称西方国家以核问题为借口，实施制裁并伤害伊朗。这是哈梅内伊首次对阿拉木图伊朗核问题谈判作出反应。14日，奥巴马强调，美国不能允许伊朗拥有核武器，这是美国划定的红线。18日，奥巴马表示，美国更倾向于用和平、外交手段解决争议，将允许伊朗和平利用核能，在国际社会取得合法地位。19日，伊朗总统内贾德在政府内阁会议上表示：“敌人对伊朗实施的制裁和阴谋不但没有产生丝毫影响，而且还为伊朗伊斯兰共和国的发展创造了条件。”

捷克总统克劳斯以违宪叛逆罪被控告。4日，捷克参议院通过议案，决定向宪法法院以违背宪法、颠覆国家制度的“叛逆罪”罪名对总统克劳斯提出正式控告。众议院以38票赞成、30票反对通过该议案，这是捷克有史以来首位总统遭到违宪“叛逆罪”正式控告。71 岁的克劳斯连任两届共 10 年捷克总统。触发这一诉讼的主要原因是定于 3 月 7 日离任的克劳斯突然宣布大规模大赦，触犯了众怒。

肯雅塔当选肯尼亚新总统。4 日，肯尼亚大选当天，肯港口城市蒙巴萨发生两起袭击事件，至少造成 17 人遇难。肯尼亚官方认为，两起袭击中至少有一起由当地一个名为“蒙巴萨共和党委员会”的反政府组织制造，此前该组织曾威胁称，如果其分离沿海地区的主张得不到满足，就将设法阻碍大选。9 日，肯尼亚独立选举委员会宣布，朱比利联盟总统候选人、现任副总理乌胡鲁·肯雅塔在选举中获胜，当选肯尼亚下一任总统。30 日，肯尼亚最高法院裁定 4 日举行的总统选举结果有效，肯雅塔当选肯尼亚第四任总统。肯雅塔生于 1961 年 10 月，是肯尼亚开国总统乔莫·肯雅塔之子。2001 年 11 月，担任肯尼亚地方政府部长。2002 年 3 月，当选肯尼亚非洲民族联盟副主席，后任主席。2009 年 1 月，任肯尼亚副总理兼财政部长。

叙利亚问题仍处僵持阶段。4 日，一支叙利亚军队由伊拉克返回叙利亚途中，在边界地区遭不明武装分子袭击，造成至少 40 名叙利亚士兵身亡，另有数名伊拉克士兵遇难。同日，正在波斯湾地区访问的美国国务卿克里表示，华盛顿将设法给叙利亚反对派以“力量”。7 日，菲律宾军方证实，21 名菲籍联合国维和部队士兵 6 日在戈兰高地被叙利亚反政府武装抓扣，联合国方面正在与叙利亚反政府武装谈判，要求尽快释放被其扣押的维和士兵。但叙利亚反政府武装一位发言人声称，只有叙利亚政府军完全撤离戈兰高地，反政府武装才会放人。15 日，正在黎巴嫩访问的联合国难民事务高级专员古特雷斯呼吁尽快通过政治途径解决叙利亚危机。古特雷斯说，叙利亚危机爆发两年来，暴力活动不断升级，大批难民涌向邻国，这需要国际社会承担起更多的责任，向接纳叙利亚难民的国家提供更多援助。18 日，在叙利亚进行援助工作的九个联合国机构在叙首都大马士革召开联合新闻发布会表示，政治手段是解决叙利亚危机的唯一途径。同日，叙利亚各反对派代表在土耳其伊斯坦布尔开会筹划组建“临时政府”，会议由“叙利亚反对派和革命力量全国联盟”主席哈提卜主持，12 名反对派代表竞选“临时政府总理”。候选人皆由“叙利亚反对派和革命力量全国联盟”代表大会提名，并已得到不同派别的认可，最终希托当选“临时政府”总理。当日，美国国务卿克里与到访的澳大利亚外长卡尔举行会谈后对媒体表示，美方不愿看到叙利亚国家机构在冲突中“遭到肢解和破坏”。叙利亚国家机构保存完好对维护叙利亚稳定、对叙利亚的未来和这一地区“至关重要”。19 日，叙利亚反对派武装人员在阿勒颇省使用含有化学物质的火箭弹，造成至少 15 人死亡，数十人受伤。叙利亚反对派武装当天否认其使用化学武器，并指责是政府军在交火中使用了含有化学物质的火箭弹。20 日，叙政府向联合国秘书长潘基文正式提出请求，希望联合国向叙利亚派遣一个独立、中立的专家小组，以确认反对派武装日前在阿勒颇地区针对平民使用了化学武器。21 日，潘基文宣布，联合国将对叙利亚冲突中使用化学武器事件进行调查。22 日，联合国人权理事会第 22 次会议在瑞士日内瓦闭幕，会议通过了一项有关叙利亚人权状况的决议，决定将叙利亚问题独立国际调查委员会的任期延长一年。27 日，联合国秘书长发言人说，叙利亚政府已接受联合国对叙化学武器事件调查小组负责人的任命，同时联合国已启动准备工作，尽快展开调查。

多国举行海上联合军事演习。4 日，由巴基斯坦倡导组织的“和平—13”多国海上联合军事演习在巴基斯坦卡拉奇附近的阿拉伯海域举行。巴基斯坦、中国、澳大利亚、孟加拉国、文莱、印度尼西亚、意大利、日本、马来西亚、斯里兰卡、土耳其、阿拉伯联合酋长国、英国和美国 14 个国家的海军、空军和特战队参演。各国共派出水面舰艇 24 艘，舰载直升机、海上巡逻机和空军战斗机 25 架，有 7 个国家派出特战队、拆爆组。另有多个国家派出军事观察员随舰参加演习。中国海军 3 艘军舰在赴亚丁湾执行第 14 批护航任务途中参加此次演习。

朝鲜半岛紧张局势轮番升级。5 日，联合国安理会就核不扩散与朝鲜问题举行非正式闭门磋商。7 日，联合国安理会就朝鲜进行第三次核试验通过第 2094 号决议，要求朝鲜不再进行核试验，放弃核武器计划，重返《不扩散核武器条约》。决议同时承诺采取以和平、外交和政治方式解决当前局势，重申支持并呼吁重启六方会谈。决议具体内容包括：扩大对朝鲜金融制裁、限制朝鲜当局的非法金融交易和资金转移；严格检查朝鲜船只、飞机；防止朝鲜外交人员滥用《维也纳外交和领事关系公约》赋予的特权和豁免权；禁止将“游艇、跑车及珠宝”等奢侈品出口到朝鲜。8 日，朝鲜祖国和平统一委员会发表声明，称将全面废除关于朝韩之间互不侵犯的所有协议，宣布《朝鲜半岛无核化共同宣言》完全无效，关闭朝韩板门店联络渠道。11 日，韩国联合参谋本部和韩美联合司令部正式开始代号为“关键决断”的韩美联合军演。18 日，联合国人权理事会的 47 个理事国在瑞士日内瓦一致通过以成立朝鲜人权调查委员会为主的朝鲜人权决议，要求对朝鲜的“反人道犯罪行为”展开广泛调查。同日，朝鲜驻联合国副大使李东日表示，美国通过将一些国家列为先发制人的打击对象，令“核讹诈升级”，因此朝鲜不得不发展自己的核武。22 日，朝鲜外务省发言人就联合国人权理事会通过朝鲜人权决议表示，这是“政治诈骗行为”，朝鲜对此予以全面反对。23 日，朝鲜人民军最高司令部发表声明称，包括战略导弹部队、远程炮兵部队在内的所有野战炮兵部队进入“一号战斗值勤状态”。29 日，朝鲜最高领导人金正恩紧急召开作战会议，下令朝鲜战略导弹部队进入战备状态。30 日，朝鲜政府、政党和团体发表声明，宣布朝韩关系从此刻开始进入战时状态，所有朝韩之间的问题将根据战时状态来处理，朝鲜半岛“非战非和”的状态已经结束。

委内瑞拉总统查韦斯去世。5 日，委内瑞拉副总统马杜罗在全体内阁成员的陪同下宣布，总统查韦斯于当日去世。马杜罗说，查韦斯所患的癌症很可能是由美国发动的“科技攻击”引起的，政府将成立专门科学委员会调查查韦斯的病因。美国驻委内瑞拉使馆的两名武官被驱逐。同日，美国国务院发言人文特雷尔发表声明拒绝这种指控。文特雷尔称，根据《维也纳外交关系公约》，美国有对委内瑞拉驻美外交官采取报复行动的选择权。8 日，委内瑞拉政府隆重举行查韦斯葬礼，55 个国家首脑及政府代表出席仪式。马杜罗致悼词，表示委内瑞拉政府将继续执行查韦斯路线，维护国家独立和尊严，建立地区强国，发展经济，关注社会和民生，维护世界和平。当日，马杜罗在委内瑞拉全国代表大会特别会议上正式宣誓就任代总统。9 日，委内瑞拉全国选举委员会宣布，新一届总统选举竞选投票将于 4 月 14 日举行。13 日，联合国秘书长潘基文和第 67 届联大主席耶雷米奇在联大分别发表讲话，缅怀查韦斯，称赞他为改善最弱势群体生活及推动拉丁美洲区域一体化作出了重要贡献。14 日，联大在纽约联合国总部召开全会，全体默哀一分钟，悼念查韦斯。

俄罗斯表示帮助越南建立潜艇舰队。6 日，俄罗斯国防部长绍伊古与越南国防部长冯光青在越南首都河内举行会谈。绍伊古明确表示俄罗斯将帮助越南建立潜艇舰队。作为回报，越南允许俄罗斯海军恢复使用越南港口。会谈还涉及潜艇建造与船员培训同步进行、扩大在俄军事院校培养越南专家范围等议题。绍伊古表示，越南是俄罗斯外交政策的优先发展方向之一。俄越计划在 2013 年签署俄军舰进驻越南港口的条件协议。冯光青则表示，越南将与俄罗斯积极合作并继续进口俄罗斯武器和军事技术设备。

泰国总理英拉访问欧盟。6 日，泰国总理英拉访问位于比利时首都布鲁塞尔的欧盟总部，先后会见欧洲理事会主席范龙佩、欧盟委员会主席巴罗佐、欧洲议会议长舒尔茨。英拉与巴罗佐启动双边自由贸易协定谈判。英拉提出，欧盟占泰国对外贸易总量的 10%，每年约有 550 万名欧洲游客到泰国观光，希望双方能够尽快就自由贸易协定达成一致。巴罗佐表示，欧盟与泰国经过 9 年磋商，终于完成了《伙伴与合作协议》。该协议将提升双方的合作，更好地应对全球化的挑战。他说，自由贸易协定将会给双方业已存在的贸易投资关系带来实质性的好处。泰国是欧盟的一个重要伙伴，在东盟内扮演核心角色。东盟的强大，有助于东南亚地区的繁荣与发展，对更为广阔地区的稳定也有益处。泰国与欧盟当天还发表联合声明，指出自由贸易协定谈判的目标是达成全面协议，涉及关税、非关税贸易壁垒以及与其他贸易相关的议题，如服务、投资、采购、监管、竞争和可持续发展等。

也门问题国际会议在伦敦举行。7 日，第五届“也门之友”小组部长级会议在英国首都伦敦举行，与会各方讨论了也门政治进程所取得的进展及遇到的挑战。来自 39 个国家和国际组织的代表参加了本次会议，对也门政府即将启动全国对话会议并定于 2014 年 2 月举行议会和总统选举表示赞赏，表示将继续向也门政府提供支持。

突尼斯组成新政府。8 日，突尼斯新任总理拉哈耶德正式向总统马祖基递交新政府组成名单和未来政府的政治、经济和社会行动纲领。新政府由 29 名部长和 10 名国务秘书组成。其中的内政、外交、国防和司法 4 个主要部长将全部由独立人士担任，教育、装备、信息和通信技术等部，也将由技术精英主持。农业、高教、卫生、国有资产、运输、妇女事务、人权、文化和体育等部长将留任。13 日，突尼斯国会表决批准新政府组成名单。

苏丹和南苏丹从边界地区撤军。8 日，苏丹和南苏丹代表团在埃塞俄比亚首都亚的斯亚贝巴举行会谈并签署边境安全协议，该协议包括在边界沿线建立非军事缓冲区的时间表以及在缓冲区部署监督部队等多项内容。10 日，苏丹国防部长穆罕默德·侯赛因在喀土穆宣布，苏丹和南苏丹于当天开始从两国边界地区撤出各自军队，为在边界沿线建立缓冲区做准备。31 日，苏丹军方发言人萨阿德宣布，苏丹和南苏丹军队已撤出两国边界沿线的非军事区。萨阿德强调，随着两国已开始执行安全协议，两国边界地区的局势正在不断改善。但他同时指出，南苏丹必须断绝同苏丹反政府武装“苏丹人民解放运动”的联系，这是安全协议能否成功落实的关键，也是落实该协议所面临的最大挑战。

缅甸转型继续进行。9 日，在缅甸仰光举行的缅甸反对党全国民主联盟（民盟）首次全国代表大会开幕式上，昂山素季表示，她知道党内出现了分歧和裂痕，但为了国家利益，众人应该团结一致。她还强调，有必要吸纳年轻成员加入，为全国民主联盟注入新鲜血液，加强组织的力量。10 日，民盟中央委员会一致同意昂山素季留任党主席。22 日，缅甸总统吴登盛宣布发生骚乱的密铁拉市 4 个镇区实行紧急状态。27 日，缅甸国防军总司令敏昂莱大将发表讲话，敦促军队官兵为实现国家和平稳定与发展而共同努力。28 日，吴登盛就部分地区骚乱局势发表电视讲话，强烈呼吁广大民众进行合作，防止骚乱发生和蔓延，维护社会稳定和安宁。

阿富汗发生连续袭击事件。9 日，在美国国防部长哈格尔访问阿富汗首都喀布尔之际，一名自杀式袭击者攻击了阿富汗国防部，导致至少 9 人死亡。哈格尔没有在袭击中受伤。塔利班一名发言人随后宣称制造了这起袭击，并说袭击的直接目标不是哈格尔。10 日，阿富汗总统卡尔扎伊说，美国和阿富汗塔利班一直绕过阿富汗政府有私下往来。卡尔扎伊认为，塔利班向阿富汗国防部发动袭击，似乎是想证明阿富汗没有外国驻军就难以平静。驻阿美军司令邓福德随后对卡尔扎伊的言论予以否认。13 日，阿富汗北部昆都士省发生自杀式炸弹袭击，导致 12 人死亡、8 人受伤。19 日，联合国安理会一致通过决议，将联合国阿富汗援助团任期延长一年至2014 年3 月19 日。25 日，卡尔扎伊在喀布尔说，有部分阿富汗塔利班武装人员愿意同政府开展和谈，自己将赴卡塔尔就开设塔利班办事处一事进行磋商。当日，美国国务卿克里抵达喀布尔，对阿富汗进行访问。在与卡尔扎伊会谈后克里表示，美国支持阿和平和解进程，愿意同阿富汗发展长久的伙伴关系。卡尔扎伊说，阿富汗和美国都希望塔利班能回到和平谈判中来。30 日，北约驻阿富汗部队发表声明说，北约军队已履行协议，当天完全从瓦尔达克省尼克区撤离，阿安全部队已接管该地区的全面防务工作。

马耳他工党赢得议会选举。9 日，马耳他议会选举开始，全国近 31 万选民参与投票，投票率为93%。10 日，选举结果公布，在野党马耳他工党以领先执政党马耳他国民党约 11 个百分点的优势获胜，时隔 15 年后重新执政。

阿根廷不承认马尔维纳斯群岛公投结果。11 日，马尔维纳斯群岛（英称

“福克兰群岛”）行政当局首席执行官基斯·帕吉特在英国和阿根廷存有主权争议的马岛首府阿根廷港市议会大厅宣布公投结果，约 99.8% 的投票者支持继续保留该岛作为英国海外属地的政治地位，整个计票过程在来自 7 个国家的 9 名独立国际观察员监督下进行。当日，英国首相卡梅伦在伦敦表示，希望岛民的“自决权”和公投结果得到阿根廷的尊重。阿根廷总统克里斯蒂娜和外长齐默尔曼明确表示公投“没有法律效力”，“完全是英国政府的市场营销”，现在的岛民是占领者而非居民，不能由他们来决定该岛归属，并敦促英国通过谈判解决问题。

世界银行行长金墉访问印度。11 日，世界银行行长金墉抵达印度访问，与印度总理辛格举行会谈，并访问了印度贫困人口最多的地方邦之一的北方邦。金墉表示，在接下来的 4 年时间内，世界银行将继续给予印度每年 30 亿至 50 亿美元的支持。世行在印度的工作重点将逐渐转移，重点关注贫困地区的减贫问题、城市化过程中出现的新问题，并将继续在医疗卫生领域加大资金支持力度，以控制传染病传播、改善妇女儿童健康以及降低营养不良率等。

美欧启动自由贸易协定谈判。12 日，欧盟委员会通过与美国进行自由贸易协定谈判的授权书。欧盟委员会贸易专员德古赫特希望欧盟成员国尽快批准这个授权书，以便开始进行相关谈判。同日，美国总统奥巴马发表讲话表示，正在进行的包括与欧盟的数项自由贸易谈判将对促进就业和改善经济起到重要作用。欧盟委员会当天还发布了一份研究报告，历数欧美自由贸易协定的好处。德古赫特介绍说，对欧盟来说，欧美自由贸易协定就是 0.5% —1% 的国内生产总值以及成千上万的就业岗位。如果该协定生效，将使现行双边货物平均 4% 的关税逐步降低。他说：“一个有雄心的、综合的跨大西洋贸易与投资伙伴协议能给双方带来巨大的经济利益，一旦这个协议全面实施，预计双方的利益是：欧盟每年大约为 1190 亿欧元，美国每年大约为 950 亿欧元。欧盟国家一个四口之家每年可增加可支配收入 545 欧元，美国一个家庭每年增收 854 美元。”

中非反政府武装联盟“塞雷卡”继续攻城略地。13 日，中非共和国军方证实，反政府武装联盟“塞雷卡”继 11 日攻占姆博穆省的甘博市和首府班加苏后，于 12 日占领该省另一城镇拉法伊，并继续向东朝上姆博穆省的泽米奥市前进。21 日，“塞雷卡”部分人员在北部发动攻势，攻占两座小城镇。“塞雷卡”重申拒绝释放中非副总理兼国防部长米歇尔·多托贾等 5 名被扣部长。

24 日，法国总统奥朗德呼吁中非有关各方“保持冷静”，根据利伯维尔停火协议精神，就组建民族团结政府进行对话。奥朗德决定在中非共和国首都班吉加强法国的军事存在。26 日，联合国安理会发表媒体声明，强烈谴责近日发生在中非的武力夺取政权行为，以及随之而来的暴力和打砸抢事件，敦促有关方面停止针对平民的伤害，并确保开辟不受阻碍的人道主义通道。30 日，中非共和国自命总统多托贾在首都班吉的群众集会上宣布，他将于 3 年后交出权力。31 日，多托贾宣布组建联合政府，“塞雷卡”成员掌管国防、矿产与石油、公共安全等几个关键部门，多托贾本人兼任国防部长，蒂昂盖伊留任总理。

马里和尼日利亚局势动荡。13 日，法国总统奥朗德与尼日利亚总统乔纳森通电话，就马里局势和在尼日利亚被极端组织囚禁的 8 名法国人质交换意见，双方对非洲国家和法国军队在马里北部打击恐怖主义组织的高效行动及在恢复马里领土完整方面取得的进展感到“高兴”。18 日，尼日利亚北部一个汽车站发生自杀式爆炸袭击事件，造成至少 22 人死亡、65 人受伤。无任何组织宣布制造了这起事件。21 日，美国国务院宣布对活跃于马里的“伊斯兰支持者”组织实施制裁，禁止美国公民向其提供物质支持，同时冻结该组织在美国管辖范围内的所有资产。

英俄首次举行“2+2”战略对话。13 日，英国与俄罗斯首次外交和国防部长级战略对话在英国首都伦敦举行。英国外交大臣黑格、国防大臣哈蒙德同俄罗斯外长拉夫罗夫、国防部长绍伊古出席，就叙利亚危机以及双边关系等问题交换了意见。英俄双方在叙利亚问题上显示出较大分歧。拉夫罗夫表示，国际社会解决叙利亚问题仍然应该通过外交和促使叙利亚双方进行谈判的手段，而不是强行逼迫叙利亚总统巴沙尔·阿萨德下台。巴沙尔的命运应该由叙利亚人民自己决定，“叙利亚的未来也应该由叙利亚人民自己决定”。他强调叙利亚各方应该停止暴力，开展谈判和对话。他同时指出，国际法禁止向非国家行为体提供武器，任何国家企图武装叙利亚反对派的做法都是违反国际法的。哈蒙德则针对该表态回应道，英国从未在叙利亚问题上排除任何选项，未来采取的任何行动也必将符合国际法的规定。目前解决叙利亚问题的政治方案仍未得到统一，在这期间英国将会加大对反对派的援助力度，支持叙反对派实现政权过渡。尽管英俄双方在叙利亚问题上仍存在很大的分歧，但是作为联合国安理会两大常任理事国，两国会加强在这方面的合作，努力寻找解决叙利亚问题的最佳方案。

土耳其库尔德工人党宣布同政府军停火。13 日，土耳其反政府的库尔德工人党武装在伊拉克北部地区释放了其两年前绑架的 8 名政府官员。当日，正在瑞典访问的土耳其总统居尔表示，“一旦库尔德工人党武装停止暴力和使用武器，那么土耳其有关部门将顺势进行安全政策方面的改革”。18 日，代表土耳其库尔德族人利益的土耳其和平与民主党代表团与在押的库尔德工人党武装领导人厄贾兰举行会谈。21 日，土耳其总理埃尔多安针对厄贾兰宣布库尔德工人党武装同政府军实现停火表示欢迎。22 日，伊拉克北部库尔德工人党领导人穆拉特·卡拉耶兰命令所辖武装人员停止一切军事行动。

尼泊尔首席大法官雷格米就任临时政府总理。13 日，尼泊尔联合尼共（毛）、尼泊尔大会党、尼泊尔共产党（联）和马迪西联合民主阵线经过艰苦谈判，就临时政府组成达成共识，从而结束了自 2012 年 5 月 27 日第一届制宪会议解散后的政治僵局。根据各党达成的共识，临时政府由 11 人组成，主要使命是确保 2013 年 6 月第二届制宪会议选举的顺利举行，建议总统亚达夫修改临时宪法，组建一个高层次的政治协商委员会，辅助临时政府顺利运转。14 日，尼泊尔最高法院首席大法官雷格米在总统府宣誓就任新的临时政府总理，取代现任看守政府总理巴特拉伊。

联合国发布 2013 年人类发展报告。14 日，联合国开发计划署发布 2013 年人类发展报告，指出迅速崛起的发展中国家正在改变当今世界发展格局并推动全球“再平衡”，呼吁扩大南方国家在全球治理体系中的代表权。这份题为《南方的崛起：多元化世界中的人类进步》的报告说：“南方的崛起在速度和规模上均史无前例，历史上从未出现过这么多人口的生活条件及其未来前景变化如此之大、如此之快”，中国和印度在不到 20 年时间里将人均产出翻了一番，这一转变所惠及的人数约为工业革命时的 100 倍。截至 2011 年，国际贸易额已占到世界经济总产出的近 3/5，发展中国家在其中发挥了重要作用。1980 年到 2010 年间，发展中国家在世界商品贸易总额中所占份额从 25% 增至 47%，在世界经济总产出中所占份额从 33% 增至 45%。

日本宣布加入《跨太平洋战略经济伙伴协定》谈判。15 日，日本首相安倍晋三正式宣布，日本将加入《跨太平洋战略经济伙伴协定》谈判。安倍说，受人口老龄化、长期通缩等因素制约，日本经济和社会陷入自我封闭，加入《跨太平洋战略经济伙伴协定》将对日本整体经济产生积极影响。美国主导的

《跨太平洋战略经济伙伴协定》谈判已有两年，现在是日本加入谈判“最后的机会”，事关日本百年大计，机会不容错失。日本越早加入谈判，越能参与和引领新自贸规则的制定。针对日本农业团体等利益群体的反对，安倍表示，日本将在谈判中维护大米等重要农产品、全民保险制度等“敏感”领域的利益，维护日本农业和粮食安全。日本政府宣布加入谈判后，尚需得到美国等若干国家的同意，最早也要在 2013 年 6 月以后才能开始。

以色列新政府就职。15 日，在以色列议会选举中胜出的“利库德集团—以色列是我们的家园”政党联盟同新议会的两大党派中间党派未来党和极右党派犹太人家园签署组阁协议，以色列新内阁正式组建。这三大党派和此前宣布加入新联合政府的运动党共同组成以色列第 33 届政府。18 日，以色列议会通过了新一届政府组成人员名单。新内阁共有 22 位部长，是以色列历史上规模最小的内阁。续任总理内塔尼亚胡表示，巩固国家安全将是新政府的首要任务。新政府会为以色列人民的福祉而奋斗，给以色列带来实施民主改革的机遇，但要优先保证以色列国家和人民的生存权。新政府首先要做的，是增加人民对国家责任的承担，大幅降低生活成本，降低房价，提高房屋供应量。内塔尼亚胡强调，伊朗已经接近拥核“红线”，因此未来一段时期内，以色列的外交目光可能会大部分集中在伊朗问题上。

索马里首都摩加迪沙遭炸弹袭击。18 日，索马里首都摩加迪沙发生一起汽车炸弹袭击事件，导致近 30 人死伤。联合国秘书长索马里问题特别代表马希格发表声明对此事件表示震惊和悲痛，指出这一袭击事件是不可接受的。索马里在进步和稳定的前进道路上取得了巨大的进展，这些恐怖袭击只会增强索马里人民坚持不懈的决心。这是摩加迪沙 2013 年以来发生的伤亡最为严重的袭击事件。与“基地组织”有关的反政府武装“伊斯兰青年运动”声称对事件负责。

伊拉克首都巴格达市中心发生连环爆炸。19 日，伊拉克首都巴格达的什叶派穆斯林聚居区发生至少 7 起汽车炸弹爆炸和 2 起枪击事件，造成 56 人死亡、200 多人受伤。“基地”组织伊拉克分支当天在其“圣战者”网站声称对该系列事件负责，并称这只是复仇的第一阶段，今后还将有更多的行动。29 日，伊拉克再次发生多起针对什叶派清真寺的汽车炸弹爆炸事件，导致至少 15 人死亡、95 人受伤。

塞浦路斯陷入经济困境。19 日，塞浦路斯议会否决了一项向银行储户一次性课税的计划。这项征税措施是欧元区国家财政部长和国际货币基金组织此前达成的一项向塞浦路斯提供 100 亿欧元救助款协议的附设条件。最初提出的征税措施是，对存款超过 10 万欧元的储户征税 9.9%，对存款低于 10 万欧元的储户征税 6.75%。面对强烈反对和抗议，塞浦路斯财政部对上述方案进行了修改，决定对存款低于 2 万欧元的储户免于征税。21 日，塞浦路斯总统阿纳斯塔夏季斯与塞浦路斯政党领导人举行紧急会议，商讨走出经济困境的新救助计划。29 日，阿纳斯塔夏季斯表示，与国际救助机构达成的协议使塞浦路斯免于“经济崩溃”，塞浦路斯不会离开欧元区。

斯洛文尼亚新政府成立。20 日，斯洛文尼亚成立以阿伦卡·布拉图舍克为总理的新一届联合政府。布拉图舍克在新政府成立后表示，新一届政府的首要任务就是振兴经济、拯救濒临崩溃的银行业。同时为了不增加新的国际债务，斯洛文尼亚将不会寻求国际资金救助，完全依靠自身力量走出经济衰退。新政府成立后将改变上届政府的紧缩政策，力求推动经济增长、恢复公共财政平衡，保护和发展公共部门，并恢复民众对政府机构的信任。

美国总统奥巴马访问中东三国。20 日，美国总统奥巴马开始为期四天的以色列、巴勒斯坦和约旦三国行。在访问以巴期间，奥巴马强调美国对以色列国家安全的承诺是“不可动摇”的。在伊核问题上，以色列认同了伊朗一年内不具备生产核武器能力的观点，表明以色列近期不会对伊朗核设施进行军事打击。在以巴和平问题上，以色列声明愿意作出历史性妥协。与此同时，美国力促以色列与土耳其和解，使两国关系从 2010 年武力截船事件中走出来，实现正常化，进而加强盟友间关系，为日后中东其他事务安排做准备。奥巴马与约旦国王阿卜杜拉二世会晤时表示，美国 2013 年将向约旦提供 2 亿美元的额外援助，以帮助约旦解决安置叙利亚难民所承担的沉重负担，缓解约旦 2013 年财政预算所面临的困境。

第三届雅加达国际防务对话会举行。20 日，第三届雅加达国际防务对话会在印度尼西亚举行，来自 38 个国家的 1300 余名政府官员、专家学者、非政府组织成员与会。印度尼西亚总统苏西洛在主旨发言中表示，亚太地区地缘政治与区域关系正在发生深刻变化，区域各国在反恐、救灾、应对跨国犯罪、气候变化等问题上拥有共同利益，大大提升了战略合作空间。希望各国遵守在区域合作机制中制定的协议准则，开启各方欢迎的战略合作，共同建设一个和平繁荣的亚太。

欧元区经济增长乏力。21 日，法国全国统计和经济研究所最新预测报告说，法国经济 2013 年上半年环比接近零增长。同日，德国 3 月综合采购经理指数初值降至 51.0，制造业采购经理指数初值跌至萎缩区域，服务业采购经理指数初值下降。26 日，法国劳工部公布的数据显示，截至 2013 年 2 月底，法国登记失业人数连续 22 个月上升，达到 318.7 万，逼近 1997 年 1 月以来的最高纪录 319.55 万。27 日，法国全国统计和经济研究所发布统计数据显示，2012 年第四季度法国人购买力下降 0.8%，全年下降 0.4%。28 日，经济合作与发展组织在法国首都巴黎总部发布中期经济展望报告，预计 2013 年上半年全球经济活动呈现恢复迹象，但欧元区经济增长乏力，将拖累全球经济复苏。经合组织预计，欧元区 3 个主要经济体德国、法国和意大利中只有德国连续两个季度增长。预计德国 2013 年第一季度增长 2.3%，第二季度增长 2.6%；法国第一季度为负增长 0.6%，第二季度为正增长 0.5%；意大利上半年均为负增长，前两个季度分别为负 1.6% 和负 1.0%。

习近平出访俄罗斯和非洲三国。22 日，中国国家主席习近平抵达莫斯科，开始对俄罗斯进行国事访问。同日，习近平同俄罗斯总统普京举行会谈，就加强两国合作及重大国际和地区问题交换意见。习近平指出，经过 20 多年发展，中俄关系已从 20 世纪 90 年代建立的不同于冷战时期的新型大国关系，上升到 21 世纪前 10 年逐步建立的全面战略协作伙伴关系。两国政治关系成熟牢固，进入了互相提供重要发展机遇、互为主要优先合作伙伴的新阶段。今后一个时期，中俄全方位战略合作重点是要加大相互政治支持，坚定支持对方维护国家主权、安全、发展利益的努力；全面扩大务实合作，把两国高水平的政治关系优势转化为务实合作的实际成果；密切在国际和地区事务中的协调和配合，维护两国共同战略安全。普京表示，习近平主席出访的第一个国家选择俄罗斯，显示了双方对发展俄中关系的高度重视。相信访问一定会有力推动俄中全面战略协作伙伴关系发展。

24 日，习近平在坦桑尼亚首都达累斯萨拉姆同坦桑尼亚总统基奎特举行会谈。两国元首决定，传承中坦传统友谊，构建和发展互利共赢的全面合作伙伴关系，把中坦关系提升到更高水平。25 日，习近平在达累斯萨拉姆的尼雷尔国际会议中心发表演讲，用“真、实、亲、诚”四个字概括了新形势下的中非关系，并指出，新形势下，中非关系的重要性不是降低了，而是提高了。双方共同利益不是减少了，而是增多了。中方发展对非关系的力度不会削弱，只会加强。

同日，习近平抵达南非行政首都比勒陀利亚，开始对南非进行国事访问。26 日，习近平在比勒陀利亚同南非总统祖马举行会谈。两国元首从促进中非关系发展和推动发展中国家团结合作的战略高度，深入探讨发展中南关系，达成重要共识。28 日，习近平在南非德班同非洲国家领导人举行早餐会。南非总统祖马、安哥拉总统多斯桑托斯、科特迪瓦总统瓦塔拉、贝宁总统亚伊、莫桑比克总统格布扎、乌干达总统穆塞韦尼、赤道几内亚总统奥比昂、几内亚总统孔戴、乍得总统代比、埃塞俄比亚总理海尔马里亚姆以及阿尔及利亚议长萨拉赫、非盟委员会主席祖马等出席。非洲国家领导人纷纷发表讲话，一致盛赞非中传统友谊。他们表示，事实证明，中国是非洲可信赖的朋友和伙伴。所谓中国在非洲搞“新殖民主义”的说法没有根据。非洲国家希望借鉴中国发展的成功经验，不断加强非中合作，希望中国在国际场合继续为非洲仗义执言。非洲国家也将一如既往坚定支持中国。相信中国一定会在非洲和平与繁荣事业中发挥更大建设性作用。非中关系一定会继续成为发展中国家合作的典范。习近平表示，当前，非洲和平与发展事业处于新的关键阶段。非洲经济蓬勃向上，联合自强不断迈出新步伐，国际地位日益提高。同时，非洲求和平、谋稳定、促发展仍面临不少挑战。只要非洲保持和平稳定，积极探索符合自身实际的发展道路，非洲必将迎来更加光明的发展前景。

29 日，习近平抵达刚果首都布拉柴维尔，同刚果共和国总统萨苏举行会谈。两国元首一致表示，将共同致力于建立和发展中刚团结互助的全面合作伙伴关系。中刚始终真诚相待、友好合作，在涉及对方核心利益的重大问题上坚定地相互支持。2014 年是中刚建交 50 周年，希望双方共同努力，深化友好互信，使两国团结互助的全面合作伙伴关系迈上新台阶、实现新跨越。

第 24 届阿盟峰会开幕。26 日，第 24 届阿拉伯国家联盟首脑会议在卡塔尔首都多哈开幕，会议重点讨论了叙利亚问题、巴勒斯坦问题、完善阿盟内部协调机制等议题，15 个阿拉伯国家元首出席。已辞职的“叙利亚反对派和革命力量全国联盟”前领导人穆瓦兹·哈提卜代表叙利亚反对派出席。沙特阿拉伯、阿拉伯联合酋长国、阿尔及利亚等 6 个阿拉伯国家的领导人未出席会议。会议通过《多哈宣言》，确认将叙利亚的阿盟席位授予叙反对派“全国联盟”，呼吁其他国际组织认可叙反对派的地位，同意成员国向叙反对派提供武器，呼吁政治解决叙利亚危机，提议召开“重建叙利亚会议”，号召国际社会向叙利亚人民提供援助。宣言呼吁阿拉伯国家继续抵抗以色列，呼吁各阿拉伯国家加强同人民的对话等。

金砖国家领导人第五次会晤举行。26 日，金砖国家领导人第五次会晤在南非德班国际会议中心举行。中国国家主席习近平、南非总统祖马、巴西总统罗塞夫、俄罗斯总统普京、印度总理辛格出席。塞内加尔总统萨勒、乍得总统代比、安哥拉总统多斯桑托斯、科特迪瓦总统瓦塔拉、贝宁总统亚伊、刚果共和国总统萨苏、莫桑比克总统格布扎、乌干达总统穆塞韦尼、赤道几内亚总统奥比昂、几内亚总统孔戴、埃及总统穆尔西、埃塞俄比亚总理海尔马里亚姆、非盟委员会主席德拉米尼·祖马等参加首次金砖国家和非洲领导人对话会。峰会主题为“金砖国家与非洲：致力于发展、一体化和工业化的伙伴关系”。金砖国家领导人就加强金砖国家伙伴关系、深化金砖国家与非洲合作以及共同关心的国际和地区问题深入交换了意见。其中，成立金砖国家开发银行、工商理事会等内容是此次峰会讨论的重点议题。习近平发表题为《携手合作　共同发展》的主旨讲话。与会领导人发表了《金砖国家领导人第五次会晤德班宣言》。宣言称，本次会晤是金砖国家第一轮领导人会晤的收官之作。我们重申将致力于维护国际法、多边主义和联合国的中心地位。我们的讨论表明金砖国家的团结进一步加深，愿为全球和平、稳定、发展与合作作出积极贡献。我们还讨论了金砖国家在与各国和各国人民团结合作的基础上，在国际体系中发挥的作用。会议还通过了包括 18 项内容的“德班行动计划”。

日本首相安倍晋三访问蒙古国。30 日，日本首相安倍晋三访问蒙古国，与蒙古国总统额勒贝格道尔吉、总理阿勒坦呼雅格等举行会谈。安倍承诺向乌兰巴托市提供治理环境污染的技术支持，还将为蒙古最大的火力发电站提供约 42 亿日元的贷款。安倍在接受记者采访时表示：“蒙古对日本来说是重要的区域伙伴。在自由、民主、互助、价值观方面和日本拥有很多共同点。蒙古是资源大国，日本资源贫瘠但拥有技术，希望以向蒙古提供技术支持的方式实现双赢，强化两国关系。”阿勒坦呼雅格在会谈后强调：“蒙古要进一步在社会各领域加强与日本的战略伙伴关系，进一步推动两国关系的发展。”

月

习近平出席博鳌亚洲论坛 2013 年年会

马杜罗当选委内瑞拉总统

朝鲜半岛局势持续紧张

日本政坛进一步右倾化

美国波士顿发生爆炸案

朴凤柱再次出任朝鲜内阁总理。1 日，朝鲜第 12 届最高人民会议第七次会议在首都平壤举行。朝鲜最高领导人金正恩出席会议，会议决定任命朝鲜劳动党中央政治局委员、前劳动党轻工业部长朴凤柱为内阁总理。会议修订和补充了部分宪法内容，讨论了内阁 2012 年和 2013 年的工作，审议并通过了内阁工作报告、2012 年国家预算执行决算和 2013 年国家预算。会议还通过《关于进一步巩固自卫性的核拥有国地位》和《关于出台朝鲜国家宇宙开发法》的法令、关于成立朝鲜国家宇宙开发局的决定。

日本强化价值观外交。1 日，日本政府综合海洋政策总部公布了《海洋基本计划》草案，该草案包含了推进海底资源开发，强化日本周边海域安保体制等内容。

5 日，日本内阁会议审议通过 2013 年版《外交蓝皮书》。蓝皮书对朝鲜导弹与核开发及中国海洋活动表示强烈关切，指出“确保美军的前方展开能力，力争提高日美安保体制的威慑力不可或缺”。蓝皮书认为“日本的周边局势日趋严峻”，朝鲜的导弹与核开发是“对地区乃至全体国际社会的威胁”，表示日本将与美、韩等有关国家密切合作予以应对。就钓鱼岛问题，蓝皮书指出“不存在需解决的领土主权问题”，并称中国进入所谓“日本领海”、进行“雷达照射”是“对领土、领海和领空的威胁”。对于韩国有效控制的独岛（日韩争议岛屿，日本称“竹岛”），蓝皮书继续强调其为“日本固有领土”，表示会“根据国际法和平解决”。

12 日，安倍晋三正式宣布，日、美两国政府就日本加入《跨太平洋战略经济伙伴协定》谈判的预备磋商达成协议。13 日，缅甸民主联盟主席昂山素季访问日本，日本皇太子德仁、首相安倍晋三、外相岸田文雄等分别会见。日方表示，日本政府将通过经济援助等手段支持缅甸的民主化进程。

15 日，安倍晋三与到访的北约秘书长拉斯穆森举行会谈，双方表示将在打击海盗和反恐等安全保障领域加强合作。双方在会谈后发表关于推进日本和北约合作的《联合政治宣言》。这是日本和北约首次发表此类宣言。该宣言表示，日本和北约今后将定期举行高级别政治对话，以推进在反恐、网络安全、防止大规模杀伤性武器扩散等安全保障领域的合作。26 日，日本政府通过了作为今后五年海洋政策新指南的《海洋基本计划》，把振兴海洋产业作为经济增长战略的核心内容。

28 日，安倍晋三访问俄罗斯。这是日本首相时隔 10 年再次对俄进行正式访问。29 日，俄罗斯总统普京和安倍晋三举行会谈，讨论两国整体合作的未来发展前景，并就经济贸易关系、投资、能源、人文及科技领域的合作进行磋商。会谈结束后发表了 10 年来首份《俄日联合声明》。

5 月 1 日，安倍晋三访问沙特阿拉伯，与沙特王储萨勒曼举行会谈，双方就启动核能协定谈判的前期工作层面磋商达成一致，还确认强化政治和安全领域的关系，同意建立由两国外交与防卫部门参加的“安全保卫对话”机制，同时实施日本海上自卫队与沙特海军在霍尔木兹海峡的联合扫雷行动。此外，双方还签署了向沙特出口日本核电站发电设备的备忘录。同日，安倍晋三在阿拉伯联合酋长国与阿布扎比酋长国王储穆罕默德举行会谈，就加强在能源及安全领域的合作达成一致并就实施安全保障方面的外交及防卫部门对话取得了共识。5 月 2 日，安倍晋三和阿联酋副总统兼总理穆罕默德会晤，希望阿联酋继续在稳定提供石油方面给予合作。5 月 3 日，土耳其总理埃尔多安与到访的安倍晋三在首都安卡拉举行会谈，并签署核能合作协议，承诺将进一步深化包括核能在内的各领域合作。

叙利亚内战胶着。1 日，叙利亚反对派组织“叙利亚全国委员会”驻埃及代表贾别尔表示，叙反对派之间可能会在一些地区发生“军阀混战”，但如果成立强大的联合政府将能防止这类事件的发生。10 日，叙反政府武装“支持阵线”承诺效忠“基地”组织头目扎瓦希里。11 日，叙政府呼吁联合国安理会将“支持阵线”列为与“基地”有染的恐怖组织。16 日，叙利亚总统巴沙尔·阿萨德颁布大赦令，对部分罪犯实施减刑，并要求武装分子自法令公布之日起 30 天内上交武器，换取宽大处理。反对派对大赦不包括政治犯提出质疑。17 日，巴沙尔在国家电视台发表讲话称，现在叙面临的是新殖民主义通过各种途径、运用各种手段的入侵。从叙危机第一天开始，外部因素就成为危机的基本因素。一些国家通过政治、媒体乃至武器援助等各种手段对叙进行侵略。叙军队的首要任务是保卫国家和人民，消灭恐怖分子。19 日，美国国防部长哈格尔称，美国将向约旦派遣 200 名军事人员，以防止叙危机外溢至约旦，他同时表示美对军事干预叙利亚危机持慎重态度。20 日，“叙利亚之友”主要成员国会议在土耳其伊斯坦布尔召开，美国、英国、法国、卡塔尔、土耳其等 11 国外长与会。会议发表的声明重申按照《日内瓦公报》精神，用政治手段解决叙利亚危机。美国国务卿克里表示，“叙利亚之友”主要成员国及叙主要反对派“全国联盟”同意在叙采取和平过渡，要求叙利亚政府与反对派谈判，立即采取行动，结束武装冲突。克里还表示美国将向叙反对派追加 1.23 亿美元援助；向叙难民和叙境内民众提供 2500 万美元食品援助；美还将扩大非致命性军事物资援助。21 日，“全国联盟”主席哈提卜再次递交辞呈。22 日，“全国联盟”发表声明称，鉴于哈提卜坚持辞职，决定责成副主席萨卜拉临时担任主席工作，直到选出新主席。22 日，联合国秘书长潘基文向安理会五个常任理事国常驻代表紧急通报称，因与阿盟关系不睦等因素，联合国—阿盟叙利亚危机联合特别代表卜拉希米请求辞职，且去意已决。潘正在考虑接替卜的人选。

朝鲜半岛局势持续紧张。2 日，朝鲜原子能总局决定调整和变更现有核设施用途，包括重新整修和启动宁边 5 兆瓦石墨减速反应堆。

中国外交部副部长张业遂就朝鲜半岛局势接受采访时说，半岛局势变化与中国周边稳定密切相关，中方强烈呼吁各方保持冷静克制，避免相互刺激，切勿采取恶化局势的危险行动。敦促各方着眼大局和长远，坚持半岛无核化目标，积极对话接触，推动形势尽快转圜，共同维护半岛和平稳定。美国国务卿克里指出，朝鲜的行为具有挑衅性、危险而且轻率，美国不会接受朝鲜为“核国家”。俄罗斯朝鲜问题巡回大使洛格维诺夫说，俄罗斯不认为与朝鲜半岛局势相关任何一方蓄意发起军事行动，恢复六方会谈的机会依然存在。在目前的紧张气氛下，很有可能爆发“不由自主的”的局部冲突，进而导致局势崩溃。俄方敦促各方保持克制，避免使局势持续紧张。韩国外交部发言人赵泰永表示，若朝鲜重启宁边石墨减速反应堆情况属实，将令人深感遗憾。朝鲜应该履行此前无核化承诺，韩国政府将继续密切关注此事。日本内阁官房长官菅义伟说，朝鲜重启宁边核设施是对联合国安理会有关决议的挑衅，日方对此表示非常担忧。联合国秘书长潘基文表示，言论恐吓和军事行动只能加剧各方对峙和局势的不稳定，朝鲜没有必要选择“与国际社会碰撞”的道路。各方必须冷静下来，对话和谈判才是化解当前危机的唯一出路。欧盟外交和安全政策高级代表阿什顿发表声明，对朝鲜宣布重启宁边核设施表示谴责。阿什顿说：“重启核设施明显违背联合国安理会相关决议”，也有违2007年朝鲜在六方会谈协商后所作出的关闭核设施的承诺。朝鲜应当克制，避免让局势进一步恶化。朝鲜半岛要实现彻底、可证实的、不可逆的无核化目标，朝鲜需拿出诚意。

3日，朝鲜限制开城工业园区通行，韩方员工只能出不能进。8日，朝鲜劳动党中央书记金养建前往开城工业园区视察后宣布，暂时中断开城工业园区运转，撤回朝方所有人员。11日，韩国总统朴槿惠提议举行韩朝对话。14日，朝鲜祖国和平统一委员会拒绝韩方对话提议。18日，朝鲜提出同美、韩对话的三项前提条件：美、韩立即停止针对朝鲜的挑衅行为并全面道歉；保证不再进行威胁恐吓朝鲜的核战争演习；美全面撤出部署在韩及周边地区的核战争手段并不再部署。26日，韩国统一部发表政府声明宣布，将撤出所有滞留在开城工业园区的韩方员工。27日，根据韩国政府决定，126名韩方人员先返回韩国。30日凌晨，其余50人中的43人返回。5月3日，开城工业园区管理委员会委员长洪良浩等最后7人返回韩国。

联合国大会通过《武器贸易条约》。2日，联合国大会以多数票赞成通过了监管常规武器国际贸易的《武器贸易条约》，这是历史上第一个武器监管条约，它规定了武器贸易的共同标准，目的是在世界上禁止非法武器贸易。154个国家对该条约草案投赞成票，伊朗、朝鲜和叙利亚三国投反对票，中国、俄罗斯、印度等23国弃权。该条约将自6月3日起在纽约联合国总部开放供所有国家签署，将在50个国家签署后的第90天正式生效。

塞浦路斯与“三驾马车”达成新救助协议。2日，塞浦路斯政府发言人斯迪里阿尼蒂斯表示，塞浦路斯已与由欧盟委员会、欧洲央行和国际货币基金组织组成的“三驾马车”达成100亿欧元的新救助协议。“三驾马车”同意塞浦路斯天然气的所有收益将由塞政府控制，但“三驾马车”有建议权。塞浦路斯的经济调整期将由2016年延至2018年。塞政府获准到2018年开始考虑国有企业的私有化问题。

阿富汗发生多起袭击事件。3 日，一伙身穿阿富汗士兵服装的武装分子对阿富汗西部法拉省的一家法院发动袭击，造成至少 53 人死亡、90 人受伤。同日，加兹尼省一处警方检查站遭到塔利班武装分子袭击，站内警察随即请求空中支援，北约空军在空袭中“误杀 4 名阿富汗警察及 2 名平民”。6 日，阿富汗发生两起袭击事件，共导致 6 名美国人和 1 名阿富汗医生丧生。阿富汗塔利班事后宣布就上述袭击事件负责。8 日，阿富汗一辆公交车撞上了路边炸弹，导致至少 9 名乘客死亡。12 日，库纳尔省一座政府军检查站遭到阿富汗塔利班武装人员袭击，至少 13 名士兵死亡。15 日，阿富汗南部发生一起路边炸弹爆炸事件，造成 7 死 4 伤。同日，阿富汗突击队在一次抓捕塔利班指挥官的特别行动中，击毙 22 名反政府武装分子。19 日，阿富汗发生 3 起塔利班袭击事件，造成至少 17 人死亡、7 人受伤。23 日，坎大哈省发生一起塔利班埋设在路边的地雷爆炸事件，正在附近的 4 名男童当场死亡、1 名女童受重伤。

第四届二十国集团议长大会举行。4 日，第四届二十国集团议长大会在墨西哥首都墨西哥城召开。二十国集团中 15 个成员国的议长和议会代表出席会议。会议主办方还邀请了智利、哥伦比亚、西班牙的议会代表，以及各国议会联盟主席拉迪参加本届会议。会议就金融体系改革、打击腐败、促进就业、简化贸易程序、粮食安全以及稳定原材料价格等全球热点问题展开了讨论。

世界经济复苏基础脆弱。4 日，日本央行在货币政策会上决定，将用两年左右时间实现 2% 的通胀目标，以刺激长期低迷的经济。用基础货币量取代无担保隔夜拆借利率作为央行货币市场操作的主体目标，2 年内将基础货币扩大 1 倍，2014 年底达到 270 万亿日元。16 日，国际货币基金组织发布最新一期《世界经济展望》报告，将 2013 年全球经济增长预期降至 3.3%，比其之前预测下降了 0.2 个百分点。国际货币基金组织预测，2013 年发达经济体将增长 1.2%，增速比 1 月份的预测下降 0.1 个百分点；2014 年的增速预计将升至 2.2%，比之前的预测高 0.1 个百分点。美国 2013 年的经济增速为 1.9%，比之前的预测下降 0.2 个百分点；日本 2013 年经济增速被上调至 1.6%；欧元区经济 2013 年预计将萎缩 0.3%，程度比之前的预测有所加深。新兴市场和发展中国家 2013 年整体经济增速预计为 5.3%，比之前的预测下降 0.2 个百分点，2014 年经济增速也略微下调了 0.1 个百分点至 5.7%。其中，中国 2013 年和 2014 年的经济增速分别为 8.0% 和 8.2%，较之前的预测分别下降了 0.1

和0.3个百分点。该报告指出，世界经济复苏旧的危险仍在，新的风险初现端倪。全球经济将呈现三种速度发展的不均衡状态，按增长速度由高到低排列为新兴市场、美国等发达经济体、欧洲。发达经济体需要进行渐进和持续的财政整顿，并保持以刺激国内需求为目标的宽松货币政策；新兴市场和发展中经济体中期来看需要适当收紧政策。国际货币基金组织首席经济学家布朗夏尔在报告中说，随着发达经济体经济走势出现分化，世界经济从“双速复苏”走向“三速复苏”。由于全球经济高度关联，这种不平衡的复苏同时也是危险的复苏。

习近平出席博鳌亚洲论坛2013年年会。5日，中国国家主席习近平在中国海南省三亚市同出席博鳌亚洲论坛年会的缅甸总统吴登盛举行会谈。两国元首就发展中缅关系深入交换意见，一致同意不断巩固和加强双边关系，共同推动中缅全面战略合作伙伴关系持续健康稳定发展。6日，习近平同哈萨克斯坦总统纳扎尔巴耶夫、秘鲁总统乌马拉、墨西哥总统培尼亚、赞比亚总统萨塔、芬兰总统尼尼斯特举行会谈。中哈两国元首一致同意，继续保持密切交往，共同规划好中哈关系未来发展，不断推进两国合作。习近平同乌马拉就双边关系和共同关心的重大国际和地区问题交换了意见，就加强两国合作达成高度共识，共同宣布把中秘关系提升到全面战略伙伴关系。习近平与培尼亚就中墨关系及共同关心的问题深入交换意见，达成广泛共识。习近平同萨塔就中赞关系、中非关系和非洲形势等共同关心的问题深入交换意见，一致表示，珍视两国传统友谊，深化互信与合作，推动中赞关系取得新发展。习近平同尼尼斯特就中芬关系、中欧关系及共同关心的重大国际和地区问题深入交换意见，达成重要共识。两国元首共同宣布把中芬关系提升为面向未来的新型合作伙伴关系。

7日上午，博鳌亚洲论坛2013年年会开幕。年会主题是“革新、责任、合作：亚洲寻求共同发展”。来自五大洲国家和地区领导人、国际组织负责人以及政界、工商界人士、专家学者共2500多人参加。习近平出席开幕式并发表题为《共同创造亚洲和世界的美好未来》的主旨演讲。习近平指出，当前，国际形势继续发生深刻复杂变化。和平、发展、合作、共赢的时代潮流更加强劲。亚洲依然面临不少困难和挑战。亚洲发展需要乘势而上、转型升级。亚洲稳定需要共同呵护、破解难题。亚洲合作需要百尺竿头、更进一步。

当天，习近平还会见柬埔寨首相洪森、澳大利亚总理吉拉德、新西兰总理约翰·基、阿尔及利亚民族院议长本萨拉赫、蒙古国国家大呼拉尔主席恩赫包勒德。习近平指出，中柬是好邻居好朋友好伙伴更是好兄弟。中柬关系是国与国友好共处、密切合作的典范。习近平与吉拉德宣布中澳构建相互信任互利互赢的战略伙伴关系。习近平强调，要推动中国与新西兰全面合作关系不断迈上新台阶；要全面发展友好合作，提升中国与阿尔及利亚关系水平；中方从战略高度和长远角度重视中蒙关系。8 日，习近平分别会见第 67 届联合国大会主席耶雷米奇、国际货币基金组织总裁拉加德和美国盖茨基金会主席比尔·盖茨。

伊朗核问题第二轮对话会举行。5 日，伊核问题六国与伊朗第二轮对话会在哈萨克斯坦阿拉木图举行。伊核问题六国磋商机制代表、欧盟外交和安全政策高级代表阿什顿及伊朗最高国家安全委员会首席核谈判代表贾利利在对话会结束后举行的新闻发布会上表示，尽管存在分歧，但他们仍将继续努力通过对话解决伊朗核问题。阿什顿表示，六国和伊朗进行了紧张而富有建设性的对话，针对有关问题进行了非常细致的讨论。俄罗斯副外长里亚布科夫表示，伊朗核问题新一轮对话会没有取得“突破性进展”，但伊朗认真考虑了六国提出的部分建议，双方无疑“向前迈进了一步”。8 日，伊朗议会安全和外交关系委员会主席布鲁杰迪表示，如果西方国家加紧制裁或把伊朗问题提交联合国安理会，伊朗将认真考虑退出《不扩散核武器条约》。9 日，伊朗国家电视台报道称，伊朗启动了位于中部亚兹德省的两座铀矿和一家核工业原料加工厂。同日，伊朗外交部发言人梅赫曼帕拉斯特再次呼吁伊朗核问题六国承认伊朗拥有铀浓缩权利，与伊朗建立互信，以证明谈判的诚意。

美国与菲律宾举行“肩并肩—2013”联合军演。5 日—17 日，美国和菲律宾第 29 次“肩并肩”联合军事演习在位于菲律宾首都马尼拉的菲武装部队总部阿吉纳尔多军营举行，来自美菲两国的 8000 多名官兵参加。美方出动包括 12 架“大黄蜂”战斗机在内的 20 架飞机及一艘军舰参演。澳大利亚、文莱、日本、韩国和泰国派代表参加多国海上安全圆桌讨论。

南北苏丹关系缓和。6 日，南苏丹重新恢复石油生产。12 日，苏丹总统巴希尔率苏丹有史以来最庞大的官方代表团访问南苏丹。这是巴希尔自 2011 年 7 月南苏丹建国大典以来首次访问南苏丹。当日，两国总统在会谈结束后联合举行的记者招待会上表示，两国将切实履行双方已签署的安全协议，停止向对方国家反政府武装提供任何形式的支持和庇护；将全面落实双方 2012 年 9 月在亚的斯亚贝巴签署的合作协议，以加强两国之间的政治、经济和贸易关系，并将为解决两国之间所有悬而未决的问题继续努力。两国总统还宣布，启动有关允许两国公民在对方国家定居、迁徙、工作和拥有不动产的“四大自由协议”。

美国国务卿克里访问中东和中日韩。7日，美国国务卿克里抵达土耳其伊斯坦布尔，与土外交部长达武特奥卢举行会谈，就双边关系、叙利亚危机和双方共同关心的国际和地区问题进行了讨论。同日，克里与巴勒斯坦民族权力机构主席阿巴斯会谈。阿巴斯表示，以色列反对就边界问题提出框架方案，拒绝在巴被占领土、特别是东耶路撒冷停建定居点等严重阻碍了重启和谈进程。克里指出，若巴方同意回到谈判桌，以方将转交所有扣押的巴方税款，并扩大巴控制区。8日，克里抵达耶路撒冷，与以色列总统佩雷斯举行会谈。在会前联合记者会上，克里强调，尽管困难重重，但应对达成以巴两国解决方案充满信心。在伊朗核问题上，克里重申奥巴马总统和美国政府是以色列的朋友，将与以共同应对伊朗威胁。美将继续寻求通过外交途径解决伊朗核问题，但这不会成为必要时使用其他途径解决该问题的障碍。9日，克里与以色列总理内塔尼亚胡举行会谈。克里在会后记者会上表示，将与以巴领导人一道努力促进经济发展，取消制约西岸商贸往来的障碍并扩大西岸企业规模和投资，为中东和平进程创造有利条件。

12日，克里抵达韩国访问。与韩国总统朴槿惠举行会谈，会见韩国外交部长官尹炳世并发表联合声明称，美韩同盟对亚太安全和稳定至关重要，美重申面对朝鲜挑衅将坚定捍卫韩安全。两国正采取谨慎的军事和外交手段以确保安全，但仍致力于以和平途径实现半岛无核化。美欢迎韩国总统朴槿惠提出的“朝鲜半岛信任进程”。如朝鲜遵守其国际义务和承诺，美将着手兑现2005年六方《共同声明》中的承诺。

13日，克里抵达北京，开始对中国进行访问。中国国家主席习近平和国务院总理李克强分别会见克里。克里表示，世界正在经历重大发展变化。美方站在战略高度，以更宽阔视野和更长远眼光定位美中关系。美方愿同中方一道，按照两国元首的要求，加强高层交往，加深对话、互信、合作，共同应对各种挑战，造福两国和两国人民，维护世界和地区和平与安全，为美中构建新型大国关系注入强劲生命力。双方还决定，发表中美气候变化联合声明，宣布在中美战略与经济对话框架下成立气候变化工作组，推进相关合作。

14 日，克里抵达日本访问，与日本外相岸田文雄举行会谈。克里称，美日同盟比历史上任何一个时期都要坚固，美将全力捍卫盟友安全。克里重申美在钓鱼岛问题上的立场，即日本管辖钓鱼岛、美国反对任何单方面改变现状的行动、钓鱼岛属于《日美安保条约》的适用范围。15 日，日本首相安倍晋三会见克里。同日，克里在东京工业大学发表演讲，首次全面阐述亚洲战略，表示美将致力于在亚太建立强劲、公平、巧妙和公正的伙伴关系，实现“太平洋梦”。

俄罗斯总统普京访问德国和荷兰。7 日，俄罗斯总统普京访问德国，与德国总理默克尔共同出席汉诺威工业博览会开幕式。8 日，普京与默克尔举行会谈，双方就经济议题、俄罗斯境内的非政府组织问题、叙利亚危机和朝鲜半岛局势等交换了看法。同日，普京结束德国之行开始对荷兰进行访问，与荷兰女王贝娅特丽克丝共同出席“荷兰—俄罗斯年”开幕仪式，并参观彼得大帝展。双方表示，期待“荷兰—俄罗斯年”的一系列活动能够进一步加强双边关系。随后，普京与荷兰首相吕特举行会谈，涉及欧洲债务危机，特别是塞浦路斯银行危机、俄荷关系、俄欧互免签证问题以及朝鲜半岛、叙利亚等国际热点问题。

巴基斯坦大选博弈加剧。7 日，巴基斯坦穆斯林联盟（领袖派）主席舒贾特公布主题为“建设更好的明天”的竞选纲领，承诺将打击极端主义和恐怖主义势力，确保公民受教育权利，为青年人提供就业，改善能源状况，重振经济，赋予妇女权利等。9 日，正义运动党发布题为“给所有人以正义”的 13 条竞选纲领，强调改善国内安全形势，呼吁赋予全民正义，规划制定独立自主的外交政策，带领巴走出美反恐战争阴影，承诺解决能源危机、消除腐败、促进就业、缩小贫富差距，将国家建设为伊斯兰福利国家和经济强国。10 日，神学会（法鲁兹派）秘书长海德里公布该党竞选纲领，表示该党如赢得大选，将以建成伊斯兰国度为目标进行改革，内容包括建立伊斯兰教政府系统、上涨工资、制定平等自主外交政策、推广教育、加大卫生和科技投入、有效解决能源危机等。当天，统一民族运动党候选人伊斯兰姆在信德省海德拉巴市活动时，遭遇 2 名驾驶摩托车的武装分子袭击身亡，巴基斯坦塔利班发言人宣称对此负责。这是巴宣布大选以来第一名遇袭身亡的候选人。看守政府总理科萨要求为所有候选人提供安全保障。14 日，伊斯兰促进会领袖哈桑表示，该党将单独参加大选。15 日，哈桑公布该党竞选纲领，承诺将把国家建设成“模范伊斯兰国家”，优先维护国家主权，消除恐怖主义，废除封建体制，解决失业问题和能源危机。16日，巴基斯坦吉德拉尔地区法庭决定取消前总统穆沙拉夫在该区的参选资格，使穆欲借大选东山再起的希望更加渺茫。17日，巴基斯坦选举委员会正式完成候选人资格审查、个人申诉和复议等程序。据统计，国民议会最终候选人数量从7020人降至4671人，2349名候选人放弃参选。谢里夫兄弟、比拉瓦尔、伊姆兰·汗等主要政党领导人顺利通过审查。同日，人民民族党领导人比洛尔遭恐怖袭击但幸免于难，巴塔宣称对袭击负责。18日，巴前总理吉拉尼、阿什拉夫与“巴基斯坦伊斯兰运动党”秘书长瓦西迪共同宣布，人民党与该党将结盟参加大选，两党已签署结盟协议。19日，穆沙拉夫因涉嫌在2007年实施紧急状态时拘禁多名法官以及涉嫌贝·布托遇刺案等罪名遭警察逮捕，并被软禁。22日，统一民族运动党大选办公室遭炸弹袭击，造成包括2名党员在内的3人死亡。

英国前首相撒切尔夫人去世。8日，英国前首相玛格丽特·撒切尔因中风去世，享年87岁。撒切尔夫人1925年10月出生于英格兰林肯郡格兰瑟姆市一个杂货店商人的家庭，1943年进入牛津大学萨默维尔女子学院攻读化学。大学时代参加保守党，并担任牛津大学保守党协会主席。1959年当选为保守党下院议员，1970—1974年任教育和科学大臣。1975年2月当选为保守党领袖，成为该党首位女领袖。1979年5月工党在大选中获胜，撒切尔夫人出任首相，为英国历史上首位女首相。1983年6月和1987年6月两次连任首相，成为英国19世纪初以来连续执政时间最长的首相。

萨尔基相宣誓就任亚美尼亚总统。9日，亚美尼亚连任总统谢尔日·萨尔基相在首都埃里温宣誓就职，开始他第二个五年任期。萨尔基相在就职仪式上发表讲话强调，将致力于国家经济发展，集中精力应对国家人口流失、增加就业和减少贫困三大课题。萨尔基相1993年8月任亚美尼亚国防部长，1995年7月任国家安全部部长，1996年11月任国家安全部和内务部部长，1999年6月任内务部长，2000年5月再次任国防部长，并于2004年4月连任。2007年4月4日，因时任总理马尔加良突发心脏病逝世，亚美尼亚总统科恰良任命萨尔基相为总理。2008年2月，萨尔基相当选亚美尼亚总统。

美国总统奥巴马提交2014财年联邦预算和国防预算案。10日，美国总统奥巴马向国会提交“难产”两月的2014财年（2013年10月至2014年9月）联邦预算报告，提出未来10年削减1.8万亿美元财政赤字的长远目标。加上此前已批准的 2.5 万亿美元削减赤字措施，今后 10 年削减赤字总额将达到 4.3 万亿美元。到 2023 年，美联邦财政赤字占国内生产总值的比例将降至 1.7%。2014 财年美联邦各部门支出和各项福利支出总计约为 3.77 万亿美元，较 2013 财年增加 2.5%；赤字将由 2013 财年的 9730 亿美元降至到 7440 亿美元，到 2016 年将控制在 5000 亿美元。为此，该预算案提议向年收入达到或超过 100 万美元的人群至少征收 30% 的个人所得税，并主张通过节省社会保险福利金和老年保健医疗制度支出等来“节流”。同日，奥巴马还向国会提交了总额为 5266 亿美元的 2014 财年国防预算案。根据美国防部公布的预算要点，预算资金包括国防部人员开支、武器开发、军事采购、设施保养等费用，但阿富汗战争等海外紧急行动费用等未包括在内。阿富汗战争在 2014 财年还将需要 680 亿至 1100 亿美元单独拨款。该预算案对关键战略需求安排了重点投资，包括安全重心向亚太与中东地区转移，发展网络、特种部队和全球机动等能力。

八国集团外长会议举行。10 日，八国集团外长会在英国首都伦敦举行，叙利亚和朝鲜危机成为首要议题。会议发表声明指出，叙利亚危机爆发以来，有超过 7 万人丧生，同时还有超过 100 万叙利亚难民逃离到邻国，八国集团外长会议对此表示担忧。声明重申支持联合国—阿拉伯国家联盟叙利亚危机联合特别代表卜拉希米的工作，寻求政治解决叙利亚危机。同时呼吁所有国家积极回应联合国的请求，尽最大努力，提供直接人道主义援助，帮助叙利亚难民。八国集团外长“用最严厉的措辞谴责朝鲜的挑衅威胁言论和核导弹计划，最近的导弹试验是严重威胁地区稳定和国家安全的行为”，警告朝鲜若执意试射导弹，只会导致自身孤立，将受到更多制裁，敦促朝鲜“放弃所有核武及导弹计划，进行可信任的对话”。外长们还探讨了伊朗核计划、缅甸、索马里、网络安全以及冲突中的性暴力问题等。

马杜罗当选委内瑞拉总统。14 日，委内瑞拉举行总统选举。15 日，委国家选举委员会宣布，代总统、执政党统一社会主义党候选人马杜罗以 50.75% 的得票率险胜反对派联盟“民主团结圆桌会议”候选人卡普里莱斯，当选新一届总统。同日，卡普里莱斯拒不承认选举失败，指责统一社会主义党选举舞弊，要求国家选举委员会重新计票，并号召其支持者上街“以敲锅等和平方式”向政府示威。16 日，委内瑞拉国家选举委员会主席卢塞纳在新闻发布会上说，“委内瑞拉人民已经作出决定，这一结果是不可更改的”。根据委内瑞拉宪法，马杜罗将完成已故总统查韦斯的剩余任期，执政至2019年。19日，马杜罗在委全国代表大会上正式宣誓就职。17个国家的领导人和44个国家的特使团参加了马杜罗的就职仪式。22日，委内瑞拉新一届内阁成立，共设32个部门，其中副总统及15个部门的负责人留任。马杜罗在新内阁成立仪式上发表讲话，表示新政府将继续走查韦斯的社会主义革命和玻利瓦尔革命道路，重申新政府愿意与包括反对派在内的所有委内瑞拉人民进行对话，解决政治分歧。现年50岁的马杜罗，曾是委内瑞拉已故总统查韦斯“钦定”的政治接班人。1998年查韦斯首次竞选总统，马杜罗担任其助手，此后一直是查韦斯阵营的核心人物。2000年、2005年马杜罗两次当选全国代表大会成员。2005年1月，当选全国代表大会主席。2006年8月，担任委内瑞拉外交部长。2012年10月，被任命为副总统。2013年3月，查韦斯去世后，暂时行使总统职权。

日本政坛进一步右倾化。15日，日本首相安倍晋三接受采访时说，年内将集体自卫权写入新防卫大纲，并拟在7月参议院选举胜选后修订《宪法》第96条，随后讨论修改《宪法》第9条。第96条中规定了修宪程序，即修宪需获得参众两院2/3以上议员同意，自民党欲将修宪门槛降低至“过半数”。第9条明确规定日本永远放弃把利用国家权力发动战争、武力威胁或行使武力作为解决国际争端的手段，为达此目的，日本不保持陆海空军及其他战争力量，不承认国家的交战权，被视为日本“和平宪法”的核心。21日，安倍晋三以“内阁总理大臣”名义向供奉有第二次世界大战甲级战犯牌位的靖国神社供奉了名为“真榊”的祭品。日本副首相兼财务大臣麻生太郎等3名内阁成员参拜了靖国神社。23日，168名议员参拜了正在举行春季例行大祭的靖国神社。

美国波士顿发生爆炸案。15日，美国波士顿在举行国际马拉松赛事期间发生爆炸案，3人死亡，其中包括1名中国留学生，超过200人受伤。来自俄罗斯车臣地区的塔梅尔兰·察尔纳耶夫和焦哈尔·察尔纳耶夫兄弟被指控制造了这起爆炸。18日，塔梅尔兰死于同执法人员的枪战。19日，焦哈尔落网。22日，美国司法部以“使用大规模杀伤性武器危害人民和财产”等罪名对焦哈尔提起诉讼。

塞尔维亚和科索沃就关系正常化初步达成一致。17日，塞尔维亚总理达契奇和科索沃总理萨奇在欧盟外交和安全政策高级代表阿什顿的协调下，就双方关系正常化在比利时首都布鲁塞尔举行第10轮对话。19日，双方初步达成一致意见，草签关系正常化协议。26日，塞尔维亚议会经过长时间辩论，批准该协议。根据该协议，生活在科索沃北部的塞族居民将在卫生、教育、警务等方面拥有自治权，科索沃警察未获得北约和塞尔维亚批准，不许在塞族居住区巡逻。

联合国发布《2013 年亚洲及太平洋经济社会概览》报告。18 日，联合国亚洲及太平洋经济社会委员会发布《2013 年亚洲及太平洋经济社会概览：前瞻性宏观经济政策促进包容性可持续发展》报告。报告指出，“持续”的全球经济衰退将“不可持续”发展模式的弊端暴露无遗，在经济发展的同时，自然资源也日渐枯竭。自从全球金融危机开始以来，欧元区、美国经济及其财政政策不确定性令亚太地区经济体付出沉重代价，造成亚太区域内生产总值损失 3%，相当于 8700 亿美元。报告建议亚太地区发展中经济体利用反周期和积极的财政及支持性金融政策来抵御发达经济体政策不确定性带来的负面影响，政府在制定这些政策时应确保能同时解决诸如加强基础设施建设、普及现代能源、提高劳动者技能等长期问题。报告预测中国经济增长率 2013 年将略有上升，从 2012 年的 7.8% 上升到 8%；印度则将从 2012 年的 5% 上升到 2013 年的 6.4%；阿富汗、孟加拉国、不丹和斯里兰卡等经济体预计 2013 年将增长 6% 或以上；印度尼西亚将获得 6.6% 的增长；菲律宾和泰国的增长率将分别达到 6.2% 和 5.3%，越南的经济增长预计将在 2013 年下半年回升到 5.5%。

二十国集团财长和央行行长举行会议。18 日，二十国集团财长和央行行长会议在美国首都华盛顿举行，会议就全球经济形势、二十国集团“强劲、可持续、平衡增长框架”、国际金融架构改革、金融部门改革以及长期投资融资等议题进行了讨论。会议发表联合公报呼吁各国推动经济增长和创造就业，敦促发达国家加强财政整顿，关注宽松货币政策的负面效应。会议认为，全球经济增长继续缓慢复苏，但复苏仍不均衡。宏观经济政策的不确定性、私人部门“去杠杆化”、财政紧缩、金融中介功能受损以及全球需求再平衡进程仍未完成，将继续拖累全球经济增长前景。公报指出，为促进全球经济复苏，发达国家应加强财政整顿，确保中期财政可持续性，同时关注持续的宽松货币政策带来的负面效应；欧元区应进一步夯实经济和货币联盟的基础，包括尽快建立银行业联盟，减少金融分割，继续强化银行的资产负债表；各国都应加快推进结构改革，提振经济增长前景并创造就业机会。会议要求尽快落实 2010 年国际货币基金组织份额和治理改革方案，确保 2014 年 1 月前完成份额总检查；强调要加强公共债务管理；推动国际货币基金组织与区域融资安排之间加强互补合作；开展促进长期投资融资相关研究；继续推动金融部门改革，以及促进普惠金融的发展。

国际货币基金组织和世界银行春季会议举行。19日，国际货币基金组织和世界银行2013年春季会议在美国首都华盛顿召开，180多个国家的财政部长、中央银行行长和经济学家参加，会议主题是“全球性挑战、全球性解决方案”。与会代表着重讨论了全球经济形势和面临的风险、增加国际货币基金组织可贷资金以及推进国际机构治理改革等议题。会议全面评估了世界经济和金融形势，展望了2013年以及未来经济增长前景，并进一步探讨了如何推动全球经济复苏和可持续增长。同时，还就世界不同地区经济前景、促进就业和减少贫困等问题召开了新闻发布会和研讨会。会后发表的公报中重申，将在2013年10月国际货币基金组织和世界银行年会前完成2010年份额和治理改革，并强调份额分配应更好地反映国际货币基金组织成员在世界经济中的相对地位，体现有活力的新兴市场和发展中国家强劲增长所带来的重大变化。

纳波利塔诺连任意大利总统。20日，意大利举行总统选举第六轮投票，88岁的现任总统乔治·纳波利塔诺独揽左、中、右三大阵营超过73%的选票，以高票连任意大利第12届总统。22日，纳波利塔诺在众议院宣誓就职，成为意大利共和国历史上第一任连任总统。纳波利塔诺在就职演说中说，意大利正面临前所未有的巨大困难，欧洲和世界环境对于意大利也越发紧迫和严峻，政治僵局使意大利各党派无法选出新的总统人选，他的连任是在这一背景下的特殊选择。23日，意大利议会各主要党派经磋商决定组建左、中、右各派共同参加的“大联盟”政府。同日，纳波利塔诺任命中左翼政治人物莱塔为新一届内阁总理。27日，莱塔提交新一届内阁名单。28日，新一届内阁成员在总统府宣誓就职。

伊拉克举行美军撤离后首次选举。20日，伊拉克18个省中的12个省举行了美军2011年撤离后的第一次地方选举，投票率为50%左右。因政治分歧，当局推迟了以逊尼派为主的安巴尔等省的投票。选举前一周，伊拉克发生一系列爆炸袭击事件，造成至少50多人死亡、200多人受伤。25日，选举初步结果揭晓，以总理马利基为首的什叶派“法治国家联盟”在首都巴格达及中部和南部以什叶派为主的9个省中的7个省获胜，什叶派政党伊斯兰教最高委员会主席哈基姆领导的“公民联盟”在7个省中排名第二，另一什叶派政治人物萨德尔领导的“自由者联盟”在米桑省领先。在以逊尼派为主的萨拉赫丁省，逊尼派阵营“伊拉克人联盟”获胜。在逊尼派和什叶派混居的迪亚拉省，逊尼派阵营“迪亚拉伊拉克人联盟”领先。选举结果公布后，逊尼派举行多起示威游行，要求马利基下台，并与安全部队发生冲突，造成200多人死亡。

卡特斯成功当选巴拉圭新一任总统。21日，巴拉圭举行总统大选。投票结果显示，初出茅庐的反对党“全国共和国联盟”（红党）候选人卡特斯获46%的选票，领先头号对手执政党“真正激进自由党”（蓝党）候选人阿莱格雷，成功当选总统。卡特斯定于8月15日就职，任期5年。

世界经济论坛拉美会议举行。24日，2013年世界经济论坛拉美会议在秘鲁首都利马开幕，40个国家和地区的600多名政界和企业界人士参加，会议主题是“实现增长，加强社会建设”。出席会议的秘鲁总统乌马拉、墨西哥总统培尼亚和巴拿马总统马蒂内利均强调，拉美近年来已成为经济持续增长和持续发展的地区。在经济全球化的背景下，拉美已成功抵御国际金融危机的影响，多数国家经济保持增长，并在解决社会不平等与贫困方面取得成绩。马蒂内利指出，拉美在国际舞台上已不再是一个旁观者，而是一个积极的参与者，拉美国家从过去的经济发展失误中吸取了教训，逐渐走上一条适合本国国情的发展之路。培尼亚强调，近年来，秘鲁和巴拿马已成为拉美经济增长的领头人，墨西哥需要赶上拉美增长的步伐。

第22届东盟峰会举行。24日，第22届东盟峰会在文莱首都斯里巴加湾市举行。除马来西亚总理纳吉布因即将到来的大选而未能参会外，东盟其他九国的领导人出席。峰会主题是“凝聚人民，共创未来”。与会领导人重点讨论了深化区域合作、推进区域一体化进程、提升东盟互联互通水平以及一系列东盟成员国共同关心的重大地区问题。峰会强调东盟成员国人民在推进政治安全、经济和社会文化领域合作时所发挥的作用。会后发表《主席声明》，主要内容包括：一是强调巩固地区合作主动权，加强东盟机制建设，责成东盟协调理事会就如何维护东盟地区架构中的中心地位进行研究；二是突出互联互通和海上合作，强调推进东盟陆海空全方位互联互通，充分利用金融和技术资源，用好东盟基础设施资金，推动《东盟互联互通总体规划》落实；三是深化东盟一体化建设，强调进一步促进贸易投资便利化，逐步消除非关税壁垒，早日实现东盟单一窗口计划。在社会文化层面，东盟各国将强化“东盟人”意识，特别是加强各国青年之间的交流；四是继续关注南海问题，强调《南海各方行为宣言》、东盟南海六点原则和纪念《南海各方行为宣言》签署10周年联合声明的重要性，呼吁根据《南海各方行为宣言》和包括《联合国海洋法公约》在内的公认的国际法原则，以和平方式解决南海争议，不使用或威胁使用武力，保持自我克制。

法国总统奥朗德访华。25 日，应中国国家主席习近平邀请，法国总统奥朗德抵达北京，开始对中国进行国事访问。习近平与奥朗德举行会谈。两国元首就双边关系及共同关心的重大国际和地区问题进行坦诚深入友好的交流，取得重要共识。双方决定，相互尊重，互利合作，推动中法全面战略伙伴关系继续向前发展。会谈后，双方共同发表了《中法联合新闻公报》。26 日，中国国务院总理李克强会见奥朗德。李克强指出，中法经济互补性很强，合作空间巨大。反对各种保护主义，拓展合作领域，提升竞争力。中方希望看到一个团结、繁荣、稳定的欧洲，将继续支持欧洲应对主权债务问题。奥朗德表示法中、欧中经济相互依存，法方愿与中方深化和拓展多领域合作，共同反对贸易保护主义，实现互利双赢。法方感谢中方对欧洲和欧元的支持，愿为欧中关系发展发挥更大作用。

意大利总理莱塔访问德国、法国和比利时。30 日，意大利总理莱塔飞抵德国首都柏林，与德国总理默克尔举行会晤。默克尔在与莱塔举行的联合新闻发布会上表达了对莱塔的支持，同时为德国在应对欧债危机中采取的紧缩路线进行了辩护。她说，目前特别重要的是重新赢得信任。德国认为巩固财政和经济增长并不相悖，而是互相促进，共同提高竞争力，创造更多的就业。默克尔强调，解决失业问题是欧洲的核心问题，这就需要更多的投资，为企业提供喘息的空间，减少官僚主义。莱塔说，意大利正在从危机中变得更加强大，意大利将坚持巩固预算和整顿公共财政之路。莱塔表示，为解决欧洲的问题，他将寻求与德国最大程度的融洽。5 月 1 日，法国总统奥朗德与到访的莱塔举行会谈，讨论了欧盟的银行联盟建设问题。双方在会谈后共同会见记者时表示，实现银行联盟是欧盟工作的第一重点，须加紧实施。莱塔表示，在经济联盟、财政联盟、政治联盟和银行联盟之中，银行联盟是成功的关键。奥朗德表示，法国非常重视银行联盟建设。德国、意大利、法国等欧盟主要国家的领导人认为，欧盟应该拥有监督银行、解决危机并为银行存款提供担保的工具。在随后对比利时的访问中，莱塔与比利时首相迪吕波就欧盟的经济政策交换了意见，双方强调欧洲团结的重要性。莱塔在记者招待会上表示，欧盟必须紧密团结，通过建设性对话和谐共处。迪吕波表示，一个联合的欧洲是欧洲的发展引擎。

5月

习近平对特立尼达和多巴哥、哥斯达黎加、墨西哥进行国事访问并赴美国举行中美元首会晤

习近平会见金正恩特使崔龙海

李克强对印度、巴基斯坦、瑞士和德国进行正式访问

土耳其爆发大规模持续骚乱

美俄就召开叙利亚问题国际会议达成原则共识

朝鲜半岛局势暂时趋缓

日本右翼言行遭内外谴责。1日，日本首相安倍晋三在沙特阿拉伯的吉达对记者表示，争取在夏季参议院选举赢得修改宪法所需“三分之二”议席。自民党将在竞选纲领中提出修改宪法第96条，以放宽修宪提案条件。当日，日本首都东京约4.2万人在代代木公园举行全国工会总联合会集会，反对修宪。3日，日本宪法施行66周年纪念日，全国举行各种活动反对修宪。民主党、公明党、共产党、社民党等纷纷发表反对修宪声明。8日，安倍晋三在参议院预算委员会上再就第二次世界大战“侵略”定义辩称“学术上没有绝对的定义”。9日，中国外交部发言人表示，“日本军国主义对外侵略历史铁证如山，国际社会早有定论，不是什么学术问题。日本只有诚实面对过去，才有可能开辟未来。希望日方切实以史为鉴，以实际行动取信于亚洲邻国和国际社会”。韩国外交部发言人说：“日本领导人应当正视历史，抱有正确的历史认识，这对韩日关系及地区发展很重要”。同日，日本国会首次讨论修宪。自民党、维新会、大家党主张放宽修宪条件，民主党、公明党对修改第96条态度谨慎，生活党和共产党明确反对修改第96条。12日，自民党政调会长高市早苗表示将继续参拜靖国神社，并质疑“村山谈话”。

同日，维新会共同代表、大阪市市长桥下彻就第二次世界大战慰安妇问题称，在当时情况下“慰安妇制度存在是必要的”，并透露他曾鼓励驻冲绳美军士兵进入色情场所。14日，中国外交部指出，中方对日本政治人物发表公然挑战历史正义和人类良知的言论表示震惊和强烈愤慨。韩国外交部表示，桥下彻的言论是对女性尊严的亵渎，是有悖常理、歪曲历史的言论。15日，冲绳女性团体要求桥下彻收回慰安妇发言并道歉。菲律宾谴责桥下彻“慰安妇”言论，要求日本政府坚持之前就“慰安妇”问题作出的道歉及声明立场。同日，安倍晋三在国会表明，桥下彻言论与他、内阁及自民党的立场完全不同，并称将继承“村山谈话”。16日，美国务院谴责桥下彻有关“慰安妇”言论，称其言论不仅“肆无忌惮”而且“无礼”。17日，桥下彻反驳美国指责，称美曾用日本女性作慰安妇。18日，日本维新会共同代表石原慎太郎称，如果定性二战日方罪行为侵略，就是“自虐”，是对历史的“无知”。19日，桥下彻与石原慎太郎一致认为无需收回慰安妇言论。同日，安倍晋三接受美国《外交事务》杂志采访，将靖国神社比喻为美国阿灵顿国家公墓，表示作为日本国民参拜靖国神社是理所当然的事情。20日，联合国禁止酷刑委员会要求日本政府就慰安妇问题正式表态。23日，俄罗斯外交部指出，一些日本政客多次企图为二战期间日军强迫多国妇女充当“慰安妇”的可耻行为“洗刷”和辩解，其中大阪市长桥下彻有关“慰安妇”的言论尤其“厚颜无耻”。20个国家及地区68个非政府组织发表联合声明要求桥下彻收回其关于随军慰安妇的发言并道歉。27日，桥下彻向美国道歉，再次否认强征“慰安妇”是日本国家行为。30日，自民党确定新《防卫计划大纲》建议草案，再次提出建立“国民军”。

美国总统奥巴马访问拉美。2日，美国总统奥巴马访问墨西哥，同墨西哥总统培尼亚在墨首都墨西哥城会晤，双方讨论了两国间贸易、教育、安全、贩毒和移民等问题。两国元首在记者招待会上宣布，双方达成边界安全协议，将共同实施边界安全计划。奥巴马称，应当扩大两国经济关系。双方同意加强两国边界安全，承诺减少毒品和武器非法贩运。奥巴马感谢墨在移民改革问题上对美国的支持。培尼亚强调，协议寻求保障两国公民和商品安全通过边界，这是一项为打击有组织犯罪而实施的新战略。3日，奥巴马访问哥斯达黎加。在与哥总统钦奇利亚会谈后举行的新闻发布会上，奥巴马表示，对贩毒和有组织犯罪的担忧不应掩盖美与其南部邻国之间加强经济合作的重要性，因为经济增长有助于解决困扰这一地区多年的暴力犯罪和非法移民问题。4日，奥巴马在哥斯达黎加首都圣何塞出席中美洲经济可持续发展论坛，就安全、移民和经济问题与中美洲国家领导人和170多名当地企业家进行座谈，表示将继续加强与中美洲国家的经贸合作，鼓励和促进当地中小企业的发展，使区域经济更具竞争力。

阿富汗塔利班发动春季攻势。2日，阿富汗塔利班组织宣布，从3日起在阿境内发动“春季攻势”，旨在打击“外国侵略者及其顾问、合同商以及其他所有在军事和情报上帮助他们的人”。16日，阿富汗首都喀布尔一支北约联军车队遭自杀炸弹袭击，15人死亡，其中6人为美国公民。17日，坎大哈省发生两起炸弹攻击事件，造成9人丧生、多人受伤。18日，法拉赫省一名警察局长遭塔利班民兵射杀，4名阿富汗军人遭炸弹袭击身亡。20日，阿北部一政府大楼外发生自杀式爆炸袭击，造成14人死亡，包括1名政府高级官员。阿富汗总统卡尔扎伊对此袭击表示谴责。22日，塔利班发动千人攻势，攻占至少3个警察哨所。24日，塔利班袭击喀布尔市国际移民组织大楼，造成10人死亡、14人受伤。26日，联合国安理会发表媒体声明，要求严惩袭击事件肇事者。29日，塔利班武装分子在东部城市贾拉拉巴德袭击了红十字国际委员会办事处。30日，总部设在瑞士日内瓦的红十字国际委员会发表声明，强烈谴责此次袭击。

朝鲜半岛局势暂时趋缓。3日，韩朝双方就开城工业园区资金问题达成协议，韩方向朝支付1300万美元，滞留园区最后7名韩方人员回国。6日，韩美两国在朝鲜半岛西部海域和韩国东部海域进行反潜及海上联合演习，美核动力潜艇、航母分别参演。13日，六方会谈美方团长、美国国务院对朝政策特别代表戴维斯开始访问韩国、中国和日本，与三国讨论朝鲜半岛问题。14日，日本首相安倍晋三特使饭岛勋开始访问朝鲜。15日，朝鲜劳动党中央书记金永日会见饭岛勋。16日，朝鲜最高人民会议常任委员会委员长金永南会见饭岛勋一行。18日，饭岛勋结束访朝返日，称访朝“主要原因是奥巴马不关心日本人被绑架问题”。同日，朝鲜连续发射6枚导弹。韩国统一部发表声明，谴责朝发射导弹行为，敦促朝停止使半岛局势紧张化的举动。联合国秘书长潘基文呼吁朝停止导弹发射，重返六方会谈。美国国防部称，朝鲜半岛局势相对缓和。俄罗斯外长拉夫罗夫和联合国秘书长助理发言人哈克分别表示，朝导弹发射不违反联合国安理会决议。20日，日本首相安倍晋三在日本参议院决算委员会上就未事先告知美国饭岛勋访朝一事表示，须由日本主导解决绑架问题。同日，朝鲜中央特区开发指导总局发言人表示，韩政府需要就恢复开城工业园区正常化一事作出明确表态。22日，《“6·15”共同宣言》朝方委员会提议，朝韩政府在开城或金刚山地区共同举办纪念活动，庆祝该文件签署13周年。27日，韩拒绝与朝共同举办《“6·15”共同宣言》纪念活动。28日，朝鲜称允许韩企业家访朝商讨开城工业园区事宜。29日，朝内阁总理朴凤柱考察钢铁企业，要求贯彻经济与核并举路线。30日，《“6·15”共同宣言》朝方委员会提议，6月3日在开城举行朝韩工作会谈，就联合举办《“6·15”共同宣言》纪念活动相关事宜进行磋商。31日，韩国总统朴槿惠表示，朝应积极参与韩朝当局间对话，不应只邀民间组织访朝。

韩国总统朴槿惠首访美国。5日，韩国总统朴槿惠抵达纽约，开始访问美国。6日，朴槿惠访问联合国总部并会见联合国秘书长潘基文，双方就韩国在联合国发挥的作用及朝鲜半岛局势等问题交换意见。7日，朴槿惠与美国总统奥巴马举行会谈，双方就半岛局势、韩美同盟关系等问题达成重要共识，就修订《韩美原子能协定》、分担驻韩美军驻扎费用、韩美自由贸易协定生效一周年来取得的成果以及扩大经贸合作等交换了意见。双方共同发表《纪念韩美结盟60周年联合宣言》，评价60来年韩美同盟关系的发展历程；美国重申对韩国防卫的承诺，忠实履行韩美自由贸易协定，加强经济合作；为维护朝鲜半岛的和平稳定以及实行和平统一而努力，共同应对朝核等问题；通过在东北亚和全球事务上的持续合作及加深两国民间交流与合作，发展新的两国关系。当日，朴槿惠会晤美国防部长，重申共同努力遏制朝鲜导弹威胁。8日，朴槿惠在美国会发表演说，正式提议推行“东北亚和平合作构想”，即“首尔进程”，提出三大目标：构筑朝鲜半岛和平与统一基础、建立东北亚地区和平与合作体系、为世界和平与繁荣做贡献。9日，朴槿惠在洛杉矶出席“创造经济领袖恳谈会”后回国。

马来西亚执政联盟赢得大选。5日，马来西亚举行议会选举。截至6日，在已经公布结果的212个议席中，马来民族统一机构、马来西亚华人公会、马来西亚印度人国大党等10多个政党组成的国民阵线获得130席，赢得选举，获得执政资格，但无缘夺回在2008年选举中丢掉的下议院2/3多数。在同时举行的州议会选举中，国民阵线在12个州中赢得9个州的执政权。6日，马来西亚总理纳吉布宣誓就职，开始第二个任期。

巴勒斯坦总统阿巴斯访华。5日，应中国国家主席习近平邀请，巴勒斯坦国总统阿巴斯访华。6日，习近平同阿巴斯在北京举行会谈。习近平表示，半个多世纪以来，中国人民和巴勒斯坦人民始终相互理解、相互信赖、相互支持，成为好朋友、好伙伴、好兄弟，中巴关系不断取得新发展。中方将继续为巴勒斯坦发展建设提供力所能及的帮助，加强农业、投资、基础设施建设、文化、教育和政党等领域交流合作，共同谱写中巴友好新篇章。巴勒斯坦问题是中东问题的核心。这个问题持续半个多世纪未能得到解决，给巴勒斯坦人民带来了深重苦难，也成为中东地区长期动荡不安的重要根源。巴勒斯坦人民合法民族权利得不到恢复，巴勒斯坦和以色列的和平就不可能实现，中东地区和平稳定也无从谈起。任何时候都不能忽视巴勒斯坦问题，必须把解决巴勒斯坦问题放在重要而突出的位置。习近平表示，中国人民对巴勒斯坦人民的支持是真诚的、发自内心的。中方将一如既往支持巴勒斯坦人民的正义事业。巴以和谈之路虽然艰难曲折，但我们相信，只要紧紧把握和平的大方向，并锲而不舍付出努力，巴勒斯坦人民一定能够实现建国梦想。阿巴斯表示，巴中友谊深厚，两国友好关系不断巩固和发展。巴方感谢中方长期以来给予的支持和帮助，希望同中方政治上加深相互理解和支持，经贸上加强合作，巴方欢迎中国企业到巴勒斯坦投资。阿巴斯介绍了巴以关系及巴以和谈有关情况。他强调，巴方致力于实现内部和解和团结。巴方高度赞赏中方在巴勒斯坦问题上秉持公正立场，希望中方继续发挥重要作用。会谈后，两国元首共同出席两国政府间经济技术合作协定和文化、教育合作文件签字仪式。同日，中国国务院总理李克强会见阿巴斯。李克强强调，2013 年是中巴建交 25 周年，双方传统友谊日益深厚。中国新一届政府高度重视巩固和发展中巴友好合作关系，坚定支持巴勒斯坦人民的正义事业。中方将继续以自己的方式、利用自身影响劝和促谈，推动巴以和谈向前发展，这将有利于地区和世界的和平与稳定。

以色列总理内塔尼亚胡访华。6 日，应中国国务院总理李克强邀请，以色列国总理内塔尼亚胡访华。习近平在会见内塔尼亚胡时表示，中以关系基础良好，两国建交后，双边关系发展势头良好。希望双方继续秉持平等互信、包容互鉴、合作共赢的精神，规划好、发展好两国友好关系。双方要加强各层次交往，增进相互了解，积极探讨发挥互补优势，深化务实合作。双方要开展文化、教育、新闻等领域交流，扩大民间往来，传承传统友谊。习近平表示，中方将继续秉持客观公正立场，积极劝和促谈，努力推动地区热点问题政治解决，为维护中东地区和平稳定做出贡献。内塔尼亚胡表示，中国是富有远见、开放进取的国家，取得了了不起的发展成就。以方从战略高度、用长远眼光重视发展对华关系，愿同中方一道，把握机遇，结合各自经济发展战略，加强交往与合作，增进人民友好感情，开辟以中关系广阔未来。内塔尼亚胡介绍了以方有关立场，表示以色列深知战争带来的痛苦，欢迎和渴望和平，愿通过谈判实现和平。以方赞赏中方致力于推动中东和平进程，愿同中方保持沟通。双方还就有关地区问题交换了看法。李克强同内塔尼亚胡举行了会谈。李克强说，建交21年来，中以关系日臻成熟，互利合作发展迅速。中国新一届政府高度重视发展同以色列的关系，希望双方加强政府、议会、政党、民间等各层次往来，扩大教育、旅游、青年等人文领域交流，使中以关系不断深化。李克强指出，巴勒斯坦问题是影响中东地区和平与稳定的核心问题，通过对话谈判和平解决是唯一有效办法。中方希望以巴双方相向而行，采取切实措施消除障碍，为恢复以巴和谈并取得实质性进展创造条件。这不仅符合以巴双方利益，也有利于地区乃至世界的和平与稳定。中国作为以巴共同的朋友，一向秉持客观、公正立场，愿与各方共同努力，积极推动中东和平进程。李克强表示，务实合作是中以关系发展最快、最具活力、前景最为广阔的领域。双方要努力提升各领域合作水平，更好造福两国人民。内塔尼亚胡表示，以色列和中国都有悠久历史，两国人民怀有深厚感情。以色列钦佩中国的发展成就，愿与中方携手开展合作，发挥各自优势，共创以中关系美好未来。以方愿积极参与中国“十二五”规划建设，推动双方在科技创新、节水、农业、畜牧业、可再生能源等方面的合作，促进两国共同发展，改善人民生活。以方对中方在中东和平进程中发挥的建设性作用表示赞赏。

美俄就召开叙利亚问题国际会议达成原则共识。7日，美国国务卿克里开始对俄罗斯进行为期2天的工作访问，分别会晤俄总统普京、外长拉夫罗夫。双方同意，谈判是解决叙利亚危机的最重要手段。2012年6月有关各方达成的《日内瓦公报》是叙实现政治过渡的基本框架。具体方案就是美俄共同努力，鼓励叙政府和反对派坐下来谈判，在“双方共识”的前提下，组成拥有全权的叙过渡政府机构，为最终建立多党制民主政府铺平道路。15日，第67届联合国大会通过关于叙利亚问题的决议，强烈谴责叙当局使用重武器的现象不断升级和继续有计划地大规模粗暴侵犯人权和基本自由，同时强烈谴责反政府武装团体的一切违反国际人道主义法的行为，呼吁所有各方立即停止一切形式的暴力，开始认真政治对话，展开由叙利亚人主导的走向民主多元政治制度的包容各方的政治过渡进程。俄罗斯、中国等国投了反对票。18日，叙总统巴沙尔·阿萨德重申不会因压力下台，反对派无权决定其去留。19日，叙政府军夺回中部战略要地卡绥尔镇。20日，叙军队与黎巴嫩真主党共同作战，夺回由叙反对派武装控制的中部战略要地古塞尔镇。21日，叙政府军在叙以边境戈兰高地袭击以色列巡逻队，损毁以军车，以士兵予以还击。22日，“叙利亚之友”会议在约旦首都安曼举行，美、英、法等11国外长及叙反对派代表出席，叙政府未获邀请。会议对美俄提出的举行叙利亚问题国际会议的倡议表示支持，约定将协助组织会议。23日，“叙利亚反对派和革命力量全国联盟”（简称“全国联盟”）在土耳其伊斯坦布尔开启新一轮会谈，提出叙和平过渡方案，敦促巴沙尔辞职，呼吁允许巴沙尔下台后安全离开国家。28日，克里与拉夫罗夫再次会晤后表示，计划于6月举行的叙利亚问题国际会议是“很难完成的任务”，美俄在参会国家范围上存在分歧，俄方认为伊朗必须与会，但美方反对。同日，俄副外长里亚布可夫重申不改变向叙提供S－300防空导弹系统计划，并称这有助于遏制外部势力干预叙冲突的企图。29日，叙外长表示叙政府将出席叙利亚问题国际会议。同日，叙反对派“全国联盟”重申巴沙尔必须下台，并将其排除在政治对话之外，还要求政府军停止军事行动，否则将拒绝与会。30日，巴沙尔在接受黎巴嫩灯塔电视台采访时表示，叙已收到首批先进的俄罗斯防空系统，不久将获得其余的S－300导弹。

世界贸易组织正式任命新任总干事。8日，世界贸易组织正式宣布，根据第三轮遴选结果，确定巴西人罗伯托·阿泽维多为下任总干事推荐人选，提交于14日举行的总理事会正式会议批准。当天，巴西总统罗塞夫发表声明，对阿泽维多当选世界贸易组织总干事表示支持。巴西外长帕特里奥塔表示，阿泽维多当选表明国际秩序正在改变，新兴市场国家正展示出一定的领导力。14日，世界贸易组织召开总理事会正式会议，全体一致通过任命阿泽维多为该组织下任总干事。阿泽维多成为首位来自拉丁美洲的世界贸易组织总干事，接替将于8月31日卸任的帕斯卡尔·拉米。阿泽维多在会上表示，他将尽其所能帮助成员建立共识，实现世界贸易组织的目标。55岁的阿泽维多长期从事经贸领域工作，曾负责多起涉及巴西的世界贸易争端案件，2005年至2006年作为巴西代表团团长参加多哈回合谈判，自2008年起担任巴西常驻世界贸易组织代表，以对世界贸易组织的深入了解和建立共识的能力著称。

伊拉克发生多起暴力袭击事件。8日，伊拉克西部与北部地区发生多起枪击与汽车爆炸事件，共造成4人死亡，26人受伤。11日，北部萨拉赫丁省发生自杀式汽车炸弹袭击，造成至少3人死亡、近百人受伤。12日，全国多地发生暴力袭击，造成至少12人死亡。15日，首都巴格达什叶派聚居区发生11起连环爆炸，造成至少23人死亡、110人受伤。17日，巴格达一座逊尼派清真寺外发生两起炸弹爆炸，造成至少38人死亡、55人受伤。20日，巴格达以及南部城市巴士拉发生系列爆炸事件，造成至少31人死亡、100多人受伤。21日，北部发生4次爆炸，造成5人死亡、69人受伤。

菲律宾渔政船枪杀台湾渔民。9日，台湾渔船“广大兴28号”遭菲律宾船只射击，导致一名船员死亡。10日，菲官方首次证实政府公务船枪击台渔船，相关涉案人员暂时停职。菲拒绝就枪杀台渔民事件道歉。11日，台当局领导人向菲提出道歉、赔偿、彻查、惩凶四项要求，要求菲方72小时内回应，否则将采取冻结菲劳等措施。12日，菲总统府发表书面声明，称菲方已启动相关调查，并提及驻台“代表”已向遇难渔民家属表达总统的道歉。13日，菲总统阿基诺三世呼吁台方“保持冷静”，拒绝对台方的道歉与赔偿要求进行回应。14日，菲驻台代表应允“道歉、彻查、惩凶”三项要求，但拒绝赔偿。16日，菲称台制裁措施会让双方受伤害。台派出调查人员抵达菲律宾首都马尼拉，准备与菲方展开联合调查。17日，菲司法部长称不同意台调查组审问涉枪杀渔民人员。菲发表调查报告指台渔船拒捕酿成惨剧。18日，台调查小组因在菲无法进行调查返回台湾。27日，经过多日协商，双方互派平行调查团分别抵达台北和马尼拉，开始对事件进行调查。

巴基斯坦举行议会选举。11日，巴基斯坦举行国民议会（下议院）和地方议会选举。12日，选举初步结果显示，谢里夫领导的穆斯林联盟（谢里夫派）以较大优势领先其他竞争对手，成为议会第一大党。当日，联合国秘书长潘基文祝贺巴大选成功，重申继续为巴提供支持和协助。13日，美国总统奥巴马祝贺巴成功完成政权更替，表示愿早日与新政府合作。16日，巴选举委员会宣布，在决出胜负的261个议席中，穆盟（谢派）获得124席，人民党获得31席，正义运动党获得27席。6月1日，巴新议会宣誓就职，谢里夫当选新一届总理。

菲律宾中期选举揭晓。13日，菲律宾举行参议院中期选举，将选出12名参议员，与2010年当选的12名参议员组成新一届参议院。18日，选举结果揭晓，新当选的12名参议员中有9名来自菲总统阿基诺三世支持的团队。

北极理事会观察员国扩容。15日，北极理事会第八次部长级会议在瑞典北部城市基律纳召开。中国、印度、意大利、日本、韩国和新加坡6国在本次会议上被批准成为理事会正式观察员国。会议签署通过《基律纳宣言》，不仅强调维护北极地区的和平稳定及建设性合作的重要性，还强调可持续利用资源、经济发展及环境保护的重要性。宣言认为，鉴于温室气体排放的全球效应，北极生态环境发生急剧变化，对极地乃至全球的生态和社会产生广泛影响，增加国际合作以应对气候变化带来的挑战越来越紧迫。会议签署了一项关于各成员国间加强北极地区海域原油污染应对措施的协议，以进一步加强共同协作机制，保护北极地区的环境。会议还一致通过了《观察员国手册》，以进一步规范北极理事会观察员国的职能。主持本次会议的瑞典外交大臣比尔特强调，吸纳新的观察员国将强化北极理事会的地位，它们的加盟是国际社会对北极理事会广泛接受的明证。

伊朗核问题进入实质性谈判阶段。15 日，伊朗首席核谈代表贾利利与欧盟外交和安全政策高级代表阿什顿在土耳其伊斯坦布尔举行闭门会谈，讨论阿拉木图第二轮对话的后续议题。16 日，贾利利表示，会谈“漫长而有效”，双方都表示愿意继续保持对话，伊已经准备好随时与六国展开新一轮谈判，可以是伊朗选举前，也可以是选举后。伊永远不会放弃铀浓缩权利，坚决否认其铀浓缩将用于研制核武器。美国负责核谈的最高代表舍曼透露，伊在谈判中未表现出诚意，认为联合国安理会应对谈判僵局采取进一步行动。22 日，国际原子能机构发布报告称，自 2 月以来，伊朗仍在不断推进核计划，已完成安装大约 700 台新型离心机，铀浓缩产能不断提高，并继续建造在阿拉克的重水反应堆。但伊朗目前不足以制造一枚核弹，因此伊朗还没有跨过核武器门槛。

李克强对印度、巴基斯坦、瑞士和德国进行正式访问。19日，中国国务院总理李克强抵达印度首都新德里开始对印度进行正式访问。20 日，李克强与印度总理辛格举行会谈时强调，要推动中印合作取得新的实质性进展，进一步巩固中印面向和平与繁荣的战略合作伙伴关系。会谈后，两国总理见证了双边经贸、农业、文化、环保、地方交往等领域合作文件的签署。同日，李克强分别会见印度国大党主席索尼娅·甘地，副总统、联邦院议长安萨里。21 日，李克强会见总统慕克吉。李克强强调，中印关系具有全球战略意义。

22 日，李克强抵达巴基斯坦首都伊斯兰堡开始对巴基斯坦进行正式访问。当日，李克强会见巴总统扎尔达里，巴看守总理霍索、候任总理谢里夫参加。李克强强调，中巴永远做彼此信赖的好伙伴，真诚可靠的好兄弟。随后，李克强与扎尔达里、霍索举行大、小范围会谈，就深化中巴战略合作伙伴关系达成重要共识。李克强强调，巩固中巴传统友谊，推进全面务实合作。会谈后，两国领导人共同见证了双边经贸、基础设施、教育等领域合作文件的签署。

23日，李克强抵达苏黎世开始对瑞士进行正式访问。24日，李克强与瑞士联邦主席毛雷尔举行会谈。李克强强调，中方高度重视中瑞关系，愿与瑞方共同努力，始终从世界发展大形势、各自国家发展大趋势来牢牢把握两国关系的大方向，相互尊重、平等相待，尊重对方选择的发展道路。毛雷尔表示，瑞中友好合作关系源远流长，基础牢固，前景广阔。瑞方十分珍视这一宝贵机遇，愿进一步扩大两国的互利合作，促进共同发展。会谈后双方签署了结束中瑞自贸协定谈判的谅解备忘录，并宣布建立金融对话机制。

25日，李克强抵达德国首都柏林开始对德国进行正式访问。26日，李克强参观了波茨坦会议旧址，强调《波茨坦公告》第八条明确指出《开罗宣言》之条件必将实施，而《开罗宣言》明确规定，日本所窃取的中国之领土，例如东北、台湾等岛屿归还中国。这是用几千万生命换来的胜利果实，也是二战后世界和平秩序的重要保证。只有正视历史，才能开创未来。中国愿同世界各国爱好和平的人们携手，维护二战后确立的和平秩序，维护世界和平与繁荣。同日，李克强与德国总理默克尔举行了大小范围会谈，双方共同规划了中德未来合作的方向和重点，并就深化中德战略伙伴关系达成重要共识。李克强在会见德国总统高克时表示，当前中德关系在高水平上不断取得新发展，两国合作面临难得机遇。中方愿本着相互尊重、平等相待的原则，同德方加强对话交流，增进了解和互信，共同应对挑战。27日，李克强同默克尔共进早餐，就中欧经贸存在的问题、中欧关系、当前欧债形势以及双方共同关心的问题坦诚深入交换意见。

缅甸总统吴登盛访问美国。19日，缅甸总统吴登盛开始对美国进行工作访问。20日，吴登盛与美国总统奥巴马举行会晤，双方对两国关系现状予以肯定，并表达了继续发展两国友好关系的愿望。吴登盛表示，将继续推进政治和经济改革、促进民族和解以及与少数民族武装和谈等，要求美完全解除对缅制裁，向缅提供透明的帮助。奥巴马称，将支持缅继续改革，愿为缅民主转型成功和国家发展提供帮助和援助，要求缅继续释放政治犯，不与朝鲜发展军事关系，妥善处理宗教和民族问题。21日，缅美签署贸易与投资框架协议，双方就尊重、促进和落实各自法律的重要性达成共识。美强调对劳工权利议题的重视，宣布援助缅农业发展、仰光—曼德勒公路升级改造及缅军警人员培训等。缅能源部长吴丹泰与美方达成共识，美将提供技术帮助支持缅石油与天然气开发。

美国国务卿克里访问中东。21 日，美国国务卿克里访问阿曼。阿曼苏丹国王卡布斯在首都马斯喀特会见克里，双方讨论了当前的地区和国际局势，并就加强两国各领域合作交换了意见。22 日，克里参加了在约旦首都安曼召开的“叙利亚之友”会议，同各参会国就举行涉叙问题日内瓦会议进行了讨论。克里表示，如果叙利亚政府没有意向同反对派进行谈判结束内战，美国和其他国家将加大对反对派的支持力度。23 日，克里前往耶路撒冷与拉姆安拉，分别与以色列总理内塔尼亚胡和巴勒斯坦总统阿巴斯会晤，推动重启巴以和谈。内塔尼亚胡表示，以色列希望重启和谈。阿巴斯重申，要重启和谈，以方必须停建定居点，释放巴方被关押人员。会晤后克里坦言，巴以两国仍然互疑，重启和谈仍有障碍。24 日，克里敦促巴以领导人做出决定，重启中东和平进程。26 日，克里在约旦参加“2013 年中东北非世界经济论坛”。克里宣布，为约旦河西岸地区打造约 40 亿美元的经济发展计划。为使计划成功施行，必须进一步促进巴以关系。

欧盟峰会举行。22 日，欧盟领导人在布鲁塞尔举行会议，讨论如何通过改进欧盟税收和能源政策等途径提升欧洲经济竞争力。欧盟委员会主席巴罗佐在会上指出，欧盟各国每年因逃税和非法欺骗损失 1 万亿欧元。如果不解决这一问题，欧委会将无法向诚实经营的企业和辛勤工作的家庭交代，也无法向为大规模财政紧缩作出牺牲的重债国交代。欧洲理事会主席范龙佩强调，税收是敏感问题，打击偷漏税无法依靠一个国家单独完成，需要各国步调一致，协同配合。成员国商定，将在 2013 年 6 月底前确立打击偷漏增值税的措施，并在欧盟范围内推行存款税。峰会决定，进一步加强新能源技术研发，帮助实现欧盟需要的“可承受的和可持续的能源”，以促进经济增长，增加就业。同时，建立欧洲统一能源市场，以促进能源结构多元化。

巴基斯坦塔利班二号人物遭美国无人机空袭身亡。23 日，美军在巴基斯坦北瓦济里斯坦部落区对巴基斯坦塔利班二号人物拉赫曼发动无人机空袭，造成拉赫曼和 5 名巴塔成员死亡。巴塔随后予以确认并称巴基斯坦政府应对此负责。巴塔声明说，撤回与政府和谈提议，将对政府和安全部队展开报复行动。巴外交部发言人表示，巴政府对美无人机在北瓦部落区的空袭行动表示关切，认为无人机空袭违反国际法，侵犯巴主权，伤及无辜百姓，效果只会适得其反。拉赫曼身亡后，巴塔委员会召开会议，确定汗·赛义德接替拉赫曼，出任该组织二号指挥官。

奥巴马阐述美国政府反恐政策。23日，美国总统奥巴马在首都华盛顿美国国防大学发表反恐战略演讲，宣布调整反恐战略，承诺将严格限制使用无人机，重新努力关闭关塔那摩监狱。奥巴马表示，美国的反恐战争必须寻求新策略，并对2001年以来指导反恐政策的法律和道德框架进行广泛修订。单靠武力并不能让美国更安全，美国不可能在任何极端主义冒头的地方都动用武力，如果没有一个消除极端主义源头的战略，无论是利用无人机还是特种部队开展的"无休止战争"，最后都只有失败。虽然美国必须继续实施瓦解恐怖组织和保护美国民众免受攻击的措施，但这场战争与所有战争一样，都必须终结，这是历史的忠告。奥巴马称，利用无人机在海外打击武装人员的做法有法理依据，但作为一种军事手段，利用无人机空袭即便合法、有效，在一些时候也不能说是明智和道德的。为此，他已签署一份总统政策文件，对如何使用无人机发动空袭作出明确规定。奥巴马承诺将重新努力早日关闭关塔那摩监狱，包括恢复向也门遣返囚犯、任命专人与别国谈判接收问题乃至争取在美境内收押审判部分囚犯等。

尼日尔北部发生爆炸袭击事件。23日，尼日尔北部阿加德兹军营遭自杀式汽车炸弹袭击，造成至少20名尼日尔军人、3名自杀式爆炸袭击者死亡，另有16名军人受伤，多名学生军官被劫持为人质。约半小时后，在北部阿尔利特地区，法国核能巨头阿海珐集团旗下一个铀矿遭同样袭击，2名自杀式爆炸袭击者死亡、14名平民受伤。马里极端组织"西非圣战统一运动"当天宣称制造了这两起袭击事件，目的在于报复法国和尼日尔参与马里北部的军事行动，威胁会在尼日尔发动更多袭击。当日，联合国秘书长潘基文发表声明，对这两起自杀式袭击事件予以强烈谴责。尼政府宣布，从当天开始举行3天的全国哀悼活动，以纪念袭击中遇难的军人和民众。24日，联合国安理会发表声明，强烈谴责尼日尔爆炸袭击事件。法国总统奥朗德表示，在尼境内发生的恐怖袭击行动再次显示在非洲打击恐怖主义的必要性。当日，法国特种部队与尼日尔军方采取联合行动，打击制造袭击事件的极端组织武装分子。

俄罗斯主办"欧洲安全的军事和政治层面"国际会议。23日，由俄罗斯国防部主办的"欧洲安全的军事和政治层面"国际会议在俄罗斯首都莫斯科举行。会议的主要目的是公开讨论当前存在的问题，为确保欧洲平等安全寻求各方均可接受的决定提出建议。俄美国防部和外交部代表、欧洲安全与合作组织秘书长赞尼尔、欧洲各国国防部官员、北约、欧盟和独联体集体安全条约组织领导人、欧洲和俄罗斯专家共 250 多名代表出席会议。俄总统办公厅主任伊万诺夫在会上宣读了俄罗斯总统普京的致词，称有必要制定战略，保障欧洲大西洋空间安全。俄武装力量总参谋长格拉西莫夫在会上指出，俄正在研究应对机制，以削弱美部署全球反导系统对俄核威慑能力所造成的负面影响。若美不破坏俄军核潜力，俄愿缩减进攻性武器。俄国防部副部长安东诺夫称，美在构建反导系统问题上的开放性无法消除俄顾虑。俄外长拉夫罗夫表示，俄主张在加强国际事务战略稳定性时，减少武力因素，用政治外交或者其他手段解除武力威胁。俄希望与美解除互疑，合作解决反导问题。北约助理秘书长布伦格尔曼表示，北约希望在阿富汗和导弹防御等问题上与俄合作。在联军撤出阿富汗后，北约将在俄等伙伴的帮助下，继续训练阿安全部队。在欧洲部署反导系统不是为了影响俄核威慑的有效性，北约将在未来始终遵循这一原则。

习近平会见金正恩特使崔龙海。24 日，中共中央总书记、中国国家主席习近平在北京会见朝鲜劳动党第一书记金正恩特使、朝鲜劳动党中央政治局常委崔龙海。崔龙海转交了金正恩给习近平的亲笔信。习近平表示，中朝友好符合两国和两国人民的共同利益。中国党和政府愿同朝方共同努力，推动两国关系长期健康稳定发展。习近平指出，朝鲜半岛无核化和持久和平稳定，是人心所向、大势所趋。中方立场十分明确，不管局势如何变化，有关各方都应坚持半岛无核化目标，坚持维护半岛和平稳定，坚持通过对话协商解决问题。中方希望有关各方保持冷静克制，推动局势缓和，重启六方会谈进程，为实现半岛无核化，维护半岛和东北亚持久和平稳定不懈努力。崔龙海表示，朝方十分珍惜朝中传统友谊，愿与中方一道，加强高层交往与深度沟通，不断巩固和发展朝中友好关系。崔龙海说，朝方真诚希望发展经济，改善民生，这需要营造和平的外部环境。朝方愿与有关各方共同努力，通过六方会谈等多种形式的对话协商妥善解决相关问题，维护半岛和平稳定，朝方愿为此采取积极行动。

日本加强对外交往。24 日，日本首相安倍晋三访问缅甸，分别与缅甸总统吴登盛、全国民主联盟领导人昂山素季举行会谈。与吴登盛总统举行会谈后，两国首脑发表了题为《构筑永久持续的友好合作关系》的联合声明，决定加强地区和安全对话，促进两国防务部门合作与交流。为推动经济发展和民主化，日方支持缅国家建设，协助完善基础设施和法律；提供 910 亿日元政府开发援助，免除约 2000 亿日元的对日债务。安倍还祭拜二战阵亡日军墓，遭到中、韩等国强烈反对。27 日，印度总理辛格对日本进行访问，与安倍晋三会谈，双方签署了强化日印全球战略伙伴关系的共同声明。声明称，双方将深化防卫合作，包括日本海上自卫队与印度海军定期、频繁举行联合演习；日本海上保安厅与印度海岸警卫队举行合作演习；探讨有关 US－2 水上飞机的合作；在海洋问题上增进双边和多边合作。日本提供 710 亿日元贷款用于孟买地铁建设；共同就印度境内高铁建设开展可行性调研；继续就缔结核电协定进行磋商；尽早实现日印企业对稀土的共同开采；加快在智能社区建设、海水淡化项目、太阳能发电项目等领域的合作。30 日，安倍晋三会晤了即将出席横滨“第五届非洲开发会议”的坦桑尼亚总统基奎特、塞内加尔和南苏丹等国首脑，与埃塞俄比亚总理海尔马里亚姆举行了会谈。

非盟举行成立 50 周年庆典。25 日，非洲联盟在埃塞俄比亚首都亚的斯亚贝巴举行成立 50 周年庆典，回顾历史与成就，探讨如何共同建设和平与繁荣的非洲。当天，非盟在其总部召开“泛非主义和非洲复兴”讨论会。非盟轮值主席、埃塞俄比亚总理海尔马里亚姆在会上强调，过去 50 年，在泛非主义的指引下，非洲实现了国家独立和经济发展。今后非洲将致力于削减贫困、消弭冲突，使大部分国家达到中等收入水平。为此非洲应加大农业领域投资、增强发展能力、加快基础设施建设、支持私营部门发展。非盟委员会主席德拉米尼·祖马在发言中呼吁，加快非洲一体化进程，要以紧迫的使命感尽快推动建立非洲自由贸易区，让经济走上可持续发展轨道。人力资本发展十分重要，鼓励各国加大对教育、科技等方面的投资。非洲 50 多个国家领导人及世界其他国家和国际组织代表出席了庆典。

世界卫生组织称新型冠状病毒正威胁全世界。27 日，世界卫生组织总干事陈冯富珍在世界卫生大会闭幕前夕称，新型冠状病毒的潜在威胁巨大，人们对它的了解却太少，在了解病毒来历和传播方式前，预防工作将无法开展。28 日，世界卫生组织宣布，将新型冠状病毒名称定为“中东呼吸系统综合征冠状病毒”。世界卫生组织称，“中东呼吸系统综合征冠状病毒”在人际间传播迅速，全球已有 49 人感染此病毒，其中 27 人死亡，最新的死亡病例发生在沙特阿拉伯。29 日，沙特卫生部称最新病例报告来自该国东部地区，3 人因感染此病毒死亡。31 日，世卫组织公布，全球因感染此病毒而死亡的人数已升至 30 人。

土耳其爆发大规模持续骚乱。27 日，土耳其伊斯坦布尔市政府准备拆毁塔克西姆广场附近的加济公园的消息传出后，引起市民强烈不满，开始举行静坐示威活动。31 日，大批防暴警察动用催泪瓦斯和高压水枪驱散民众，引发大规模抗议。6 月 1 日，部署在塔克西姆广场的警察和防暴车辆撤离，数千民众进入广场举行和平示威。世界各地均出现规模不等的声援集会。当日，土耳其总理埃尔多安发表声明，要求示威者立刻结束抗议活动，表示拆毁加济公园兴建兵营的计划不会更改，而在公园原址建造商业中心的方案还有待商榷。他承认，警方处理此次群众性事件的方式欠妥，存在过度使用权限的可能。6 月 2 日，反政府示威活动继续在土耳其各地蔓延，全国 67 个省级行政区共发生 235 起示威活动，1730 人被逮捕，造成上千万美元的经济损失。

缅甸政府与克钦独立组织达成协议。28 日，缅甸政府与克钦独立组织首次在缅克钦邦首府密支那举行谈判。会谈后双方签订了包括七项内容的初步和平协定，同意实现停火，并将针对武装人员转移问题继续展开磋商。联合国秘书长潘基文发表声明表示欢迎。声明说，双方达成的协议是一项重要成果，能够为缅开启真正民族和解进程奠定基础。联合国将一如既往地支持双方继续努力缓和局势，开展全面政治对话，实现缅甸的持久和平。

保加利亚选出新总理。29 日，保加利亚国民议会举行特别会议，以 120 票支持、97 票反对，选举社会党总理候选人普拉门·奥雷沙尔斯基为新一届政府总理。奥雷沙尔斯基表示，重树国民信心、促进经济复苏、推动企业发展和维护社会公平是他当选后的首要任务。国民议会还通过了奥雷沙尔斯基提交的政府组成形式和新一届政府成员名单。

世界经济复苏呈现多样性。29 日，经济合作与发展组织发布的最新一期经济展望报告指出，世界经济复苏之路呈现出复杂性和多样性。发达经济体将从 2013 年中期逐步复苏，一直持续到 2014 年。在新一轮复苏过程中，发达经济体增速出现分化。美国经济调整显现积极成效，增长将加速，复苏力度将超过经合组织其他成员国，增速有望从 2013 年的 1.9% 增至 2014 年的 2.8%。欧元区经济将继 2012 年后再陷衰退，2014 年有望反弹。欧元区仍是世界经济链条中最脆弱的一环，主权债务危机的后果，特别是公共财政整顿和信贷市场收缩将继续拖累该地区经济增长，2013 年预计萎缩 0.6%，2014 年有望增长 1.1%。日本公共政策调整带来不确定性，经济增长趋于减缓。安倍政府的新政还有赖于实施的情况。在此情况下，日本经济增长将呈缓慢减速之势，增速将从 2012 年的 2% 减至 2013 年的 1.6%，2014 年将进一步降至 1.4%。新兴经济体整体增速将高于发达经济体，但也显示不平衡性。中国经济增速仍位居榜首，2013 年将达 7.8%，2014 年将达 8.4%。其他新兴经济体受到结构性因素影响增长有限，一些经济体甚至出现滞胀倾向。经合组织报告显示，发达经济体复苏再次加速，主要得益于持续的宽松货币政策支持，资本市场形势得到改善和市场信心逐步恢复。经合组织强调，发达经济体的财政政策核心仍是整顿公共财政，同时保证自动稳定器能够充分发挥作用。在实施过程中，具体措施可以调整，使之更有利于经济增长和兼顾社会公平，削减赤字的力度也可以适度放松一些。

习近平对特立尼达和多巴哥、哥斯达黎加、墨西哥进行国事访问并赴美国举行中美元首会晤。31 日，中国国家主席习近平抵达西班牙港开始对特立尼达和多巴哥进行国事访问。6 月 1 日，习近平会见特多总统卡莫纳。习近平表示，中特两国虽然相距遥远，但两国人民有着深厚传统友谊。特立尼达和多巴哥是最早同中国建交的加勒比国家之一，在事关中国核心利益问题上一贯支持中方。这次访问是为了加强两国友好合作，使中特关系好上加好。卡莫纳表示，中国是伟大的国家，有着悠久的历史和灿烂的文明。两国关系成果丰硕。中方在特多承建了许多重要建设项目，促进了特多经济社会发展，造福了当地人民。特方希望同中方加强交往，在经贸、清洁能源、环境保护等方面开展新的合作。特方愿同中方加强人文交流。

1 日，习近平分别会见圭亚那总统拉莫塔尔、安提瓜和巴布达总理斯潘塞、多米尼克总理斯凯里特、格林纳达总理米切尔、巴哈马总理克里斯蒂、牙买加总理辛普森－米勒、苏里南总统鲍特塞、巴巴多斯总理斯图尔特，同他们就加强双边友好合作及中国同加勒比地区整体关系交换意见。习近平强调，加勒比地区国家是国际社会中一支重要力量。中加合作促进了双方发展，造福双方人民。中方愿同该地区国家建立和发展全面合作伙伴关系。对方一致表示，习近平主席这次访问体现了中国对加勒比地区的重视，他们愿同中方一道，推动加中关系取得新发展。

同日，习近平抵达哥斯达黎加首都圣何塞开始对哥斯达黎加进行国事访问。3 日，习近平同哥总统钦奇利亚举行会谈。习近平表示，中哥建交虽然只有 6 年时间，但两国关系取得了长足发展。事实证明，中哥在相互尊重、平等互利、共同发展的原则基础上发展友好合作关系，符合两国和两国人民根本利益，中哥关系完全可以成为不同规模、不同国情国家友好合作的典范。钦奇利亚表示，哥中建交以来，两国高层交往频繁，各领域合作富有成果，给双方带来实实在在的利益。哥斯达黎加希望同中国深化互信、合作和友谊，祝愿中国人民在实现中国梦的进程中不断取得新成就。两国元首就两国合作交换了意见，达成广泛共识。双方还就中国同拉美和加勒比国家关系交换了看法，同意共同推动建立中拉合作论坛，相互支持对方年内举办中拉农业部长论坛、智库交流论坛和企业家高峰会。会谈后，两国元首共同出席了两国政府经济技术合作协定以及关于哥方公路、炼油厂改扩建投融资协议等多项合作文件签字仪式。

4 日，习近平抵达墨西哥首都墨西哥城开始对墨西哥进行国事访问，同墨西哥总统培尼亚举行会谈。双方一致认为，加强中墨长期友好合作符合两国和两国人民根本利益，也有利于发展中国家团结合作。两国元首宣布，将中墨战略伙伴关系提升为全面战略伙伴关系。会谈后，两国领导人共同签署了《中华人民共和国和墨西哥合众国联合声明》，见证了多项合作协议的签署。

6 日，习近平抵达美国加利福尼亚州。7 日，习近平在安纳伯格庄园同美国总统奥巴马举行中美元首第一场会晤和工作晚宴，就各自国内发展、构建中美新型大国关系以及共同关心的国际和地区问题交换意见。习近平表示，40 多年来，中美关系历经风雨，取得了历史性进展，给两国人民和各国人民带来了巨大利益。习近平强调，新形势下，我们应该深入审视两国关系。应该从两国人民根本利益出发，从人类发展进步着眼，创新思维，积极行动，共同推动构建新型大国关系。奥巴马表示，美中关系对两国、对亚太乃至世界都很重要。美中双方进行坦诚和建设性沟通对今后两国关系发展至关重要。美国欢迎中国作为一个大国继续和平发展。一个和平稳定繁荣的中国对美国、对世界都有利。美方希望同中国保持强有力的合作关系，应对各种全球性挑战。8 日，习近平同奥巴马举行中美元首第二场会晤。两国元首介绍了各自国内经济形势和经济政策，并就中美经济关系深入交换意见。两国元首一致认为，中美元首会晤非常成功。双方将共同努力，保持沟通，落实好会晤共识和成果，推动中美关系不断向前发展。

第 12 届香格里拉对话会在新加坡召开。31 日，第 12 届香格里拉对话会在新加坡举行，30 个国家的国防部长和政要就地区安全形势以及共同关心的重大安全议题展开了讨论。对话会共举行了五次全体会议，主题分别为“美国的地区安全政策”“避免国家间利益冲突”“军事现代化与战略透明”“亚太安全新趋势”和“亚太安全合作”。美国国防部长哈格尔在对话会上发表演讲时重申，美国将继续“亚太再平衡”战略，将采取更多“看得见的”行动实现战略重心转移，表示与中国建立积极和具有建设性的关系是“亚太再平衡”战略的一个重要环节，将加强与中国、印度以及印度尼西亚等国的关系。会议期间，美、日、韩三国国防部长举行会谈，三方一致认为朝鲜应遵守联合国安理会决议，彻底销毁所有核武器，放弃核计划。三方商定继续开展合作，以防朝鲜发起新一轮挑衅。韩、美两国防长举行会谈，就半岛局势、加强韩美同盟关系的方案、战时作战指挥权移交问题等交换了意见，双方商定成立由韩军指挥的联合战区司令部。首次参会的欧盟外交和安全政策高级代表阿什顿表示，欧盟希望加强与亚太区域各国和地区的互动，尤其在反恐、反海盗等非传统安全领域加强合作。

6月

埃及政局出现动荡

巴西多个大城市爆发大规模示威游行

鲁哈尼当选伊朗总统

八国集团峰会举行

美国联邦储备委员会宣布维持宽松货币政策

美国爆发“棱镜门”事件

第五届非洲开发会议在日本举行。1 日—3 日，第五届非洲开发会议在日本横滨举行。联合国秘书长潘基文、54 个非洲国家中的 51 个国家派代表出席，包括非盟轮值主席、埃塞俄比亚总理海尔马里亚姆等 39 位国家首脑。1 日，日本首相安倍晋三在开幕式上宣布，今后 5 年内将以官方和私营部门投资方式向非洲提供约 3.2 万亿日元支持，其中包括约 1.4 万亿日元的政府开发援助。今后 5 年日本将通过日元借款等方式提供约 6500 亿日元资金，用于支援非洲道路、水道及电力等基础设施建设。为培养能为日非商务牵线搭桥的人才，日本为 1000 名非洲留学生提供在日本企业实习机会，在非洲各国培训 3 万名人员。3 日，大会表决通过对非援助指针《横滨宣言 2013》以及详细规定援助政策的《横滨行动计划》。会议期间，安倍晋三与塞拉利昂总统科罗马等非洲十国首脑围绕联合国安理会改革举行会谈。4 日，安倍晋三与南非总统祖马举行会谈，双方同意进一步加强战略合作关系。安倍称，日方愿鼓励日企参与南非铁路、能源等基础设施建设项目，希望与南非签署核能安全协议，以利于向南非出口核技术或设备。

国际社会加剧对叙利亚问题博弈。2 日，俄罗斯外长拉夫罗夫与联合国秘书长潘基文进行电话交谈。双方一致认为，叙利亚冲突各方应严格遵守国际人道主义法，努力确保平民安全。强调要对叙利亚问题国际会议进行认真准备，以促使叙利亚有关各方进行对话。4 日，联合国叙利亚国际调查委员会向人权理事会提交报告称，该委员会 1 月—5 月对叙利亚的调查显示，叙利亚境内使用了数量有限的有毒化学材料，但目前证据尚不足以判断化学材料种类、载体和实施者。5 日，阿盟秘书长阿拉比称，阿盟外长会结束后发表决议，对外界干预叙利亚问题，特别是黎巴嫩真主党参与叙利亚内战表示强烈谴责。俄罗斯总统普京与欧洲理事会主席范龙佩、欧盟委员会主席巴罗佐在叶卡捷琳堡举行联合记者会时称，任何希望通过武力解决叙利亚危机的努力终将失败。7 日，联合国安理会发表声明说，安理会敦促叙利亚所有各方尽其所能地保护平民和避免平民伤亡，并重申叙利亚政府负有首要责任。8 日，叙利亚反对派领导机构"叙利亚反对派和革命力量全国联盟"临时主席萨卜拉称，叙利亚境内局势发展使有关举行国际会议和采取政治行动的讨论完全丧失可能。10 日，叙利亚政府军称，已开展"北方风暴"军事行动，以击溃在北部阿勒颇省活动的反对派武装。13 日，美国家安全事务副助理本·罗兹说，叙利亚政府 2012 年多次在国内冲突中"小规模使用包括沙林毒气在内的化学武器"，造成上百人死亡。奥巴马总统已决定向叙利亚反对派提供包括"军事支持"在内的援助。14 日，联合国人权理事会第 23 次会议通过《叙利亚人权状况》决议草案，谴责冲突双方侵犯人权的行为，并继续对叙利亚政府施压，要求其与联合国叙利亚国际调查委员会进行全面合作。联合国秘书长潘基文表示反对美国武装叙利亚反对派，认为此举无助于缓解叙利亚局势。15 日，俄罗斯外长拉夫罗夫与到访的意大利外长博尼诺会见记者时称，美方在约旦部署战机和导弹防御系统是在叙利亚设立"禁飞区"，违反国际法。埃及总统穆尔西宣布，埃及政府决定断绝同叙利亚政府的所有外交关系。16 日，叙利亚政府发表声明称，埃及断绝与叙利亚外交关系将加剧叙利亚宗教派别之间的矛盾，有助于美国和以色列分裂中东国家的图谋。美国总统奥巴马通过视频会议与欧洲国家领导人举行会谈时称，他同英、法、意、德领导人探讨了在叙利亚"支持政治过渡、结束冲突的方式"。英国首相卡梅伦在英国首都伦敦与俄罗斯总统普京会晤后举行的记者会上表示，英、俄在叙利亚问题上存在分歧，但双方都希望叙利亚早日停止冲突、结束分裂。17 日，奥巴马称，叙利亚问题没有简单的解决方案，设立"禁飞区"并不一定能真正解决问题。18 日，八国峰会发表联合公报称，八国致力于政治解决叙利亚危机。当前应尽快召开叙利亚问题国际会议，呼吁各方允许联合国调查组进行彻查，号召叙利亚政府和反对派共同打击与基地组织有关的恐怖主义势力。普京表示，俄方将根据已签署的合同向叙利亚政府提供武器。22 日，"叙利亚之友"会议在卡塔尔首都多哈举行，美、英、法、德、沙特阿拉伯及卡塔尔等 11 国外长参会。同日，与会各国同意向叙利亚反对派提供包括一切必要物资和装备的紧急援助。欧盟公布应对叙利亚危机的全面方案。除支持通过政治途径解决叙利亚危机外，还包括防止叙利亚冲突波及邻国，影响地区稳定；应对当地人道主义危机，向受危机冲击的人口提供援助，确保人道主义援助进入受战争影响的地区。25 日，沙特阿拉伯外长费萨尔亲王对到访的美国国务卿克里表示，沙特将竭尽所能援助叙利亚反对派。27 日，叙利亚政府军和反对派武装在大马士革、阿勒颇等地的交战仍在持续，反对派指责政府军再次在作战中使用有毒气体。同日，联合国安理会一致通过决议，决定将部署在叙利亚和以色列边境地区的联合国脱离接触观察员部队的任期延长 6 个月至 2013 年 12 月 31 日。

世界经济复苏缓慢。3 日，国际劳工组织发布《2013 年劳动世界报告：修复经济和社会结构》报告说，全球就业形势尚未恢复到危机前水平，世界各地就业表现不一，大部分发展中和新兴经济体的就业率上升，发达经济体特别是欧元区就业形势不容乐观。报告预计，到 2015 年前全球失业人数将从目前的 2 亿人增至近 2.08 亿人。6 日，经济合作与发展组织、联合国粮食及农业组织在北京共同发布的报告《2013—2022 年农业展望》预计，未来 10 年全球农业生产年平均增长率为 1.5%，与 2003 年—2012 年平均 2.1% 的增长率相比，农业生产的增速将放缓。12 日，世界银行发布最新《全球经济展望》报告预测 2013 年全球经济增速为 2.2%，低于 2012 年 2.3% 的增速；2014 年全球经济增速为 3%，低于此前预测的 3.1%。报告预测，发达国家经济在 2013 年增长 1.2%；2014 年将升至 2%。其中，美国 2013 年、2014 年的经济增速分别为 2% 和 2.8%；欧元区经济 2013 年将下滑 0.6%，2014 年将增长 0.9%；日本经济 2013 年、2014 年两年的增速均为 1.4%。发展中国家 2013 年、2014 年的经济增速将分别为 5.1% 和 5.6%。中国经济 2013 年的增速为 7.7%，2014 年预计为 8%。在这份以“波动减少、增长放缓”为副标题的报告中，世界银行指出，尽管欧元区经济继续收缩，但来自发达经济体的风险已经缓解。受产能限制等因素影响，发展中国家经济将温和增长。全球经济总体看来正进入一个更加稳定但速度更趋缓慢的增长时期。

伊朗核问题出现新情况。3 日，美国白宫发言人卡尼称，总统奥巴马签署行政命令，对与伊朗有大规模货币交易的外国金融机构及与伊朗汽车行业有商业往来的个人进行制裁，以加大对伊朗施压力度。伊核问题六国在维也纳召开的国际原子能机构理事会上发表共同声明，敦促伊朗停止开展违反联合国安理会相关决议的核活动，与机构展开全面合作，尽快就核查框架文件与该机构达成一致并付诸实施，从而澄清伊朗核计划中存在的“可能的军事层面”问题。声明对伊朗不断取得进展的核计划表示严重关切。六国一致认为，虽然伊朗与六国4月在阿拉木图进行的对话中依然存在明显分歧，但六国仍然致力于继续就该问题与伊朗进行对话。9日，伊朗原子能组织主席阿巴西称，伊方已在阿拉克安装重水反应堆容器，2014年3月前将对反应堆进行测试。10日，以色列情报与战略部长斯坦尼茨称，伊朗正扩大其核设施规模并已拥有190公斤浓度为20%的浓缩铀，接近拥核红线。一旦达到250公斤，伊朗将只需数周或两个月时间即可将有关浓缩铀由20%提炼到90%，以达到年产30枚核弹头的目标。20日，伊朗国家电视台称，伊朗在距德黑兰约670公里处新建与德黑兰研究性核反应堆类似的核研究堆，以生产用于医学和农业的放射性同位素。

第31届俄罗斯—欧盟峰会在俄罗斯叶卡捷琳堡举行。3日—4日，第31届俄罗斯—欧盟峰会在俄罗斯叶卡捷琳堡举行。俄罗斯总统普京、欧洲理事会主席范龙佩、欧盟委员会主席巴罗佐出席，并举行了小范围非正式会议，主要讨论俄欧关系、世界经济状况、俄欧经济形势、国际贸易、俄欧能源与航空运输合作以及叙利亚、伊朗、朝鲜局势等问题。4日，俄欧峰会举行正式会谈。普京、范龙佩及巴罗佐重申将进一步深化俄欧各领域合作。普京表示，俄欧贸易和投资规模近年来增长迅速，说明双方互相依赖程度日益加深。2012年俄欧双边贸易额达到4103亿美元的历史新高，同比增长4.1%，欧盟是俄罗斯第一大贸易伙伴。在欧债危机问题上，俄罗斯希望从欧盟领导人那里获得关于危机应对措施的第一手资料。巴罗佐表示，欧盟愿意继续推进与俄罗斯的“现代化伙伴关系”，打造更多的合作项目。俄罗斯已经加入世界贸易组织，这为深化双方贸易和投资合作提供了便利条件。在互免签证问题上，有一些技术性条件未达成一致。作为2013年度20国集团轮值主席国，俄罗斯与欧盟就国际金融体系改革等议题协调了立场。关于叙利亚问题，欧方认为，除了政治解决没有其他途径能够解决叙利亚危机。欧俄在阿富汗、朝鲜半岛局势等问题上立场接近。

欧盟对中国光伏产品征收临时性反倾销税。4日，不顾中方的坚决反对，欧盟贸易委员德古赫特在比利时首都布鲁塞尔欧盟总部举行新闻发布会，提前宣布欧盟决定。自6月6日至8月6日对产自中国的太阳能电池板及关键器件征收11.8%的临时反倾销税。如果欧中双方未能在8月6日前达成解决方案，届时反倾销税率将升至47.6%。临时税率将维持6至12个月，此后欧委会将决定是否对中国产的光伏产品征收永久性关税，一旦征收，该关税将持续5年。21日，第27届中欧经贸混委会期间，德古赫特与中方会谈后举行记者会称，双方就尽早启动中欧投资协定谈判、促进货物贸易发展、推动服务贸易发展、加强知识产权合作、慎用贸易救济措施5个领域的10多个议题深入交换了意见。德古赫特表示，光伏产品贸易摩擦是欧中经贸领域的重要问题，双方技术团队正在就价格承诺有关问题进行磋商，欧方真诚希望以友好的方式尽快妥善解决这一问题。

日本内外政策出现新动向。5日，日本首相安倍晋三在时事社“内外情势调查会”举行的讲演会上公布以放宽政府管制、激发民间投资活力为中心的经济成长战略第三轮计划，宣布将创设“国家战略特区”，吸引海内外人才和资金。安倍为经济成长战略设立预期目标值，其中最重要的目标值之一是10年后日本人均国民总收入增加150万日元以上（年增3%），促进以家庭消费为基础的经济良性增长循环，实现从“停滞的20年”到“再生的10年”的转变。同时，将允许民间资金投资日本道路和桥梁整修等基础设施项目，在未来10年内，创造出12万亿日元的市场建设规模。为推进科技创新，选择医疗、新能源、国际物流等重点突破领域，与地方政府携手建立7个国际战略综合特区。特区鼓励官民携手、产学研携手，并在法规、财政、税制等方面给予特殊支持。7日，安倍晋三与法国总统奥朗德在日本首都东京举行会谈并共同出席记者会，发表《日法联合声明》和一份详细概括今后5年如何发展关系的路线图。在《日法联合声明》中，法国明确表示支持日本“入常”。两国确认尊重海洋法准则，共同享有维持航行自由的利益。16日，正在波兰访问的安倍晋三分别与波兰及维谢格拉德集团国家领导人举行会晤。波兰总统科莫罗夫斯基和总理图斯克分别会见了安倍晋三。图斯克在会见后的记者招待会上表示，波兰和日本都是能源进口国家，这直接影响了两国的经济竞争力。维谢格拉德集团与日本的合作有助于强化欧盟与日本之间的合作。安倍表示，双方就进一步合作进行了广泛交流，细化了在防务领域的合作，双方还就人员交流问题进行了交谈。日本将与欧盟签署自由贸易协定，这会进一步促进日本与维谢格拉德集团之间的合作。

谢里夫就任巴基斯坦总理。5日，谢里夫宣誓就任巴基斯坦总理。同日，谢里夫在国民议会发表施政演说时称，巴基斯坦目前面临严重的能源危机，全国数千兆瓦的电力短缺已经严重影响了经济建设和人民的日常生活，当务之急是为解决国内能源危机而制订一项全国性行动计划。谢里夫表示，中国是巴基斯坦亲密和强有力的朋友，巴方愿同中方扩大战略合作，建造连接中国西部和贯穿巴基斯坦南北的公路和铁路主干道，打造巴中经济走廊。谢里夫要求美国停止其无人机在巴部落区的轰炸袭击行为。在反腐方面，谢里夫说，他领导的政府将增加透明度，不能容忍任何人员的腐败行为。谢里夫 1949 年出生，1990 年至 1993 年和 1997 年至 1999 年两度出任总理。1999 年，时任军方领导人穆沙拉夫发动政变，谢里夫下台，一度流亡海外。谢里夫领导的穆斯林联盟（谢里夫派）在巴基斯坦人口最多的旁遮普省执政 5 年，取得了令人瞩目的经济成就。此次是谢里夫第三次出任总理。

美国爆发“棱镜门”事件。6 日，英国《卫报》和美国《华盛顿邮报》率先报道，美国国家安全局和联邦调查局正在开展一个代号为“棱镜”的秘密项目。该项目始于 2007 年，美国情报机构一直在 9 家美国互联网公司进行数据挖掘工作，其中包括监听民众电话的通话记录以及监视民众的网络活动。7 日，美国总统奥巴马发表电视讲话强调，这个监视项目分为对电话记录和对互联网活动两方面，都经过美国国会授权。9 日，以旅游之名进入中国香港的前美国中央情报局雇员爱德华·斯诺登承认自己是“棱镜门”的揭秘人。14 日，斯诺登在接受香港《南华早报》采访时，出示受美国政府监控的中国大陆和中国香港电脑 IP 地址及美方发动网络攻击时间的部分记录样本。样本显示，约 75% 美方网络攻击行为达到效果。美国脸谱公司、微软公司、苹果公司、雅虎公司先后承认，从 2012 年 12 月 1 日到 2013 年 5 月 31 日的 6 个月里，美国执法当局提出了数千次索取用户数据的要求。16 日，英国《卫报》再次公开斯诺登提供的机密文件，显示 2009 年在伦敦召开的二十国集团峰会上，英国情报机构监听多国政府代表团的通话并获取他们的电邮信息，美国情报人员监听了俄罗斯时任总统梅德韦杰夫打往莫斯科的卫星电话。18 日，美国家安全局局长亚历山大在国会众议院情报委员会听证会上称，自“9·11”事件后，美国政府依靠监控项目成功阻止了全球 50 多起恐怖袭击。21 日，美国官员称，美国弗吉尼亚州东部区联邦检察官已以间谍罪、偷窃并侵占政府财产罪对斯诺登正式提起刑事诉讼，并要求香港方面拘捕斯诺登。23 日，斯诺登乘坐俄罗斯航空公司航班离开香港前往俄罗斯首都莫斯科。厄瓜多尔外长里卡多·帕提诺证实，厄瓜多尔政府已收到斯诺登寻求政治庇护的请求。24 日，美国白宫国安会发言人海登称，已通过外交渠道向中国中央政府和香港特区政府就允许斯诺登离境表示强烈反对，希望俄罗斯考虑所有可能措施将斯诺登遣返回美国。25 日，正在芬兰访问的俄罗斯总统普京在记者会上表示，斯诺登在莫斯科机场过境区，作为过境旅客，无须持有签证或其他文件。俄美未签署引渡协议，不会把斯诺登交给美国。正在沙特阿拉伯访问的美国国务卿克里称，美方无意寻求冲突，亦非命令任何人，没必要因斯诺登案导致对抗。美俄确无引渡协议，但仍希望俄罗斯作为主权国家，冷静理性处理此案。26 日，美防长哈格尔在记者会上称，斯诺登泄密行为严重违法，损害国家安全，希望俄方作出正确选择，将斯诺登移交给美方。27 日，正在塞内加尔访问的奥巴马在记者会上表示，不会为了引渡斯诺登而不择手段，更不会为了抓捕一个"黑客"而动用飞机拦截，他没有就"棱镜门"事件亲自致电中国国家主席习近平和俄罗斯总统普京。28 日，26 名美国参议员联名致信美国家情报总监克拉珀，要求其对美国监控项目数据的搜集及利用等一系列问题作公开说明。29 日，英国《卫报》刊文称，根据斯诺登披露的美国家安全局机密文件显示，美国情报机构正通过安装窃密设备、入侵通信线路、利用专用天线截获信息等手段，对 38 个驻美国使馆及外交机构实施监控，涉及包括美国盟友在内的多个国家和组织，如欧盟、日本、法国、意大利、希腊、墨西哥、韩国、印度和土耳其等。

朝鲜主动寻求与各方对话。6 日，朝鲜祖国和平统一委员会发表特别谈话，提议在《北南共同宣言》签订纪念日 6 月 15 日到来之际举行朝韩当局会谈，以实现开城工业园区正常化和重启金刚山旅游。朝鲜的提议当天即得到韩方积极回应，韩国统一部长官柳吉在紧急召开的记者会上表示，为解决开城工业园区、金刚山旅游项目、离散家属团聚等韩朝当前的问题，提议 12 日在韩国首都首尔举行韩朝部长级会谈。7 日，柳吉向朝方发送电文，提议双方 9 日在板门店韩方"和平之家"进行实质性接触。9 日，朝韩司局级工作会谈在板门店韩方"和平之家"正式举行。11 日，朝方以"会谈代表团团长级别过低"为由单方取消原定于 12 日举行的部长级会谈。16 日，朝鲜国防委员会发言人称，为缓和半岛紧张局势，维护地区和平与稳定，朝方建议举行朝美高级别对话。朝愿就缓和紧张军事气氛、将半岛停战体制转变为和平体制以及美提出的构建"无核世界"等问题进行深入探讨，对话具体时间、地点安排可由美方决定。17 日，美白宫办公厅主任麦克多诺称，美愿与朝展开"可信"对话，但对话的基础是朝鲜遵守其国际义务，朝鲜不能指望仅通过对话就能解除现有制裁。韩国统一部发言人金炯锡就朝鲜向美国提议举行高层会谈一事阐明韩国政府立场称，朝方应以具体的行动表现出诚意。19 日，朝鲜外务省第一副相金桂冠出席中朝外交部门战略对话时表示，实现朝鲜半岛无核化是金日成主席和金正日总书记的遗训，朝方愿与有关各方举行对话，参加包括六方会谈在内任何形式的会谈，希望通过谈判和平解决核问题。

巴西多个大城市爆发大规模示威游行。7 日，巴西部分民众在圣保罗等城市举行抗议活动，反对地铁和公交系统车票上涨 0.2 雷亚尔（雷亚尔约合 0.533 元人民币），引发军警和抗议人群冲突，造成多人受伤和被捕。17 日，10 余万民众在巴西利亚、圣保罗、里约热内卢等 12 个州和联邦区首府同时举行示威游行，抗议城市公交涨价、筹办世界杯足球赛花费巨大、公共服务水平低下，要求打击贪污腐败，改善医疗、教育等状况。18 日，总统罗塞夫发表讲话，表示政府会倾听民众发出的呼声，承诺将通过改革来解决民众关心的各种社会问题。19 日，圣保罗州等地政府宣布恢复公交票价，但游行抗议活动并未因此停止。20 日，全国范围的抗议活动进一步升级，全国 75 个城市超过 100 万民众参加示威游行，部分地区出现小规模打砸抢烧事件，抗议活动引发的混乱造成 1 人死亡、90 余人受伤。20 日晚，罗塞夫召开紧急内阁会议，听取各城市示威活动情况汇报，就日趋严峻的形势商讨对策，并推迟对日本的访问。21 日晚，罗塞夫发表全国讲话说，她将以总统身份出面邀请各联邦机构、州政府、市政府和社会代表，就示威中涉及的各种问题磋商。她表示，当前最为紧迫的有三件要务：一是立即制订全国城市交通计划，优先发展公共交通；二是确保将国家获得的石油资源税百分之百用于教育事业；三是鼓励与促使更多医生加入现有的全民公共医疗体制。罗塞夫承诺，将严厉打击官员贪污腐败，管理好公共资金的使用，并就世界杯场馆资金问题作出解释。此次事件是 1992 年以来巴西爆发的最大规模示威游行。

希腊政府宣布关闭国家广播电视公司导致政府重组。11 日，希腊总理萨马拉斯宣布关闭有着 70 多年历史的国家广播电视公司，以减少国家财政赤字、履行希腊向债权人作出的裁减国有部门员工的承诺。政府发言人凯蒂科格说，管理不善和腐败是政府决定关闭这家公司的主要原因。他说，该公司每年要花掉纳税人 3 亿欧元资金，比类似的私营广播电视公司高出 7 倍。同日晚，2700 名员工聚集在公司总部，拒绝接受这一决定。三党联合政府中民主左派党也持不同意见并最终退出政府。14 日，萨马拉斯在国家广播电视公司总部前发表声明，承诺尽快部分重开广播电视公司。16 日，多家媒体发布的民意调查结果显示，多数人反对政府关闭国家广播电视公司的决定，也反对提前举行议会选举。17 日，最高行政法院作出裁决，要求政府暂停关闭国家广播电视公司。希腊联合政府的三个执政党党首举行会谈，商讨解决办法。24 日，内阁进行改组，主要执政党新民主党的执政伙伴泛希腊社会主义运动领导人韦尼泽洛斯担任新内阁副总理兼外交部长，财政部长斯图纳拉斯留任原职，现任外交部长阿夫拉莫普洛斯转任国防部长，现任国防部长帕纳约托普洛斯转任文化部长，海运部长由曾任政府副发言人的米尔蒂亚季斯·瓦维齐奥蒂斯担任。

鲁哈尼当选伊朗总统。14 日，伊朗举行新一届总统选举，3670 余万名选民参与投票，投票率为 72.2%。15 日，伊朗内政部长纳贾尔在首都德黑兰宣布，在总计 3670 余万张选票中，前首席核谈判代表、温和保守派总统候选人哈桑·鲁哈尼赢得 1860 多万张选票，得票率为 50.71%，当选伊朗第 11 届总统。17 日，鲁哈尼举行新闻发布会，表示将组建“包容性、专家型、温和路线”的新政府，在外交上秉持“互动、均衡和建设性”等原则。鲁哈尼表示，谈判是解决伊核问题的唯一途径，伊朗将努力与伊核问题六国增进互信，争取在伊核问题上取得进展。伊朗反对外国势力干涉叙利亚问题。叙利亚问题应由叙利亚人民自己解决，其他国家应本着有利于恢复叙利亚和平的原则，合作推进政治解决叙利亚危机。鲁哈尼说，伊美两国只有在平等、互相尊重的基础上才能够直接对话，美国首先要认同伊朗的核权利，然后停止干涉伊朗内政、停止对伊朗的制裁，伊朗不会主动使两国间的紧张关系进一步升级。鲁哈尼 1948 年 11 月出生于伊朗塞姆南省索尔赫市，早年在塞姆南神学院和库姆神学院攻读伊斯兰教法。1980 年至 2000 年，任议会议员，先后出任议会国防委员会主席、外交政策委员会主席和第一副议长。1989 年至 2005 年，任伊朗最高国家安全委员会秘书，2003 年至 2005 年，任伊朗首席核谈判代表。

八国集团峰会举行。17 日—18 日，八国集团峰会在英国举行，与会各国领导人重点讨论全球经济和反恐等议题，就叙利亚等国际和地区热点问题举行了双边或多边会晤。17 日，欧盟委员会主席巴罗佐和美国总统奥巴马宣布，欧盟与美国正式启动“跨大西洋贸易与投资伙伴关系协定”谈判，并提出谈判的 8 个目标。这项协定预计将分别为欧盟和美国带来 1190 亿欧元和 950 亿欧元的贸易收入。目标包括进一步开放市场，消除所有关税，并减少监管差异等。17日晚，奥巴马和俄罗斯总统普京举行双边会谈。会谈后两国首脑表示，美俄尽管在叙利亚问题上存在分歧，但都希望通过推动日内瓦和谈解决叙利亚危机。日本首相安倍晋三与普京举行会晤。日内阁官房副长官加藤胜信在会晤后称，日俄将在副部长级对话框架下处理岛屿主权争议、战后和平条约等问题。18日，经过双边和多边会谈，八国首脑就推动叙利亚和谈问题达成共识，决定对叙利亚增加价值约15亿美元的人道主义援助。英国首相卡梅伦在新闻发布会上宣布，八国集团将通过外交努力，敦促叙利亚冲突各方尽快加入谈判。八国首脑谴责使用化学武器的任何一方，保证联合国对于事实的调查不受阻碍，同意通过合作帮助叙利亚摆脱恐怖分子和极端分子的活动。八国集团支持再次举行叙利亚问题国际会议，支持2012年6月《日内瓦公报》提出的在叙利亚建立“过渡管理机构”来行使全部行政权力，保证过渡时期叙利亚政府主要机构正常运作。卡梅伦说，尽管八国集团成员间对叙利亚问题的立场存在差异，但都希望这一问题得到解决。18日下午，八国集团首脑联合发表《厄恩湖声明》。欧洲理事会主席范龙佩与欧盟委员会主席巴罗佐在峰会结束后发表联合声明，称欧盟对此次峰会的目标总体实现。两主席表示，与会领导人讨论了全球经济问题，一致同意当前的优先政策方向是促进增长和就业，认为仍须通过扩大需求、实现健康的公共财政和结构性改革等方式确保全球复苏。欧盟为此将在以下方面努力：一是重建金融稳定；二是使经济更具弹性和竞争力；三是立即采取措施促进增长和就业，尤其是青年就业。各国对欧盟建设更紧密经货联盟表示支持。

阿富汗塔利班正式设立和谈办公室。18日，阿富汗塔利班发言人称，塔利班在卡塔尔首都多哈设立和谈办公室，以便同国际社会开展对话，结束外国占领阿富汗局面。该办公室的职能包括：与国际社会开展对话，改善与各国之间的关系；支持阿富汗国内政治和平进程；与阿富汗有关各方进行会晤；与各国政府及国际组织开展交流；发表政治声明等。同日，阿富汗总统卡尔扎伊表示，和谈将尽快转至阿富汗境内，将安排阿富汗高级和平委员会官员在卡塔尔同阿富汗塔利班进行和谈。美国政府官员表示，将于20日同阿富汗塔利班成员会面，美方坚持阿富汗塔利班必须切断和“基地”组织联系、结束暴力并接受阿富汗宪法等原则。19日，阿富汗总统发言人称，美政府针对阿富汗和平进程的言行不一，卡尔扎伊总统决定暂停与美方就《双边安全协议》展开谈判，同时取消阿富汗高级和平委员会官员赴多哈和谈安排。由于遭到阿富汗政府强烈抗议，原定于20 日举行的美国和塔利班首次会面被取消。

美国总统奥巴马访问德国和非洲三国。18 日—19 日，奥巴马对德国进行担任美国总统四年多来的首次正式访问。19 日，德国总理默克尔在总理府会见奥巴马。会谈后双方共同会见媒体，默克尔表示，双方的会谈涉及欧美自由贸易协定、“棱镜门”事件以及伊朗、阿富汗和中东和平等问题。德美两国将面向21 世纪继续发展跨大西洋友谊，共同寻找和发现全球外交和安全政策问题的答案，共同吸取2008 年全球金融危机的教训，通过跨大西洋贸易和投资伙伴关系，共同推动建立世界上最大的自由贸易区，令全球经济受益。奥巴马强调，美国重视同包括德国在内的欧洲国家的关系。奥巴马为“棱镜门”辩护称，美国政府在搜集信息和保障公民自由之间获得了平衡。监控主要目的是反对恐怖主义和武器扩散。同日，奥巴马在柏林勃兰登堡门前演讲时呼吁，将已经部署的战略核武器削减最多至1/3，即将美俄《削减和限制进攻性战略武器条约》规定的核弹头上限1550 枚削减至约1000 枚。他坚信这能确保美及其盟友安全，保持强大、可信的战略威慑。他将寻求与俄罗斯就削减核武器进行磋商。奥巴马说，美国知道必须做更多努力应对气候变化挑战，承诺与北约盟国合作，缔结一个新的和平利用核电的国际框架协议。

6 月26 日—7 月3 日，奥巴马对塞内加尔、南非和坦桑尼亚进行访问。27 日，在与塞内加尔总统萨勒会面时，奥巴马表示，此访旨在促进美塞在经济、农业及青年教育方面的合作。强调要把握“非洲机会”，发展对非贸易，寻找投资机会，帮助非洲发展，“从而使美国最终获益”。30 日，奥巴马在南非开普敦大学发表演讲时说，根据代号为“电力非洲”的援助非洲计划，美国将投入70 亿美元帮助非洲国家发展电力，继续向非洲国家的卫生项目提供援助，延长将于2015 年到期的《非洲增长与机会法》。根据该法，在开放经济和建设自由市场方面取得进展的非洲国家，其产品可免税进入美国市场。7 月1 日—2 日，奥巴马对坦桑尼亚进行访问。奥巴马与坦桑尼亚总统基奎特会谈并共同举行记者会，出席非洲国家工商界领袖论坛，与美前总统小布什共同悼念1998 年美驻坦使馆爆炸案遇难者，参观美国企业投资运营的尤邦戈电厂。宣布启动“贸易非洲”计划并从东非共同体做起，通过签署地区投资协定、海关现代化、一站式通关措施，提升非洲国家域内和域外的贸易往来。

美国联邦储备委员会宣布维持宽松货币政策。19 日，美国联邦储备委员会在结束为期两天的货币政策例会后宣布，将维持现有的超低利率和量化宽松货币政策，以进一步刺激就业增长和经济复苏。美联储发布声明说，当前美国经济保持温和增长，劳动力市场呈现改善迹象，但失业率依然高企，房地产市场进一步走强，财政政策收紧在抑制经济增长，美国通胀水平低于美联储设定的长期目标，长期通胀预期保持稳定。在公开市场操作方面，美联储将维持现有每月总额850亿美元的资产购买计划。为了在维护价格稳定的条件下促进充分就业，即使在经济复苏势头增强和资产购买计划停止后，仍有必要把超低利率政策保持相当长一段时间。在失业率高于6.5%、未来1年至2年通胀预期不超过2.5%的情况下，美联储将继续把联邦基金利率保持在0—0.25%的超低区间。同日，美联储主席伯南克表示，如果美国经济持续改善，美联储可能将在2013年晚些时候开始逐渐减少资产购买规模，并在2014年年中结束量化宽松货币政策。

越南国家主席张晋创访华。19日—21日，越南国家主席张晋创对中国进行国事访问。

19日，中国国家主席习近平在北京同张晋创举行会谈。习近平指出，中越互为重要邻邦和合作伙伴。两国关系60多年走过的历程留给我们最重要的启示是，不管遇到任何问题和干扰，中越双方要朝着友好合作的道路坚定不移往前走。习近平强调，面对国际政治经济格局深刻复杂变化，中越双方要共同把握好两党两国关系发展的正确方向，从双方根本利益和两党两国前途命运出发，坚定不移巩固和推进中越友好，不断增进战略互信，妥善处理分歧。张晋创表示，越中两国有着深厚的传统友谊，越南党、政府和人民不会忘记中国给予的支持和帮助。面对复杂多变的国际形势，越方愿同中方加强睦邻友好和全面合作，增进互信，妥处分歧，使越中关系发展得更好，为各自发展营造良好外部环境。两国元首一致认为，中越均处在经济社会发展的关键时期，双方视对方发展为自身发展的机遇，要进一步深化全面战略合作。关于南海问题，习近平强调，中越双方要本着对历史和人民负责的精神，以中越友好和两国发展大计为重，下决心指导和推进南海问题政治解决，防止干扰两国关系。张晋创表示，越方愿认真落实两国达成的共识，通过友好协商，妥善处理有关问题，积极商谈北部湾湾口外海域划界和共同开发，共同维护海上和平稳定，不使其影响两国关系。

20日，中国国务院总理李克强在北京会见张晋创。李克强说，中越互为邻居和伙伴，两国关系从历史、地缘和现实角度对双方都很重要。两国经济互补性强，务实合作空间广阔。双方应增进政治互信，扩大贸易和基础设施等重点领域合作，不断打造新亮点。李克强指出，处理好南海问题对于维护中越关系以及地区和平稳定至关重要。中越完全可以把共同点、分歧点摆到桌面上谈，通过对话和协商寻求最大共识，避免单方面采取使南海问题升温和国际化的行动，让不应有的因素干扰中越合作。张晋创表示越方始终将对华关系置于越南外交首要位置，愿本着“同志加兄弟”的精神，增进政治互信，本着互利共赢的精神扩大经贸合作，通过友好协商管控和解决海上问题，循序渐进推进海上合作，缩小分歧，扩大利益，促进共同发展。

埃及政局出现动荡。21 日，埃及数十万名民众举行游行，声援总统穆尔西，呼吁所有埃及人通过和平而非暴力的方式表达诉求。23 日，埃及国防部长塞西呼吁所有埃及民众团结起来寻求共识，并警告说军方不会任由国内局势恶化。30 日，穆尔西就职总统 1 周年纪念日，数百万名埃及民众在首都开罗以及亚历山大、塞得港等主要城市举行支持或反对穆尔西的大规模游行示威活动。7 月 1 日，塞西发表讲话称，为解决当前危机设置 48 小时期限，若期限过后危机仍未解决，军方将进行干预。1 日，反对派设定 2 日为穆尔西下台的最后期限。穆尔西拒绝军方的“最后通牒”，称将按照自己的计划实现全国和解。2 日，埃及法院下令恢复被穆尔西解职的检察官阿卜杜勒·马吉德·马哈茂德的职务。同日，穆尔西与美国总统奥巴马就埃及局势通电话时称，埃及正在推进和平民主转型，奥巴马敦促穆尔西采取措施回应民众关切，强调埃及政治危机应通过政治途径解决。2 日深夜，穆尔西发表全国电视讲话，称“宪法赋予的合法性”不可替代，他愿意用生命捍卫总统的合法地位。3 日，穆尔西发表电视讲话 3 小时后，埃及武装部队最高委员会在“脸谱”上发表声明称，埃及军方将不惜以鲜血为代价来保卫埃及和埃及人民。反对派领导人称，穆尔西拒绝离职等同于宣布内战。塞西随后发表电视讲话，宣布中止现行宪法，提前举行总统和议会选举；解除穆尔西总统职务，成立临时政府，由最高宪法法院院长曼苏尔在总统选举前暂行总统职权等。上述讲话发表后，埃及各地数百万反穆派抗议者上街庆祝。同日，奥巴马发表声明称，对埃及军方解除穆尔西职务和中止现行宪法表示严重关切，希望埃及军方保障公民合法权利，尽快向民选政府交权。欧盟外交与安全政策高级代表阿什顿发表声明称，埃及局势唯一出路是在各方广泛参与基础上开展政治对话，敦促各方保持克制，以和平方式表达诉求。

卡塔尔埃米尔哈马德和平交接王位。24 日，卡塔尔埃米尔（“埃米尔”即国家元首——本书作者注）哈马德召集王室成员开会，就其退位并将王位主动传给塔米姆一事进行商议。25 日，哈马德发表电视讲话，宣布即日起将王位传给其子、王储塔米姆·阿勒萨尼。

陆克文当选澳大利亚工党领袖和政府总理。26 日，澳大利亚执政党工党举行党首改选投票，前总理陆克文以 57 票比 45 票击败现任总理吉拉德，重新出任党首。陆克文在随后举行的新闻发布会上对吉拉德的执政成就给予肯定，同时强调，随着资源繁荣走向终结，澳大利亚面临新的挑战。他希望执政后加强工党与商业和企业界的关系，携手推动经济发展，创造更多就业机会。同日晚，吉拉德向澳大利亚总督布赖斯提交辞呈，并建议任命陆克文为新总理。27 日，陆克文宣誓就任总理。这是陆克文带领工党在 2007 年联邦议会选举中获胜就任总理后，第二次宣誓就任总理。28 日，陆克文在记者会上称，澳中关系良好，两国拥有广泛共同经济利益。但澳中自贸协议谈判进展缓慢而艰难，希望双方尽快达成协议。7 月 1 日，陆克文公布内阁人选名单。

额勒贝格道尔吉连任蒙古国总统。26 日，蒙古国举行第 6 次总统选举。27 日，蒙古国总选举委员会公布统计结果显示，由主要执政党民主党提名的现总统额勒贝格道尔吉以 50.23% 的得票率领先主要对手，在野的人民党候选人巴特额尔德奈（41.97%），在新一届总统选举中胜出，连任蒙古国总统。7 月 10 日，总统就职典礼在蒙首都乌兰巴托市苏赫巴托广场举行，蒙古国家大呼拉尔主席恩赫包勒德宣读了国家大呼拉尔关于总统就职的决议。额勒贝格道尔吉表示，一定要兑现自己的竞选纲领，为保障蒙古国的法治、公平正义、团结和谐、稳定和开放而尽职尽责。

韩国总统朴槿惠访华。27 日—30 日，韩国总统朴槿惠对中国进行国事访问，这是朴槿惠就任韩国总统后首次访华。

27 日，中国国家主席习近平同朴槿惠举行会谈。习近平指出，中韩建交 21 年来，两国关系取得了历史性进展，给两国和两国人民带来了实实在在的利益，也为维护本地区和世界和平稳定作出了重要贡献。中方高度重视中韩关系，将中韩关系放在中国对外关系的重要位置。习近平指出，中韩关系发展应该遵循以下基本精神：一是尊重各自选择的社会制度和发展模式，相互支持对方和平发展；二是本着优势互补、互利双赢原则，全面深化合作，实现共同发展繁荣；三是共同致力于推动朝鲜半岛无核化进程，维护本地区和平稳定；四是加强在重大国际和地区问题上协调和合作，为推进人类和平与发展事业贡献力量。朴槿惠表示，韩中建交以来，双边关系突飞猛进。当前，两国关系正处在继往开来的重要时期。韩国正致力于开启“国民幸福时代”，中国人民正在努力实现中华民族伟大复兴。韩方愿同中方加强战略合作伙伴关系，分享梦想，共同发展，携手促进东北亚地区和平与繁荣。两国元首同意，加强交流合作，全面充实和深化中韩战略合作伙伴关系。关于朝鲜半岛局势，习近平强调，中方致力于实现半岛无核化的立场是坚定的，态度是严肃和认真的。中方坚决维护半岛和地区和平稳定，反对任何一方破坏地区和平稳定的行为，坚持通过对话协商解决问题。中方欢迎朴槿惠总统提出的“半岛信任进程”构想，支持南北改善关系，实现和解合作，最终实现自主和平统一。朴槿惠表示韩方致力于维护东北亚地区和平稳定，坚持半岛实现无核化的立场，赞同通过六方会谈解决有关问题。韩方赞赏中方为促进半岛无核化、维护半岛和平稳定发挥的重要作用，愿同中方加强战略沟通与合作，为重启六方会谈创造条件。韩方致力于在对话和信任基础上改善南北关系，为最终实现半岛和平统一打下基础。会谈后，两国元首共同见证了多项双边合作文件的签署，涉及经贸、金融、科技、节能、海洋科学等多个领域。两国元首同意共同发表《中韩面向未来联合声明》和《充实中韩战略合作伙伴关系行动计划》，推动两国战略合作伙伴关系的发展。

28 日，中国国务院总理李克强、全国人大常委会委员长张德江分别会见朴槿惠，就中韩关系、半岛局势及两国共同关心的国际和地区问题交换意见。李克强会见朴槿惠时说，中韩互为友好邻邦和重要合作伙伴。中国经济的发展和转型升级会为中韩合作提供更大空间。希望双方抓住机遇，发挥好在技术、市场、人才等方面的互补优势，进一步深化合作。朴槿惠表示，韩中都面临发展经济，改善民生的任务，韩方愿进一步深化两国各领域务实合作，扩大对中国中西部的投资，尽快签订韩中自贸协定，推动两国和区域经济合作更上一层楼，造福两国和本地区人民。张德江在会见朴槿惠时说，两国立法机关领导层交往频繁，通过定期交流机制、议员友好小组等合作平台加强友好往来、促进务实合作，为中韩关系的发展发挥了重要作用。中国全国人大愿在现有良好的基础上，进一步加强和深化与韩国国会的友好关系，探讨拓展议会合作的新途径，巩固发展议会合作的新成果，促进落实两国元首达成的新共识，积极推动中韩战略合作伙伴关系再上新台阶。朴槿惠说，两国议会应进一步活跃交流、扩大合作，推动双边关系深入发展。

英国首相卡梅伦访问阿富汗、巴基斯坦和哈萨克斯坦。6 月 29 日—7 月 1 日，英国首相卡梅伦对阿富汗、巴基斯坦、哈萨克斯坦进行访问。6 月 29 日，在与阿富汗总统卡尔扎伊会晤时，卡梅伦强调英国希望阿富汗平稳举行 2014 年总统选举，实现政权和平交接；希望阿富汗政府与塔利班和平对话，重申北约致力于确保阿富汗安全局势。30 日，卡梅伦在巴基斯坦首都伊斯兰堡与巴总理谢里夫举行会晤，希望巴基斯坦以推动阿富汗和平进程为契机，改善与阿富汗缺乏信任的现状，英国愿为巴阿重建良好、稳固、互信的国家关系提供必要帮助。同日，英巴发表联合声明称，英国将在能源领域为巴基斯坦提供援助，加强两国经济关系，在 2015 年前使双边贸易额扩大至 30 亿英镑。英巴同意在“战略强化对话”框架下继续就经济改革进行对话。30 日晚，卡梅伦抵达哈萨克斯坦，此次访问是英国在任首相自英哈两国建交以来的首次访问。7 月 1 日，卡梅伦与哈萨克斯坦总统纳扎尔巴耶夫会见。卡梅伦强调英国重视发展同哈萨克斯坦的关系，希望借此访问与哈萨克斯坦签订总额达 10 亿美元的经贸合约。

东亚系列外长会议举行。6 月 30 日—7 月 2 日，第 46 届东南亚国家联盟外长会、东盟—中国（10 +1）外长会、东盟与中日韩（10 +3）外长会、第 20 届东盟地区论坛和第三届东亚峰会外长会等一系列以区域合作为主题的会议在文莱首都斯里巴加湾市先后举行，与会者除东盟成员国外长外，还包括中国、日本、韩国、美国、俄罗斯、欧盟等 10 个东盟对话伙伴以及孟加拉国、朝鲜、蒙古国、巴基斯坦、巴布亚新几内亚、斯里兰卡、东帝汶等国外长或外交代表。会议主要围绕东盟一体化进程及东盟与对话国之间的合作展开。东盟外长会发表联合公报重申，东盟国家决心在 2015 年年底前实现建成东盟共同体的目标，强调东盟有必要重新评估其运行机制，以适应地缘政治格局的最新变化，保证东盟在区域合作机制中能够继续发挥主导作用。公报同时提出考虑为东盟设立 2015 年之后的发展目标。联合公报强调，东盟应该在区域合作机制中发挥主导作用，支持相关各方通过协商谈判解决南海问题。公报对东盟与中国、日本、韩国等对话伙伴的关系表示满意，承诺继续通过“10 +1”“10 +3”等合作机制以及东盟地区论坛、东亚峰会等东盟主导的机制，加强同对话伙伴合作，以共同维护地区和平稳定，促进地区繁荣。公报强调遵守《南海各方行为宣言》、“东盟关于解决南海问题六点原则”以及中国和东盟在

《南海各方行为宣言》签署 10 周年之际发表的联合声明的重要性，重申东盟承诺促使相关各方遵守《南海各方行为宣言》，以和平方式解决领土争议。6 月 30 日，东盟—中国（10 +1）外长会发表联合新闻稿称，中国与东盟同意就全面有效落实《南海各方行为宣言》和加强海上合作展开深入交流。同日，东盟与中日韩（10 +3）外长会同意加强财经、贸易、互联互通和安全等领域合作。

7月

埃及总统穆尔西下台

美国重申亚太战略不变

日本执政联盟赢得参议院选举

美国“棱镜门”事件继续影响大国关系

欧盟完成第七轮东扩

美国国务卿克里访问中东

欧盟完成第七轮东扩。1 日，克罗地亚正式加入欧盟，成为其第 28 个成员国。这是自 2007 年保加利亚和罗马尼亚入盟以来，欧盟首次接纳新成员国，至此完成了第七轮扩大。巴尔干地区除了早已入盟的斯洛文尼亚之外，还有波黑、马其顿、塞尔维亚等国正在准备加入欧盟。同日，塞尔维亚总统尼科利奇接受克罗地亚广播电视台采访时表示，塞尔维亚不可能承认科索沃独立，重申欧盟国家在讨论塞“入盟”过程中不应有要求塞承认“科索沃独立国家”地位的条款。

美国重申亚太战略不变。1 日，美国国务卿克里在东盟—美国部长级会议上表示，美国在这个地区的政策“目的不在于抑制或者反对某个国家”。“维护和平与稳定、尊重国际法、畅通合法的贸易和南海航行自由，这些都符合美国的国家利益”。“作为一个太平洋国家，我们认真承担我们的责任，将继续在每一个方面建立积极而持久的存在”，“非常希望南海行为准则可以取得实质性的进展，以确保这个重要地区的稳定”。12 日，美负责东亚和太平洋事务的新任助理国务卿拉塞尔在美国首都华盛顿首次与外国媒体记者见面会上就美国的亚太政策发表演讲说，奥巴马政府在推行亚太再平衡战略方面不会后退，这一地区对美国利益“非常重要”。美国亚太再平衡战略基于三个支柱：改进和提升美国在这一地区的同盟关系；参与并投资地区组织；与地区新兴大国构建更好更牢靠的关系。他把美国与澳大利亚、泰国、菲律宾、日本和韩国的盟约关系称作地区“和平和稳定的基础”。中美关系是一种具有重大影响的关系，奥巴马政府高度重视通过高层直接对话，努力与中国建设合作伙伴关系。

22 日，拉塞尔表示，中美正通过“直接且高层次对话”化解分歧，努力建立一种合作伙伴关系。刚刚结束的第五轮中美战略与经济对话真正展示了中美之间接触的广度，双方在重大问题上拓展合作和管控分歧方面取得“持续进展”。美国对中日领土争端不持立场，但强烈要求有关方面“和平地、负责任地”管控争端，并鼓励开启外交进程，缓解紧张局势。拉塞尔还认为，日本同邻国之间出现“一系列棘手问题”，如与中国和韩国之间的领土争端等，这些已经影响到日中及日韩的双边关系。他强调日本应改善与其邻国的关系，希望有关各方能用“和平以及考虑周到的方式”来解决领土以及历史问题。

澳大利亚新内阁宣誓就职。1 日，澳大利亚新一届内阁宣誓就职，再次就任总理的陆克文公布内阁人选：工党副党首安东尼·阿尔巴内塞担任副总理；其主要支持者、前移民部长克里斯·鲍恩出任国库部长；外交部长、国防部长与内政部长等内阁主要职位的人选不变。陆克文表示，经济问题将是新内阁重点关注的领域，在全国大选即将举行之际，将把振兴经济作为工作重点，核心任务就是保持经济稳定增长。

第二届天然气输出国论坛峰会举行。1 日，第二届天然气输出国论坛峰会在俄罗斯首都莫斯科举行，主要讨论欧美经济危机对天然气出口市场的影响及相关的政策等。俄罗斯总统普京表示，当前基于石油价格的天然气定价方式“最公平也最市场化”，但不排除未来出现新的天然气定价方式。同日，委内瑞拉总统马杜罗在峰会上强调，天然气输出国论坛在世界多极化发展中具有重要作用，提议创立“天然气输出国信贷基金”或“天然气投资银行”，公共企业或是有实力的大型企业都可以加入这个基金，以便为每个国家的天然气开发项目提供投资方面的支持，保障全球天然气供需关系稳定。2 日，峰会发表联合声明强调天然气生产国和消费国应当共同承担风险，共同维护天然气市场的稳定和满足全球对天然气的需求。

埃及总统穆尔西下台。1 日，埃及军方向总统穆尔西发出 48 小时下台通牒。2 日，穆尔西发表全国电视讲话，称“宪法赋予的合法性”不可替代，要求军方撤销为埃及各派设定的 48 小时最后期限。3 日，穆尔西发表声明，拒绝下台，呼吁通过建立联合政府达成全国和解。当晚，埃及国防部长塞西发表全国电视讲话，宣布穆尔西下台，由最高宪法法院院长曼苏尔暂行总统职权。4 日，曼苏尔在最高宪法法院宣誓就职，成为埃及临时总统。穆尔西支持者指责这是一场军事政变，声称绝对不会离开示威现场。警方下令逮捕 300 名穆斯林兄弟会领导人及成员。同日，联合国秘书长潘基文发表声明，呼吁埃及各方保持冷静和克制，并要求维护埃及民众言论自由和游行集会的权利。5 日，数万名穆尔西支持者走上街头举行示威游行，在首都开罗、亚历山大等地与反对者、军方和警察发生冲突，导致至少 36 人丧生、1000 人受伤。6 日，美国总统奥巴马重申，美国不支持埃及特定政治力量或派别。8 日，埃及军方和警方向穆尔西支持者开枪，打死至少 51 人，另有 435 人受伤。当晚，曼苏尔表示悲痛，下令对此事进行调查。同时，颁布过渡时期宪法声明，15 天内要组成修宪委员会；要在 4 个月内对修改后的宪法举行全民公投。新的议会选举将于 6 个月内举行。在新的议会召开后将宣布举行总统大选。9 日，曼苏尔任命反对派领导人巴拉迪为副总统，前副总理兼财长哈齐姆·贝卜拉维为过渡政府总理。同日，曼苏尔发表题为《同一个国家》的声明，呼吁各派别停止流血冲突和国家分裂，回到全国和解的道路上来。10 日，穆兄会发言人称，不会加入埃及过渡政府，不会与“叛乱者”合作。同日，埃及总检察院以涉嫌煽动暴力为由下令逮捕穆兄会骨干巴迪亚、阿尔贝尼和哈贾齐等 10 名官员。15 日，穆尔西支持者在开罗举行大规模示威活动，警察与穆兄会反对者发生激烈冲突。18 日，曼苏尔发表全国电视讲话，强调所有党派和政治力量均可参与全国和解。19 日，穆尔西的数万名支持者涌上各地街头，要求恢复穆尔西职务，军方则警告称将镇压暴力示威。20 日，贝卜拉维在接受国家电视台专访时呼吁埃及各党派尽快达成和解。22 日，欧盟外长会通过决议，呼吁埃及尽快举行民主选举，并释放包括穆尔西在内的所有政治在押人员。25 日，埃及军方发表声明称，限伊斯兰党派在 48 小时内加入全国和解对话，军方将采取新的策略打击暴力和恐怖主义。26 日，穆尔西支持者同警方发生冲突，造成至少 79 人死亡、数千人受伤。30 日，在开罗和亚历山大、布海拉等多个省份，穆尔西支持者走上街头，发起大规模游行，抗议“屠杀”行动，声援穆尔西。31 日，埃及过渡政府内阁向内政部下令，要求其采取“一切必要措施”终止已被罢黜的埃及总统穆尔西支持者在开罗的示威行动。

伊拉克恐怖暴力袭击频繁发生。1 日，伊拉克发生多起暴力袭击事件，造成至少 42 人死亡、48 人受伤。2 日，首都巴格达接连发生至少 8 起汽车炸弹袭击，造成至少 26 人死亡、102 人受伤。此外，东部卡玛利亚、西部阿布格莱布和西北部胡莱亚的市场也分别遭到汽车炸弹袭击，造成至少 9 人死亡、38 人受伤。11 日，伊拉克发生多起针对安全部队及平民的恐怖袭击和暴力冲突事件，造成至少61人死亡、137人受伤。13日，伊拉克发生多起暴力袭击事件，造成至少27人死亡、77人受伤。20日，巴格达所在的巴格达省发生系列爆炸事件，造成65人死亡，另有190人受伤。21日，一系列汽车炸弹袭击了巴格达主要是什叶派居住的地区，造成至少32人死亡。22日，北部城市摩苏尔一军方车队遭自杀式爆炸袭击，造成至少8名士兵和2名路人死亡。当天夜间，武装分子突袭巴格达附近的塔吉和阿布格莱布两所监狱，引发激烈冲突，造成数十人死亡，百余人受伤，近千名囚犯趁机越狱。

美国“棱镜门”事件继续影响大国关系。1日，欧洲理事会主席范龙佩的发言人发表声明，就美国对欧盟的监听指控深表关注，要求并希望美国就此指控进行紧急澄清。同日，俄罗斯总统普京表示，从一定程度上说，美国“棱镜门”事件揭秘者斯诺登目前应该算是一个维权斗士，或是持不同政见者，从另外的意义上说，他是一个人权和民主战士。“我们的人权组织已经表示过：我们不能将斯诺登引渡到一个可能将他处以死刑的国家。斯诺登如想留在俄罗斯必须满足一个条件，那就是停止危害美国。”同日，玻利维亚总统莫拉莱斯在接受《今日俄罗斯》电视台记者采访时表示，玻利维亚政府愿为斯诺登提供“政治避难”。2日，德国、奥地利、印度政府拒绝了斯诺登提出的避难申请。同日，莫拉莱斯在俄罗斯出席世界天然气输出国论坛峰会后，按原计划取道欧洲回国，法国、葡萄牙、意大利、西班牙因怀疑斯诺登在其专机上突然取消其空中过境许可，致使专机迫降到奥地利。3日，玻利维亚副总统阿尔瓦罗·加西亚宣布，玻政府将向联合国投诉法国等欧洲国家违背国际法准则。4日，南美国家联盟召开特别会议，决定向国际法庭和机构进行申诉。5日，委内瑞拉总统马杜罗表示：“作为国家元首和政府首脑，我决定给予美国年轻人斯诺登人道主义的庇护。”同日，尼加拉瓜总统奥尔特加也表示，愿意为斯诺登提供庇护。8日，俄罗斯总统发言人佩斯科夫表示，斯诺登滞留莫斯科机场属于个人行为，与俄罗斯无关，而俄美总统9月初的会晤也不会因此事而受影响。同日，美国白宫新闻发言人卡尼在发布例行简报时表示，斯诺登案不该对美俄关系造成负面影响，美俄应通过正常管道交涉。12日，斯诺登主动与俄罗斯和国际人权组织代表、知名律师、俄罗斯国家杜马议员等会面，正式向俄罗斯政府提出政治避难请求，同意接受俄方所提条件，承诺不会继续损害美国利益。同日，美国总统奥巴马和普京通电话讨论与斯诺登有关的问题。15日，普京指出，斯诺登只是在“逃亡”过程中途经俄罗斯，美国封锁了斯诺登的所有出路，实际上将斯诺登困在了俄罗斯。普京指责美国违反国际法，干涉了斯诺登的个人生活。16 日，卡尼在记者会上表示，奥巴马没有因斯诺登事件而放弃访问俄罗斯的计划，重申必须将斯诺登引渡至美国。同日，俄联邦移民局局长罗莫丹诺夫斯基确认，俄移民局办公室已收到斯诺登提交的临时在俄避难申请。17 日，普京表示，俄美两国的关系比斯诺登事件更重要，称已警告斯诺登不要损坏俄美关系。19 日，美军参谋长联席会议主席马丁·登普西表示，俄罗斯向斯诺登提供避难，将对美俄双边关系的各个方面产生影响。25日，美国国务卿克里致电俄罗斯外长拉夫罗夫，劝说俄罗斯拒绝斯诺登入境。同日，美国参议院通过法案，威胁如果俄罗斯“收留”斯诺登，美国将发动制裁。

古巴加快国内改革步伐。1 日，古巴国务委员会主席劳尔·卡斯特罗在古共中央委员会第七次全体会议上指出，“共产党领导人必须行动在第一线上，研究我们可能面临的困难，找到解决的办法。这是古巴共产党最主要的任务之一”。此次会议上，古巴共产党作出重大人事调整，原全国人民政权代表大会主席里卡多·阿拉尔孔、古巴国务委员会秘书米格尔·米亚尔、古巴圣地亚哥省共产党第一书记埃纳莫拉多·达赫尔、古巴小型农场主协会主席卢戈·方特和古巴共青团第一书记柳德米拉·阿拉莫等不再担任政治局委员。古巴共产党还补充了 11 名新的中央政治局委员，使得中央政治局委员的数量达到了 118 人。7 日，劳尔在古巴第八届全国人民政权代表大会第一次会议上表示，古巴将进行国企改革，调动每一名古巴公民从事正当行业的积极性，重新确定社会主义多劳多得的分配原则。货币双轨制已成为改革进程的主要绊脚石之一，政府正在研究废除货币双轨制，为“经济模式升级”扫清障碍。

朝鲜核问题形势依然复杂敏感。2 日，朝鲜外务相朴义春表示，通过对话和协商结束朝鲜半岛的紧张状态，为实现地区和平与安全贡献力量，是朝鲜始终不渝的立场。朝鲜提议同美国举行政府间高级会谈，就缓和朝鲜半岛军事紧张局势、把停战机制改为和平机制以及美国所提出的“建设无核世界”等诸多问题广泛认真地进行协商。美国若想彻底结束朝鲜半岛的紧张局势和恶性循环，应无条件接受朝鲜的对话提议。4 日，为解决开城工业园问题，韩国政府向朝鲜提议在板门店举行韩朝工作会谈。7 日，朝韩在板门店朝方一侧“统一阁”结束工作会谈，双方原则上就开城工业园区韩方企业重新恢复生产达成一致并签署相关协议。10 日，朝韩政府代表团在开城工业园区内举行工作会谈，韩方强调应首先采取措施防止停工再次发生，朝方则主张应尽快恢复生产。双方立场差距过大，此次会谈未能达成一致。14 日，朝鲜中央通讯社报道，朝鲜举行了内阁全体会议扩大会议，总理朴凤柱等内阁成员参加。此次会议就如何彻底贯彻朝鲜最高领导人金正恩提出的《创造“马息岭速度”，在社会主义建设各条战线打开新的全盛期》的号召书，以及朝鲜 2013 年上半年人民经济计划完成情况和为完成第三、第四季度人民经济计划执行对策两个议题进行了讨论。18 日，美国副总统拜登指出，如今朝鲜呼吁对话，美国也作好了准备，但前提是朝鲜愿意严肃地进行“真正的谈判”。拜登还强调，朝鲜如果想要像世界其他国家一样实现和平与繁荣，就必须废除核武器。

25 日，金正恩在平壤百花园迎宾馆会见了当日抵达朝鲜访问并出席朝鲜战争停战 60 周年纪念活动的中国国家副主席李源潮。李源潮转达了习近平主席给金正恩的口信。李源潮表示，回顾历史，我们深感今天和平来之不易，应当倍加珍惜。当前中朝关系正处于承前启后的新时期，中方愿同朝方一道，加强互信沟通，扩大各领域的交流与合作，推动中朝关系稳定发展。中方致力于推动半岛无核化进程，实现半岛和东北亚的长治久安。金正恩表示，朝鲜党和人民永远铭记在战争中牺牲的朝中烈士们。朝方愿与中方加强沟通，增进合作，推动两国关系发展。朝方支持中方为重启六方会谈所作努力，愿与各方共同努力，维护半岛和平与稳定。

同日，朝韩就解决开城工业园区问题举行的第六轮会谈无果而终。韩国统一部发言人金炯锡发布紧急声明表示，韩朝双方就开城工业园区的谈判实际上已经决裂，由于会谈没有得出结果，开城工业园区正面临着彻底关闭的危机。朝方警告，谈判面临破裂，朝方可能重新把园区变为军事用地。27 日，朝鲜在平壤金日成广场举行阅兵式，纪念朝鲜战争停战 60 周年。

同日，美国总统奥巴马出席在首都华盛顿“朝鲜战争纪念碑”前举行的朝鲜战争停战 60 周年纪念仪式。奥巴马成为首位出席该仪式的现任美国总统。奥巴马在仪式上发表讲话强调，美国对韩国的安全承诺“永远不会动摇”。他说，停战 60 周年后，韩国已经成为世界上最有活力的经济体之一，美韩伙伴关系仍然是亚太地区的“稳定基石”。同日，韩国政府在首尔龙山战争纪念馆举行朝鲜战争停战 60 周年纪念活动。韩国总统朴槿惠发表讲话指出，过去 60 年间，朝鲜半岛维持着令人不安的、随时可能被打破的和平，经历了世界上最长的停战时期。现在，必须建立停止对峙和敌对的新半岛，开启和平与希望的新时代。朴槿惠呼吁朝鲜放弃核计划，走真正的和平发展之路。朝鲜若选择了正确道路，韩国将扩大同朝鲜的交流与合作，积极开启南北共同发展之路。

巴基斯坦总理谢里夫访华。3 日，应中国国务院总理李克强邀请，巴基斯坦总理纳瓦兹·谢里夫对中国进行正式访问，这是谢里夫第三次出任总理后的首次出访。4 日，中国国家主席习近平会见谢里夫。习近平表示，中巴是好邻居、好朋友、好伙伴、好兄弟，两国友谊根深蒂固、牢不可破，双方开展了全天候战略合作。这是两国共同拥有的宝贵财富，也是两国关系未来发展的坚实基础。加强中巴战略合作伙伴关系是中国周边外交的优先方向。我们要传承传统友谊，提升务实合作水平。希望双方加强统筹规划，稳步推进中巴经济走廊、互联互通等重点合作项目，促进优势互补和利益融合，实现共同发展。谢里夫表示，巴基斯坦人民珍视巴中兄弟般的友谊。巴方感谢中方长期以来提供的宝贵支持和帮助。当前，巴方正在全力发展经济、维护国内安全，希望同中方加强各领域合作。巴方高度重视两国经济和基础设施互联互通，欢迎中国企业投资，鼓励两国人员交往，愿为此创造安全有利的环境。双方还就有关国际和地区问题交换了看法。5 日，李克强同谢里夫举行会谈，双方一致同意在新时期继续深化中巴战略合作伙伴关系，决定要加强高层往来和战略合作，提升经贸合作水平，推进互联互通合作，扩大人文领域交流，深化防务、安全、反恐合作，加强多边领域合作。会谈后，双方发表了《关于新时期深化中巴战略合作伙伴关系的共同展望》，双方同意成立中国和巴基斯坦经济走廊远景规划联合合作委员会，尽快启动中巴经济走廊远景规划相关工作，主要包括互联互通建设、经济技术合作、人文和地方交流。双方还同意尽早举行中巴能源工作组第三次会议，深化两国在常规能源、可再生能源以及其他能源领域的合作。

欧美举行自由贸易协定谈判。3 日，欧盟委员会主席巴罗佐在德国首都柏林与欧盟成员国领导人会晤后宣布，欧盟成员国达成一致，决定仍将按原计划于本月 8 日启动《跨大西洋贸易和投资伙伴关系协定》的首轮谈判。8 日，美国和欧盟《跨大西洋贸易和投资伙伴关系协定》首轮谈判在美国首都华盛顿举行，双方就农产品市场准入、电子商务、投资和竞争政策等问题展开谈判。12 日，美国与欧盟结束首轮谈判，初步确定该协定将涵盖市场准入、投资、服务、监管等 20 项议题，并定于 2013 年 10 月举行第二轮谈判。

日本执政联盟赢得参议院选举。4 日，日本第 23 届参议院选举正式拉开序幕，朝野9党党首通过网络节目公开了宣传各自政党政策等的视频。6日，日本公明党党首山口那津男在朝日电视的节目中表示“坚决反对”允许行使集体自卫权。7日，日本自民党总裁、首相安倍晋三表示为了得到其他政党对修宪的支持，愿意修改自民党修宪草案。15日，安倍晋三在参议院选举的街头演说中提到日本将从23日起首次加入《跨太平洋战略经济伙伴关系协定》谈判。民主党等在野党持谨慎或反对态度。21日，日本第23届参议院大选开始投票。22日，选举最终结果揭晓，联合执政的自民党和公明党获胜，两党分别赢得65个议席和11个议席，加上59个非改选议席，两党议席总数达到135个，超过参议院总议席半数的121席。最大在野党民主党惨败，仅获得17个议席。23日，民主党干事长细野豪志宣布引咎辞职。25日，日本社会民主党党首福岛瑞穗宣布，承担该党参议院选举败北责任，辞去党首职务。

中韩举行自由贸易协定第六轮谈判。4日，中韩自由贸易协定第六轮谈判在韩国釜山结束。韩国产业通商资源部表示，韩中双方整体上就自由贸易谈判的基本方针达成一致，双方同意将竞争、透明度、技术性贸易壁垒协定、卫生与植物卫生措施协定、电子商务、环境、产业合作、农水产合作、政府采购9个领域列入自由贸易协定的谈判对象。在此前分歧较大的商品贸易领域，双方仍未能就谈判的基本方针完全达成一致。

英国和欧洲央行均维持量化宽松货币政策不变。4日，英国央行英格兰银行宣布，在经过央行货币政策委员会的投票后决定，基准利率仍将维持在0.5%不变，同时英国目前3750亿英镑的量化宽松规模也保持不变。同日，欧洲央行召开例行政策会议，决定维持欧元区主要再融资利率于0.5%的历史低位不变，同时维持隔夜存款利率在0.0%不变，维持隔夜贷款利率在1.0%不变。欧洲央行行长德拉吉当天在新闻发布会上说，欧洲央行预计将在“较长时间内”维持现在处于低位的主导利率不变。8日，欧元区国家财政部长在比利时首都布鲁塞尔召开会议，同意分阶段、有条件地向希腊发放68亿欧元救助贷款，其中50亿欧元来自欧元区和欧洲央行，另外18亿欧元由国际货币基金组织提供。

中国与瑞士签署自由贸易协定。6日，经过历时两年多的九轮谈判，中瑞自由贸易协定在北京正式签署，这是中国与欧洲大陆国家达成的首个自由贸易协定。根据协定，瑞方将对中方99.7%的出口立即实施零关税，中方将对瑞方84.2%的出口最终实施零关税。协议签署后，中瑞双方还将分别对协议进行相关审议，审议通过后，协议将正式生效。

第五轮中美战略与经济对话在华盛顿举行。8 日，中美在美国首都华盛顿举行了战略安全对话框架下第一次网络工作组会议。双方就网络工作组机制建设、两国网络关系、网络空间国际规则、双边对话合作措施以及其他共同关心的问题进行了坦诚、深入的交流。双方表示，愿本着相互尊重、平等对话的原则建设好这一机制，使之为双方增信释疑、管控分歧、拓展合作发挥积极作用。9 日，在第五轮中美战略与经济对话的框架下，第三次中美战略安全对话在华盛顿举行。双方就共同关心的战略安全、综合安全问题交换了意见。双方积极评价战略安全对话日益增长的重要性，决定就有关问题保持深入、积极的对话，构建稳定、共赢、合作的中美战略安全关系。10 日，第五轮中美战略与经济对话在华盛顿举行，围绕“推进相互尊重、合作共赢的全面互利中美经济伙伴关系”主题，主要讨论三大议题，一是扩大贸易和投资合作，二是促进结构性改革和可持续平衡发展，三是金融市场稳定与改革。同日，中美双方还举行了能源安全会议和气候变化会议。11 日，第五轮中美战略与经济对话在华盛顿圆满结束。战略对话具体成果涵盖加强双边合作、应对地区和全球性挑战、地方合作、能源合作、环保合作、科技和农业合作、卫生合作八个领域。

叙利亚局势继续胶着。8 日，叙利亚执政党复兴社会党在总统巴沙尔·阿萨德主持下召开中央扩大会议，进行新一届国家领导层选举。除巴沙尔一人留任外，其他领导层成员全部更换。16 日，安理会就叙利亚局势召开会议，联合国负责人道主义事务的副秘书长阿莫斯表示，目前叙利亚至少有 680 万人需要紧急人道主义援助，相当于该国总人口的近 1/3。联合国负责人权事务的助理秘书长伊万·西蒙诺维奇在会上说，支持冲突双方的外国战斗人员不断涌入叙利亚，进一步助长了冲突，给整个地区的安全造成威胁。各国应阻止外国战斗人员进入叙利亚，停止向冲突双方提供武器。18 日，美军参谋长联席会议主席邓普西在美国参议院听证会上称，五角大楼已向奥巴马政府提交了有关在叙利亚动用武力的方案。同时，美军参谋长联席会议副主席温尼菲尔德指出，在目前情况下，已制订多种相关行动方案，如果需要，“我们将采取行动”。21 日，叙利亚国内发生一系列爆炸袭击事件，在首都大马士革有 28 名叙利亚反对派人员在与政府军的战斗中死亡。22 日，叙利亚副总理贾米尔前往俄罗斯首都莫斯科，与俄罗斯外长拉夫罗夫举行会谈。拉夫罗夫表示，为尽快结束叙利亚动荡局势，俄方正努力促成在瑞士日内瓦举行的叙问题国际会议，但叙反对派并未表现出参与会议的意愿。同日，叙利亚反对派“叙利亚自由军”宣布占领叙北部阿勒颇省坎阿萨镇的全部地区，但政府军对此予以否认。25日，美国国务卿克里在美国驻联合国代表团办公室会见了叙利亚反对派多名代表，敦促叙反对派参加第二次日内瓦国际会议。26日，联合国安理会在美国纽约与叙利亚反对派代表团举行了第一次非正式会谈。新当选的反对派组织“叙利亚反对派和革命力量全国联盟”领导人杰尔巴阿出席。叙利亚反对派表示，巴沙尔必须下台，而且未来的过渡管理机构中也不应有他的亲信。29日，叙利亚政府军宣布，已经完全控制叙中部霍姆斯省省会霍姆斯市重要城区哈利迪亚区。

日本内阁通过年度《防卫白皮书》与《新防卫大纲》。9日，日本政府召开内阁会议，批准防卫大臣小野寺五典提交的2013年度《防卫白皮书》。白皮书说，朝鲜采取包括发射导弹和进行核试验在内的挑衅行为，中国迅速扩大在日本周边海域、空域的活动，俄罗斯的军事活动呈活跃之势，日本的安全保障环境更加严峻。日本正在研究加强遏制与应对弹道导弹威胁的能力、离岛防卫的机动能力与运输能力，国会正在讨论自卫队拥有攻击敌国基地能力和新建海军陆战队等问题。白皮书表示，美国驻冲绳海军陆战队在美国的亚洲战略中具有重要意义，在冲绳部署“鱼鹰”倾转旋翼机有助于加强驻日美军的遏制力。26日，日本防卫省发布了定于年末制定完成的《新防卫大纲》的中期报告。报告认为，中国和朝鲜的军事活动使日本面临的安全保障环境变得更加严峻，有必要“构筑更加有效的防卫能力”，“为了应对岛屿攻击，必须维持在空、海两方面的优势”。为了能在离岛防卫时做出迅速反应，需要自卫队拥有从海上登陆的作战职能。针对朝鲜弹道导弹及核试验，报告认为要“继续探讨对其进行综合抑制及强化对应能力”，指出“必须提高早期察觉征兆的能力”，表示为了能够随时在大范围内进行警戒监视，“继续探讨引进超高度滞空型无人机”。报告明确表示“将通过修改《日美防卫合作指针》强化防卫合作”，强调日美安保体制是日本安全保障的基石。在安全保障环境日益严峻的情况下，深化日美同盟对日本来说比以往更加重要。

国际货币基金组织下调全球经济增长预期。9日，国际货币基金组织发布报告，小幅下调2013年、2014年全球经济增长预期，并指出世界经济增长前景所面临的下行风险占据主导。报告预测，2013年、2014年全球经济的增速分别为 3.1% 和 3.8%，较之 4 月份报告中的预测值均下降了 0.2 个百分点。国际货币基金组织指出，下调全球经济增长预期主要是因为一些主要新兴市场经济体国内需求疲软和经济增长放缓，以及欧元区经济持续衰退。报告预测，新兴市场和发展中国家 2013 年、2014 年的增速分别为 5% 和 5.4%，均比之前预测下降了 0.3 个百分点。其中，中国 2013 年、2014 年的增速分别为 7.8% 和 7.7%，比此前预测分别下降了 0.3 和 0.6 个百分点。

尼日利亚总统乔纳森对中国进行国事访问。9 日，应中国国家主席习近平邀请，尼日利亚联邦共和国总统古德勒克·乔纳森对中国进行国事访问。

10 日，习近平在人民大会堂同乔纳森举行会谈，两国元首就发展中尼关系和中非关系深入交换意见，达成广泛共识。习近平表示，尼日利亚是非洲具有重要影响的大国，谋求国家发展繁荣的共同任务把我们两国更紧密地联系在一起。近年来，中尼关系呈现全面健康发展的良好势头。两国互利合作领域广泛，成果显著，充分体现了中尼关系的高水平和内在活力。新形势下，中方愿与尼方进一步充实中尼战略伙伴关系内涵，巩固传统友谊，深化互利合作，加强相互支持，谋求共同发展，更好造福两国人民。习近平表示，非洲有着光明的发展前景，中非是休戚与共的命运共同体，中国需要非洲，非洲也需要中国。中方将坚定不移传承中非传统友谊，加强中非团结合作，在和平与发展的伟大事业中，中国永远是非洲的可靠朋友和伙伴。中方愿同包括尼日利亚在内的非洲国家一道，扎实、全面落实好中非合作论坛第五届部长级会议成果，推动中非新型战略伙伴关系不断深入向前发展。乔纳森完全赞同习近平关于进一步发展两国关系的建议。他表示，尼中关系发展顺利，两国在双多边领域进行了很好的合作。中国是包括尼日利亚在内的非洲国家的可靠朋友和伙伴，尼中有着广泛的共同利益，合作潜力巨大。尼方坚定致力于对华友好，愿与中方完善合作机制，扩大互利合作。中方长期以来给予非洲宝贵支持，有力促进了非洲的和平、稳定与发展。尼方对此表示感谢，愿与中方携手推动非中合作取得新成果。会谈后，两国元首共同出席了双边经贸、金融、文化等领域合作文件的签字仪式。

11 日，中国国务院总理李克强在人民大会堂会见乔纳森。李克强说，中尼分别是世界和非洲人口最多的发展中国家，都面临加快发展、改善民生的重任，两国互利合作走在中国同非洲国家合作的前列。中方愿与尼方共同努力，增进政治互信，深化贸易投资、基础设施建设、能源、农业、人文等各领域全方位合作，扩大在国际和地区事务中的沟通与协调，推动中尼战略伙伴关系持续健康发展。中国作为非洲的可靠朋友和真诚伙伴，一贯支持非洲实现和平、安全与发展。国际社会应充分尊重非洲人民以非洲方式解决非洲问题，在发展领域为非洲多做实事，在处理地区热点问题上多劝和促谈，共同为促进非洲的和平与发展事业发挥建设性作用。中国愿与非洲各国一道，为中非新型战略伙伴关系发展不断注入新动力。乔纳森表示，尼方高度重视对华关系，赞赏中国为维护世界和平、稳定与发展发挥的重要作用，感谢中方对非洲的帮助和支持，愿扩大两国交往与合作，推动尼中关系取得新发展，为非中关系发展作出积极贡献。

刚果（金）政府军与反政府武装发生冲突。14 日，刚果（金）政府军与反政府武装“M23 运动”交战，导致至少 130 人死亡。18 日，联合国秘书长潘基文通过发言人发表声明，呼吁刚果（金）冲突各方保持克制，防止冲突升级带来更严重的人道主义危机。声明还说，潘基文深切关注最近刚果（金）“M23 运动”在北基伍省挑起的新一轮交战。联合国刚果（金）稳定特派团没有卷入这次交战。潘基文强调，解决刚果（金）冲突的根源问题要寻求政治解决。他呼吁所有签署刚果（金）及地区和平、安全和合作框架协议的国家遵守承诺。

几内亚发生部族冲突。15 日，几内亚东南部恩泽雷科雷地区科尼亚克族与格尔泽族因 1 名科尼亚克族司机被怀疑盗窃而发生 1 起冲突事件，造成 54 人死亡、近百人受伤。18 日，联合国秘书长潘基文通过发言人发表声明，对该事件表示关切，呼吁冲突双方保持克制。声明敦促几内亚国家和部族领导人确保人员和财产安全，维护法治，通过对话解决部族之间的矛盾。他同时强调，为定于 2013 年 9 月 24 日举行和平、民主的议会选举创造有利条件十分重要。

白俄罗斯总统卢卡申科访华。15 日，应中国国家主席习近平邀请，白俄罗斯共和国总统卢卡申科对中国进行国事访问。

16 日，习近平在人民大会堂同卢卡申科举行会谈。双方就双边关系及重大国际和地区问题深入交换意见，达成高度共识。习近平表示，中白两国互信水平高、合作成果丰硕，中白关系基础牢固、发展前景广阔。中方感谢白方在涉及中方主权和领土完整问题上一贯给予的支持。巩固和深化中白关系是中方坚定不移的政策。我们愿同白方一道，推动两国关系不断迈上新台阶。卢卡申科表示，中国是白俄罗斯亲密、可信赖的朋友。当前，国际形势复杂多变。中国沿着中国特色社会主义道路稳步向前发展，对世界意义重大，对白俄罗斯是莫大鼓舞。发展对华关系是白俄罗斯外交的优先方向。白方希望同中方加强在重大问题上的沟通和协作，深化友谊、互信与合作。两国元首决定，建立中白全面战略伙伴关系，并制订相关发展规划，进一步提升两国合作水平。政治上，继续相互坚定支持。坚定支持对方核心利益和重大关切，坚定支持对方根据本国国情选择的政治社会制度和发展道路，坚定支持对方发展振兴。保持密切高层交往，交流治国理政经验。经济上，全面深化合作。统筹规划基础设施建设、机械制造、通信、建材、能源、化工、金融等领域合作，扎实推进大项目。优化贸易结构，增加高附加值和高新技术产品贸易，促进双边贸易平衡增长。扩大相互投资，办好合资企业和中白工业园建设。文化上，深入交流互鉴。中方欢迎更多白方学生来华学习，共同办好孔子学院和“文化日”等活动，推动地方交往。国际事务中，加强协调配合。共同维护《联合国宪章》宗旨和原则，维护二战胜利成果，推动世界多极化和国际关系民主化，促进世界和平、稳定和繁荣。会谈后，两国元首共同签署《中华人民共和国和白俄罗斯共和国关于建立全面战略伙伴关系的联合声明》并出席多项双边合作文件的签署。

17 日，中国国务院总理李克强在人民大会堂会见卢卡申科。李克强说，中白是相互信赖的好伙伴，在彼此核心利益和重大关切上始终给予对方坚定支持。昨天两国元首共同宣布将双边关系提升为全面战略伙伴，开启了中白关系发展的新阶段。中方愿与白方密切高层往来，深化全方位合作，加强在国际事务中的协调配合，不断充实中白全面战略伙伴关系的内涵。李克强指出，中白务实合作成果丰硕。面对世界经济低迷，两国贸易额逆势而上，表明双方合作互补性强，前景广阔。中方期待与白方扩大贸易投资、科技、能源、人文等领域合作，将基础设施建设、工业园区等大项目打造成合作的支柱和新亮点，以合作拉紧利益纽带，造福两国人民，为地区和世界的和平与繁荣作出新贡献。卢卡申科表示，白俄罗斯高度重视发展对华关系，愿与中方加强高层互访，深化各领域合作，推进两国全面战略伙伴关系发展。白方欢迎中国企业参与白俄罗斯经济建设，实现互利共赢。

缅甸内政外交续呈新动向。15 日，英国首相卡梅伦在首相府会见了到访的缅甸总统吴登盛，双方就防务合作、发展援助以及投资领域的合作等一系列问题交换了意见。卡梅伦对缅甸政治过渡进程所取得的进展以及在2015年举行自由公正大选的前景表示欢迎。他强调了对缅甸宪法进行必要修改，让反对派领导人昂山素季能够参加选举的重要性，还对缅甸国内种族冲突表示关切。17日，法国总统奥朗德和到访的缅甸总统吴登盛在总统府爱丽舍宫举行会谈，呼吁缅甸继续其政治过渡进程。奥朗德要求吴登盛继续政治过渡进程和经济改革，并且对缅甸反对派参与全国政治讨论感到高兴，同时对缅甸一些地区发生的武装冲突表示关切。19日，缅甸总统吴登盛在接受法国24小时新闻频道采访时表示，他不准备参加2015年大选，而且他也不反对昂山素季参选。25日，缅甸联邦议会通过决议，组成一个由109名议员参加的宪法评估联合委员会，以便对2008年全民公决通过的缅甸宪法进行评估和必要修改。修宪的关键问题在于昂山素季能否参加2015年大选。因为按照现行宪法，民主联盟主席昂山素季被限制了出任总统等高级官员的资格，因此在野党强烈要求修宪。

第18轮《跨太平洋战略经济伙伴协定》谈判举行。15日，第18轮《跨太平洋战略经济伙伴协定》谈判在马来西亚沙巴州首府哥打基纳巴卢举行，来自澳大利亚、文莱、加拿大、智利、马来西亚、墨西哥、新西兰、秘鲁、新加坡、美国和越南的11国代表分为多个谈判小组，就投资、市场准入、电子商务、环境、政府采购等多个议题展开磋商。23日，日本政府正式加入谈判，成为《跨太平洋战略经济伙伴协定》第12个谈判方。日本加入谈判后，现有《跨太平洋战略经济伙伴协定》谈判方国内生产总值占全球将近40%，贸易额占大约1/3。25日，本轮谈判主办方马来西亚首席谈判代表贾亚西里在新闻发布会上说，在大部分谈判小组中，谈判代表在更多技术性议题上取得进展，使得一些争议议题上的分歧有所缩小。但他同时表示，谈判已经进入另一个阶段，即代表们需要解决更加困难和更敏感的议题。尽管如此，代表们仍在努力实现年内完成谈判的目标。

美国国务卿克里访问中东。16日，美国国务卿克里抵达约旦首都安曼对约旦进行访问，旨在重启巴以陷入僵局的和平谈判。17日，克里在安曼与阿拉伯和平倡议委员会代表团举行会议，并向他们通报了其重启巴以和谈的想法和建议。约旦外交部发表声明指出，克里所提出的想法和建议为重启巴以和谈，特别是在政治、经济和安全等方面创造了合适的土壤和氛围。18日，巴勒斯坦总统阿巴斯与巴勒斯坦各主要领导人在约旦河西岸城市拉姆安拉举行紧急会议，对克里提出的和平计划进行讨论。经过4个小时的讨论，巴勒斯坦领导层推迟了宣布是否重返巴以和谈的决定。巴方表示，在以色列停建约旦河西岸犹太人定居点并承认“1967 年战争前边界”为中东和平进程的基础原则之前，巴勒斯坦拒绝与其谈判。19 日，经过 6 轮紧张穿梭外交，克里在安曼宣布，以巴就重启和谈初步达成协议。20 日，以色列总理内塔尼亚胡发表声明，对克里宣布以巴就重启和谈初步达成协议表示欢迎，称恢复与巴方和谈符合以色列当前的战略利益。28 日，以色列内阁决定释放 104 名关押在以色列监狱的巴勒斯坦囚犯，并决定未来与巴方达成的任何和谈条款都将通过全民公决的形式予以通过。29 日，巴勒斯坦与以色列谈判代表在美国首都华盛顿举行三年来首次会晤，双方商定于 8 月中旬正式重启和谈，终结巴以长达数十年的冲突。

生态文明国际论坛 2013 年年会在贵阳召开。18 日，中国国家主席习近平在人民大会堂会见参加生态文明贵阳国际论坛 2013 年年会的瑞士联邦主席毛雷尔。习近平指出，瑞士是最早承认新中国的西方国家之一，也是第一个同中国签署自由贸易协定的欧洲大陆国家，中瑞关系一直走在中国同西方国家关系前列。习近平强调，中国正在加强生态文明建设，致力于节能减排，发展绿色经济、低碳经济，实现可持续发展。20 日，以“建设生态文明：绿色变革与转型”为主题的生态文明贵阳国际论坛 2013 年年会在贵阳开幕。议题包括绿色发展与产业转型、和谐社会与包容性发展、生态修复与环境治理、生态文化与价值取向等。中共中央总书记、国家主席习近平向论坛发贺信。中共中央政治局常委、国务院副总理张高丽出席开幕式、宣读习近平的贺信并发表讲话。瑞士联邦主席兼国防部长毛雷尔、多米尼克总理斯凯里特、汤加首相图伊瓦卡诺、泰国副总理兼商业部长尼瓦塔隆、意大利前总理普罗迪等分别在开幕式上致辞。

二十国集团部长级系列会议在莫斯科举行。18 日，二十国集团劳动与就业部长会议在俄罗斯首都莫斯科举行，会议主要议题是：制定促进经济可靠、可持续和平衡增长的长期政策，为增加就业创造有利条件。俄罗斯总统普京在致欢迎词中表示，任何经济发展战略缺少与之相适应的就业政策都是行不通的，而创造就业也不能与国家经济发展任务相脱节。俄罗斯把刺激经济增长和创造就业机会作为担任二十国集团轮值主席国的主要任务，他呼吁二十国集团成员结合各自宏观经济状况和社会条件，制定系统的就业政策。19 日，二十国集团劳动和就业部长和财政部长联席会议在莫斯科举行，会议主要讨论了提高生产力、建设高质量就业市场和推动经济持续稳定平衡发展等议题及相关战略的形成。与会各方发表联合公报。公报称未来将共同加强相互间合作，落实平衡发展战略。会议指出，尽管经济危机后续影响已经减弱，但二十国集团许多成员仍旧增长乏力，尤其在促进就业和减少失业率方面缺乏资源投入。为劳动力市场提供高质量职位是现阶段各方面临的当务之急。此外，各国需适当调整宏观经济政策，确保财政政策的持续性，推进以经济增长为导向的结构调整，同时采取稳定的调控政策确保上述目标的实现。20 日，二十国集团财长及央行行长会议在莫斯科举行。与会各方就全球经济形势、长期投资融资、金融改革、宽松货币政策退出策略、确保经济增长与就业，以及打击跨国避税等议题进行了磋商。会后公报指出，目前全球经济复苏过程体现出脆弱和不平衡性，许多国家失业率过高，欧洲经济持续衰退。尽管新兴经济体表现出持续且稳定的增长态势，但增速明显放缓。决定把经济重心转回刺激增长和提振就业，以应对复苏态势依旧脆弱的经济形势及再次放缓的风险。针对近期部分发达国家提出的退出量化宽松货币政策计划，导致大量资本从新兴市场国家流出、本币贬值、金融市场波动，对新兴市场国家和全球经济复苏造成了负面影响这一问题，与会者敦促主要发达国家提高政策的透明度和可预见性，增强与其他国家的沟通与协调，避免退出量化宽松货币政策引发国际金融市场动荡，影响全球经济复苏进程。公报指出，二十国集团作为宏观经济政策协调的重要平台，应密切关注量化宽松货币政策退出可能产生的影响，并加强政策协调，共同维护国际金融市场稳定，促进全球经济复苏与增长。各国采取的货币政策应有利于稳定国内物价水平和支持经济复苏。未来各国应审慎调整货币政策，并且向其他国家传达明确信息。

美国副总统拜登访问印度和新加坡。23 日，印度总理辛格与到访的美国副总统拜登举行会谈。主要议题包括促进双边贸易、加强能源合作，以及妥善解决阿富汗问题。拜登指出，美国和印度在一系列地区安全问题上拥有共同的目标。美国视印度为合作伙伴。美国政府希望，在美国及北约部队撤离阿富汗后，印度能在培训阿富汗安全部队的工作中扮演更积极的角色。26 日，新加坡总理李显龙会见到访的拜登，就新美双边关系、经贸合作以及防务安全等问题交换了意见。拜登说，美新一直保持良好且高效的两军关系，双方一致认为需要深化在反核扩散以及应对新型安全威胁方面的合作。美国愿与新加坡等一起努力，在 2013 年内完成《跨太平洋战略经济伙伴协定》谈判。28 日，拜登在新加坡参观后发表演讲，强调美国将继续作为驻守在太平洋的强国，协助维持亚太区域的和平与繁荣，进而从亚太不断增长的经济中获益。亚太区域的和平与稳定对美国的未来发展扮演着重要角色，能为美国人民创造许多就业机会，因此美国决定将重心转移到亚太地区，并致力实行“再平衡政策”。

越南和美国建立全面伙伴关系。25日，美国总统奥巴马在白宫会见到访的越南国家主席张晋创，双方就包括人权在内的广泛议题举行了会谈，并共同宣布建立“全面伙伴关系”，以推动两国在政治、经贸以及防务安全等领域的合作。奥巴马说，他和张晋创都承认两国间存在着极其复杂的历史关系，但是双方已经一步步地建立了一定程度的相互尊重和信任。访美期间，张晋创表示希望能尽快结束与美国的《跨太平洋战略经济伙伴协定》谈判。

日本首相安倍晋三访问马来西亚、新加坡和菲律宾。25日，日本首相安倍晋三在马来西亚同马来西亚总理纳吉布举行了会谈。纳吉布在联合记者会上表示，会谈涉及多个领域，包括双边投资、金融合作、两国青年交流等方面。安倍晋三表示，日本目前的外交策略更专注全球和区域性安全，尤其重视与东盟各国的交流。马来西亚国民从7月1日起到日本已经无须签证，希望能有更多的马籍游客访问日本。26日，安倍晋三抵达新加坡，同新加坡总理李显龙举行会谈。李显龙表示，希望在巩固双边关系的背景下，加强双方在第三国的合作。安倍晋三表示，将特别着眼于加强日本与东盟之间的联系和经济伙伴关系。双方同时表示将在《跨太平洋战略经济伙伴协定》、区域全面经济伙伴关系方面强化合作。27日，安倍晋三与菲律宾总统阿基诺三世举行会谈，双方同意进一步加强两国海上合作。安倍还提出了加强日菲两国关系的四点建议，包括共同发展经济、加强海上安全合作、加强对棉兰老和平进程的援助以及促进两国民间交流。安倍晋三同时表示，日本将向菲律宾海岸警卫队提供10艘巡逻船。

中欧就中国出口光伏产品达成价格承诺。27日，中欧在临近8月6日欧盟对华光伏产品正式开征高额反倾销税的最后关头就中方出口到欧盟的光伏产品价格达成了承诺协议。该价格承诺体现了中方绝大多数企业的意愿，使中国光伏产品在双方协商达成的贸易安排下，继续对欧盟出口，并保持合理市场份额。

津巴布韦举行大选。27日，非盟观察团在尼日利亚前总统奥巴桑乔的率领下抵达津巴布韦首都哈拉雷，监督总统、议会和地方政府“三合一”选举。

津巴布韦拒绝来自西方国家的观察团前来监督大选，已经注册的600名外国观察员大都来自南部非洲发展共同体和非洲联盟。28日，津巴布韦民主党主席穆夸哲退选后转而支持穆加贝总统。津人民联盟党主席达本古瓦已表示退出总统选举，支持工商部长恩库贝。31日，津巴布韦举行第五次总统选举。8月1日，津巴布韦非洲民族联盟—爱国阵线宣布，89岁的现任总统穆加贝在大选中战胜对手，获得连任。

马里进行总统选举。27日，马里总统选举竞选活动落下帷幕。马里独立选举委员会说，马里总统选举第一轮投票由国内外5000余名观察员组成的观察团负责监督。28日，马里总统选举开始第一轮投票。8月2日，马里第一轮投票结果公布，联盟党候选人凯塔和共和民族党候选人西塞的得票率分列第一和第二。8月11日，马里举行第二轮投票。8月15日，马里公布第二轮投票结果，宣布联盟党候选人凯塔当选总统。

柬埔寨举行大选。28日，柬埔寨举行第五次国会选举投票，8个政党争夺123个国会议席。此次选举是柬埔寨首次完全自主举行大选，此前四次大选由联合国主持进行。柬政府邀请来自美国、英国、欧盟、越南等38个国家和国际组织的291名国际观察员和约4万名本国观察员共同监督选举过程。当晚，柬埔寨首相洪森领导的人民党宣布，根据初步的统计结果，人民党在当天进行的第五次国会选举中获得了至少68个议席，超过国会全部123个议席的半数，赢得了本次大选。由桑兰西领导的反对党全国救国党赢得了55个议席。29日，全国救国党发表声明，拒绝承认人民党在刚刚结束的第五次国会选举中获胜，表示这次选举存在大规模舞弊和不公。31日，全国救国党声称，根据该党的数据，该党赢得了123个国会议席中的63席，人民党只获得60席，该党有权筹组新政府。8月2日，柬埔寨首相洪森在干丹省表示，柬埔寨不会出现政治僵局，人民党已赢得国会过半数席位，新的国会将在大选结束后60天召开，如果全国救国党抵制大选结果，拒绝加入国会，那么根据相关法律全国选举委员会将把这些席位分给国会的其他党，也就是人民党。

叙利亚化学武器问题升温

埃及局势动荡加剧

朝鲜半岛局势总体趋稳

柬埔寨大选初步结果出炉

日本政治右倾化持续发展

斯诺登事件使美俄关系经历震荡

斯诺登事件使美俄关系经历震荡。1 日，为美国“棱镜”项目揭秘者爱德华·斯诺登提供法律援助的俄罗斯律师库切列纳表示，斯诺登已获得俄罗斯联邦移民局提供的为期一年的临时避难证件。同日，美国国务院发言人哈夫说，美国对俄罗斯准许斯诺登入境感到极为失望。7 日，白宫宣布，鉴于过去一年美俄双方在导弹防御、军控、贸易、全球安全和人权等问题上没有取得进展，美方已经通知俄方，认为把奥巴马总统与普京总统原定于 9 月初举行的会晤推迟到双边关系取得更多成果时举行将“更具建设性”。俄方作出给予斯诺登临时避难这一“令人失望的决定”也是美方评估双边关系现状的一个因素。但奥巴马仍将出席 9 月 5 日—6 日在俄罗斯圣彼得堡举行的二十国集团峰会。当日，俄罗斯总统外交事务助理乌沙科夫表示，莫斯科对美国政府决定取消普京与奥巴马的会见计划表示失望。9 日，奥巴马在记者会上应询表示，在与俄前总统梅德韦杰夫合作的四年中，美俄关系取得许多进展，但普京就任总统后，俄方反美情绪抬头，落入某种“冷战对抗”的窠臼。美俄在叙利亚、人权及斯诺登问题上意见相左，现在双方应“停下脚步，重新评估俄未来的方向及两国的核心利益，并校正两国关系，不掩饰双方分歧”。奥巴马反对抵制俄将于 2014 年举办的冬奥会。同日，美俄外交部长和国防部长“2 + 2”会谈如期在美国首都华盛顿举行，美国国务卿克里和国防部长哈格尔与俄罗斯外长拉夫罗夫和国防部长绍伊古出席，这是美俄自 2008 年 3 月以来首次恢复两国部长级会谈。会谈内容涉及战略稳定、导弹防御、政治军事合作以及包括叙利亚、阿富汗、伊朗和朝鲜在内的地区安全问题。克里再次就俄方给予斯诺登临时避难身份表示失望。虽然美国国务院官员在会后的吹风会上表示，斯诺登事件并未主导会谈进程，但是俄方在自己的新闻发布会上，表示此次会谈受到斯诺登事件影响，并称奥巴马取消“奥普会”的决定是短视做法。

美国实施恐怖袭击预警防范措施。1 日，美国国务院宣布在 4 日当天暂时关闭 22 个驻西亚和北非地区使领馆以应对恐怖袭击威胁。2 日，美国国务院发布全球旅行警告，告诫美民众防范“基地”组织可能发动的恐怖袭击，尤其在中东地区。3 日，美国总统国家安全事务助理赖斯在白宫主持召开有关恐怖威胁的高级别会议，出席者包括国务卿克里、国防部长哈格尔、国土安全部长纳波利塔诺及中央情报局、联邦调查局和国家安全局的局长。4 日，美国国务院宣布 19 个使领馆的关闭时间将从 5 日延长到 10 日，以应对可能发生的恐怖袭击，同时关闭名单又新增数个驻外机构。6 日，美国国务院发布旅行警告，敦促在也门居住的美公民及美政府派驻该国的非应急人员立即离开，并要求美国公民近期避免前往也门旅行。

巴以和谈再蒙阴影。1 日，美国总统奥巴马和以色列总理内塔尼亚胡通电话，同意继续就以色列和巴勒斯坦之间恢复举行直接谈判和其他地区问题开展“密切协调”。当日，奥巴马给巴勒斯坦总统阿巴斯打电话，重申美方将支持巴以在两国解决方案基础上实现“公正和持久的和平”。8 日，美国国务院发言人普萨基宣布，以色列和巴勒斯坦将于 14 日在耶路撒冷举行第二轮和谈，第三轮和谈则将在约旦河西岸城市杰里科举行。11 日，以色列政府推出在约旦河西岸和东耶路撒冷兴建 1200 套定居点住房的计划。12 日，美国国务院发言人哈夫对以色列宣布修建更多定居点住房计划表示“严重关切”。哈夫重申美方立场，即以色列继续定居点建设不合法。13 日，以色列释放 26 名在押的巴勒斯坦囚犯。14 日，以色列和巴勒斯坦和谈代表在耶路撒冷开始第二轮和谈，双方代表有以色列司法部长兼首席谈判代表利夫尼、以色列总理特使莫勒霍、巴勒斯坦首席谈判代表埃雷卡特及法塔赫官员。20 日，一些巴勒斯坦青年与以色列士兵在巴勒斯坦杰宁难民营发生冲突，1 名巴勒斯坦青年在冲突中身亡。当日，巴勒斯坦官员说，第三轮谈判已经结束。巴以双方和美国国务卿克里同意不透露会谈细节。25 日，以色列又宣布推进在东耶路撒冷建造 1500 套定居点住宅的计划。阿巴斯则呼吁以色列以诚相待，为促进巴以和平谈判创造适宜氛围。26 日，以色列士兵和巴勒斯坦人在约旦河西岸一所难民营发生冲突，造成 3 名巴勒斯坦人死亡、10 人受伤。同日，巴勒斯坦方面宣布取消与以色列原定于当天举行的新一轮和谈，以抗议以军士兵枪杀 3 名巴勒斯坦人。

伊拉克频发恐怖袭击事件。1 日，联合国秘书长发言人内西尔基宣布，2013 年 7 月伊拉克境内因暴力和恐怖袭击共导致 1057 人死亡，2326 人受伤，为 5 年多来伤亡人数最多的月份。10 日，伊拉克首都巴格达等多座城镇连续发生多次恐怖袭击，造成 70 多人死亡、300 多人受伤。12 日，“基地”组织承认连日来在伊拉克发生的多起严重恐怖袭击事件是其所为。联合国秘书长伊拉克事务副特别代表布斯廷在书面声明中对巴格达的集市、购物街、公园等场所以及伊拉克其他地点在民众庆祝斋月结束之际发生一系列炸弹袭击事件“深感震惊”，强烈谴责袭击者毫无人性。15 日，巴格达发生 4 起汽车炸弹袭击事件，造成至少 18 人死亡、55 人受伤。伊拉克政府声明说，“伊拉克街头已经变成战场”。25 日，伊拉克发生多起爆炸和枪击等袭击事件，造成至少 48 人死亡、上百人受伤。28 日，巴格达什叶派穆斯林聚集区发生一系列爆炸和枪击等恐怖袭击事件，造成至少 71 人死亡、201 人受伤。29 日，伊拉克发生多起枪击、炸弹袭击等恐怖袭击事件，造成至少 30 人死亡、43 人受伤。30 日，“基地”一组织“伊拉克伊斯兰国家和黎凡特”声称对伊拉克系列爆炸案负责。

阿富汗安全形势堪忧。1 日，联合国驻阿富汗援助团发布报告显示，2013 年上半年阿富汗平民死亡人数达 1319 人，受伤 2533 人。3 日，印度驻阿富汗楠格哈尔省贾拉拉巴德市的领事馆遭恐怖袭击，造成至少 9 名阿平民死亡。8 日，也是阿富汗开斋节首日，在楠格哈尔省一个墓地发生爆炸袭击，造成 7 名妇女和 7 名儿童死亡。同日，阿富汗总统卡尔扎伊敦促塔利班组织放下武器，加入政治和解进程，停止屠杀无辜平民。11 日，驻阿富汗国际安全援助部队发表声明说，3 名援助部队士兵在阿富汗东部边境省帕克蒂亚遇袭身亡。18 日，阿公共保卫警察部队在西部省法拉与塔利班武装交火，造成 72 名武装分子和 11 名警察死亡，另有多名武装分子和警察受伤。24 日，卡尔扎伊说，阿富汗与美国已经重启《双边安全协议》谈判。26 日，卡尔扎伊出访巴基斯坦就与塔利班进行直接对话寻求巴基斯坦支持。当日，巴基斯坦和阿富汗官方表示，卡尔扎伊应巴基斯坦总理谢里夫的要求，将访巴行期延长 1 天，以进一步讨论阿富汗和平进程。27 日，塔利班将 6 名为阿政府工作的平民绑架后枪杀。当日，阿富汗首都喀布尔发生一起自杀式爆炸袭击，致 2 人死亡。同日，阿富汗一个后勤补给车队在法拉省遭武装分子袭击，造成5人死亡、15人受伤。28日，阿富汗军警一支车队在法拉省遭到塔利班武装人员袭击，至少15人遇袭身亡。

巴基斯坦持续发生恐怖袭击事件。1日，巴基斯坦南部港口城市卡拉奇发生数起暴力袭击事件，造成包括1名统一民族运动党员在内的8人死亡。同日，正在巴基斯坦访问的美国国务卿克里在巴首都伊斯兰堡分别会见了巴基斯坦总理谢里夫和巴国家安全与外交事务顾问阿齐兹。在会晤后的联合记者会上，克里宣布恢复美巴战略对话，以深化两国在各领域的合作，而阿齐兹再次要求美国停止对巴部落地区的无人机袭击。5日，一列火车行驶到巴基斯坦东部旁遮普省多巴代格辛格地区时遭炸弹袭击，造成至少3人死亡、15人受伤。同日，巴基斯坦西南部俾路支省发生两辆长途客车被武装分子劫持事件，至少13人遇害。7日，卡拉奇一足球场发生爆炸，造成至少11名儿童死亡、24人受伤。8日，在俾路支省首府奎达，1名警官的葬礼遭到自杀式炸弹袭击，造成至少31人死亡、50人受伤。16日，巴安全研究机构数据显示，2013年7月巴各类恐怖袭击事件造成572人死亡、642人受伤。19日，巴总理谢里夫发表就任以来的首次全国电视讲话，提出与巴国内极端势力进行对话，以结束在过去10年中已导致成千上万人丧生的暴力活动。他强调，政府将致力于终结恐怖主义，无论是通过对话和解，还是诉诸武力。20日，巴基斯坦前总统穆沙拉夫涉嫌卷入前总理贝·布托遇刺案而被以谋杀罪正式起诉，但穆沙拉夫拒绝所有指控。同日，卡拉奇发生多起暴力袭击事件，造成至少10人死亡。23日，巴基斯坦2所宗教学校外发生枪击事件，造成至少9人死亡，多人受伤。27日，巴基斯坦南瓦济里斯坦部族地区一个军队营地遭不明身份武装分子袭击，1名士兵和4名武装分子死亡。31日，巴基斯坦与阿富汗交界的北瓦济里斯坦部族地区遭美军无人机空袭，至少4人死亡。

越南和日本就推动战略伙伴关系发展达成共识。1日，越南总理阮晋勇与日本首相安倍晋三通电话，就推动越日战略伙伴关系全面发展达成共识。双方一致同意保持两国高级代表团互访与接触，有效开展关于具体合作领域的对话机制，为成功召开越日合作委员会会议作出努力，落实两国在经贸、投资、官方发展援助等领域所达成的共识。双方还就共同关心的国际和地区问题交换意见。

特赦法案草案引发泰国局势紧张。1日，泰国政府宣布在总理府、国会及重要政府部门所在的曼谷三个区实施国内安全法，以防止反对派针对国会讨论特赦法案草案的示威演变成暴力事件。2 日，泰国总理英拉表示，实施国内安全法的目的是维护民众安全和社会安定，呼吁相关方面对话协商解决分歧。4 日，泰国最大反对党民主党党首、前总理阿披实表示，撤销审议特赦法案是一切对话的基础。同日，泰国反政府组织“推翻他信政权人民军”在曼谷龙披尼公园大门前举行集会，抗议国会即将审议由执政党提出的特赦法案草案。7 日，泰国国会开始审议执政党为泰党议员沃拉差提交的特赦法案草案，主要内容为特赦曾因参与政治集会而被法律制裁的民众，但反对党及反政府组织认为该法案有利于流亡的前总理他信回国并洗脱罪名。同日，数千名反对特赦法案的民众在国会前示威，与警方对峙。8 日，泰国国会对特赦法案草案进行一读投票，共有 441 名议员参加投票，300 人赞成，124 人反对，17 人弃权，草案获得通过。英拉因公务未到场参加投票。联合国人权事务高级专员办公室和一些人权观察组织对这份法案表示不赞同，认为法案将赦免 2010 年军方镇压大规模反政府集会期间犯下严重罪行的人。9 日，政府鉴于特赦法案草案一读后没有出现暴力事件，宣布结束在曼谷地区实施的国内安全法。18 日，民主党表示，将通过一切合法途径，反对国会最终批准特赦法案。

俄罗斯加强对外务实合作。1 日，俄罗斯总统普京与到访的塔吉克斯坦总统拉赫蒙会谈，双方商定将进一步加强军事、经贸和人文等领域的合作。普京在会谈结束后举行的联合记者招待会上说，双方详细讨论了有关俄驻塔军事基地延期的问题，同意落实 2012 年 10 月签署的有关俄驻塔军事基地地位和条件的协议。针对北约军队 2014 年从阿富汗撤军后带来的影响，俄塔双方同意加强军事技术合作，以保障地区稳定和安全。13 日，普京对阿塞拜疆进行为期一天的工作访问，与阿塞拜疆总统阿利耶夫就能源、人文领域合作以及里海划分等多方面问题交换意见，并签署了多项合作协议。两国石油公司签署了石油开采与运输合作协议。两国紧急情况部共同签署 2013 年—2015 年合作协议。14 日，俄罗斯海关将所有进入俄罗斯的乌克兰商品列入风险清单，俄罗斯海关对乌克兰入俄商品进行全面检查，所有商品必须进行卸货查验。22 日，普京在视察俄南方城市顿河畔罗斯托夫时表示，如果乌克兰与欧盟签署联系国协定，以俄罗斯为首的关税同盟将被迫采取保护性措施。

意大利最高法院终审判决前总理贝卢斯科尼 4 年监禁。1 日，意大利最高法院终审判决前总理贝卢斯科尼 4 年监禁，维持原判，但之前法院有关贝卢斯科尼5年内不得担任公职的判决被发回重审。依据意大利2006年颁布的大赦法案，贝卢斯科尼只需服刑1年，而且由于年过七旬，贝卢斯科尼不必到狱中服刑，可选择在家软禁或社区服务，不过贝卢斯科尼先前已明确表示不会选择后者。

也门安全形势日趋紧张。2日，数百名也门士兵在首都萨那靠近总统府的七十日广场集会，要求政府支付欠薪，并与政府军士兵发生冲突，造成至少1人死亡。4日，在也门中部贝达省，1名军方情报人员遭2名身份不明的枪手射杀。由于遭“基地”组织威胁，美国关闭了20多个美国驻西亚北非大使馆和领事馆，其中包括驻也门使馆。6日，也门一架军用直升机在东部马里卜省遭到一伙不明身份武装人员的袭击后坠毁，机上8人全部遇难。7日，也门政府宣布截获了“基地”组织一项袭击计划，称恐怖分子曾企图于5日袭击石油港口和两座城市，而也门政府是在3日截获这一情报的。同日，因受到来自“基地”组织阿拉伯半岛分支的袭击威胁，美国、英国开始陆续撤离驻也门外交人员，也门政府同时也加强了对外国使领馆的保护。8日，美军无人机在马里卜省袭击了“基地”组织成员所乘车辆，打死6名武装人员。这是美军无人机连续第三天对也门恐怖组织成员发动打击。25日，1辆空军学员乘坐的大巴车在萨那的空军基地附近被炸，至少12人死亡，多人受重伤。

中国与东盟关系进一步发展。2日，中国外交部长王毅在泰国首都曼谷出席中国—东盟高层论坛开幕式并致辞。泰国副总理兼外长素拉蓬及东盟各界人士300多人出席论坛。王毅表示，回顾过去，中国—东盟关系发展的最重要基础是共同维护了地区和平与稳定；最重要共识是愿意通过合作加快共同发展；最重要经验是始终坚持“亚洲方式”和“东盟方式”，通过友好协商、平等对话化解分歧。这些经验与共识弥足珍贵，值得我们继续加以坚持。29日，中国—东盟特别外长会议在北京举行，王毅和素拉蓬共同主持。会议就深化中国—东盟关系全面、深入交换意见，达成重要共识。当日，中国国务委员杨洁篪会见出席中国—东盟特别外长会的东盟国家外长和东盟秘书长。杨洁篪表示，中国和东盟建立战略伙伴关系以来的十年，是双方关系发展最快、成果最多的十年。双方政治上相互信任，相互支持，树立了发展中国家友好相处的典范。经济上携手合作，共谋发展。人文交流日益密切，人民间相互友好感情不断加深。中国和东盟已成为同舟共济、共克时艰、守望相助的好邻居、好伙伴、好朋友，双方的友好关系成为东亚地区和平稳定的重要支柱，向世界展现了团结向上、自强不息的亚洲精神，昭示着亚洲更加美好的未来。中国—东盟双边贸易快速增长，2012 年双方贸易额达 4000 亿美元。2013 年上半年，中国对外贸易额增长 8.6%。同期，中国和东盟的双边贸易额为 2105.6 亿美元，同比增长 12.2%，高于全国外贸增速 3.6 个百分点。东盟是中国的第三大贸易伙伴、第四大出口市场和第二大进口来源地、重要的对外工程承包市场和对外投资目的地。自由贸易区和区域次区域合作不断深化，互联互通建设稳步推进。

欧盟委员会宣布批准中欧光伏案价格承诺。2 日，欧盟委员会宣布正式批准中欧光伏贸易争端的“价格承诺”协议，该方案将于 8 月 6 日起实施。欧盟委员会发布书面声明说：“欧盟委员会今天批准贸易委员德古赫特上周末宣布的中欧光伏贸易争端的友好解决方案。该方案得到了欧盟成员国的一致支持。”声明指出，欧盟接受中国太阳能电池出口商提交的“价格承诺”方案，对于那些参与该方案的中国企业免征临时反倾销税。7 日，欧盟委员会说，由于与中方达成“价格承诺”协议，一些中国光伏企业将被免于征收高额反倾销税，但对产自中国的太阳能电池及相关部件产品反补贴调查仍将继续。欧盟暂不会采取临时征税措施，最终调查结果将于 2013 年年底公布。欧盟贸易委员德古赫特称，数量众多的中国光伏企业同意为出口至欧盟的光伏产品设置最低限价，这些企业对欧出口额占中国对欧光伏产品出口总额的 70%，这些企业无须缴纳惩罚性关税，没有参加协议的企业则需要向欧盟缴纳 47.6% 的反倾销税。德古赫特介绍，欧盟还为中国光伏企业对欧出口设定了一个年限额，对于超出这一限额的出口将同样征收 47.6% 的反倾销税，此份“价格承诺”的有效期将持续至 2015 年年底。根据欧盟有关法律规定，为了防止人为操控市场价格的行为，中欧双方将不会公布最低限价和出口年限额的具体数字。

“可汗探索—2013”多国维和军演在蒙古国举行。3 日，“可汗探索—2013”多国维和军事演习开幕式在蒙古国武装力量培训基地举行。来自蒙古国、美国、澳大利亚、加拿大、法国、德国、日本、印度、印度尼西亚、尼泊尔、韩国、塔吉克斯坦、英国和越南等国的 1000 多名官兵参加本次演习。蒙古国总理阿勒坦呼亚格在开幕式上说，为了促进有关国家维和部队的相互学习和交流，近些年来每年都在蒙古国举行多国维和军事演习，不断提高参演各国士兵的维和能力。蒙古国国防部长巴特额尔德尼和武装力量总参谋长宾巴扎布中将等军方领导人、美国军事官员以及各国驻蒙古国大使馆武官等出席开幕式。中国和俄罗斯派观察小组观看演习。此次军演持续到14日结束，主要内容包括维和部队的指挥训练、人道救援等。

伊朗当选总统鲁哈尼正式履新组阁。4日，伊朗总统哈桑·鲁哈尼在议会宣誓就职，正式就任伊朗第11届总统。除伊政界、军界、宗教界高层人士见证外，伊34年来首度邀请外宾出席总统就职典礼，共有55个国家的领导人及高级代表访伊，包括巴基斯坦总统扎尔达里，阿富汗总统卡尔扎伊，哈萨克斯坦总统纳扎尔巴耶夫，朝鲜最高人民会议常任委员会委员长金永南，俄罗斯国家杜马主席纳雷什金，中国国家主席特使、文化部部长蔡武等。鲁哈尼在就职演说中阐述了新政府施政纲领，并向议会提交了内阁名单。鲁哈尼提出将推行更加温和、务实的对内政策，把发展经济、改善民生作为第一要务，对外强调愿通过平等互信、相互尊重的建设性互动推动伊核问题的解决和与美西方关系的缓和。当日，美国白宫发表声明称，美国希望鲁哈尼就伊核问题与国际社会实质接触。15日，伊朗议会对内阁名单进行表决。18位提名部长中，外交、内政、国防、石油和财经等15位部长顺利过关，教育、科技和青年体育部长未获通过。此外，鲁哈尼新任命了5位副总统和1位办公室主任。17日，即将离任的伊原子能组织主席阿巴西称，伊现有约1.8万台用于铀浓缩的离心机。

尼日利亚发生暴力袭击事件。4日，尼日利亚东北部博尔诺州军警驻地遭武装分子袭击，造成多人死亡。11日，博尔诺州孔杜加区和马法区遭武装分子袭击，造成至少40人死亡、25人受伤。13日，联合国秘书长潘基文通过其发言人发表声明，强烈谴责发生在尼日利亚的暴力袭击事件，呼吁尼各方通过和平方式解决分歧。14日，尼日利亚军方宣布，8月初在击退叛乱分子的一场袭击中，军方击毙了“博科圣地”组织的二号人物。26日，博尔诺州巴马镇一个青年志愿者组织遭疑似“博科圣地”袭击，至少14人死亡、9人受伤。

日本政治右倾化持续发展。6日，日本最大的直升机搭载型护卫舰在横滨市举行下水仪式，并被命名为“出云”号，“出云”这一名称原为日本在第二次世界大战期间主力舰所用。7日，日本民主党、大家党等5个在野党发表联合声明，要求首相安倍晋三罢免发表美化纳粹德国修宪手法言论的副首相兼财务大臣麻生太郎。8日，安倍晋三任命前日本驻法国大使小松一郎出任内阁法制局长官，负责拟定政府对宪法的解释。12日，安倍晋三在故乡山口县出席由自己的后援会主办的晚餐会上称，“我将努力修改宪法。这是我的历史使命”。15 日，日本内阁总务大臣新藤义孝、国家公安委员长古屋圭司和行政改革担当大臣稻田朋美参拜靖国神社。安倍晋三虽未参拜，但以自民党总裁名义自费献上祭祀费。超党派议员团体“大家参拜靖国神社国会议员会”的 102 名成员进行了参拜，另有约 100 名国会议员委托秘书代为参拜。当日，安倍晋三出席“全国战殁者追悼仪式”并发表讲话，讲话中没有提到日本在二战期间的“加害责任”以及“不再发动战争”。27 日，日本海上保安厅在其网站上公布的 2014 年度预算数据显示，海上保安厅 2014 年度预算申请总额为 1963 亿日元，比 2013 年度的最初预算增加 13%，日本海上保安厅将在 2014 年度增加 528 人，成为 40 年来最大规模的增员。28 日，日本防卫大臣小野寺五典与美国防长哈格尔在文莱会面，确认日美将在 10 月召开的部长级会议上达成协议，着手修订《日美防卫合作指针》。30 日，日本防卫省表示，2014 财政年度将申请 4.82 万亿日元防务预算，比 2013 财年增加大约 3%。如果获得国会批准，这将是 1992 财年以来防务预算最大增幅。

突尼斯爆发反政府集会游行。6 日，数万名突尼斯人聚集在首都突尼斯城中心，高喊“人民要求现政权倒台”的口号，要求执政党“伊斯兰复兴运动”领导的过渡政府下台，并解散制宪会议。同日，制宪会议议长加法尔宣布暂停制宪会议工作，直到政府和反对派展开对话为止。加法尔表示，这是为促成突尼斯各派谈判，从而确保国家朝民主方向过渡。但一些议员认为这是“不可接受的政变”。过渡政府总理拉哈耶德称，国内政治纷争局限于狭隘的政党利益，他排除了政府辞职的可能，表示可以加大联合政府的代表性，并确保新宪法和选举法草案能够在 12 月付诸全民公决。7 日，“伊斯兰复兴运动”宣布接受制宪议会暂停工作，呼吁反对派开启对话，以建立一个“团结的政府”，使国家走出危机。“伊斯兰复兴运动”同时为突制宪议会恢复工作制定了时间表，希望在 2013 年 9 月底以前通过宪法及选举法，并要求在 2013 年年底前组织选举。24 日，数千人参加了突尼斯反对派组织的为期 1 周的大游行，要求解散议会、政府下台。

阿尔巴尼亚左翼政党联盟赢得议会选举。6 日，阿尔巴尼亚中央选举委员会正式宣布 6 月 23 日举行的议会大选结果。由最大反对党社会党主席、前地拉那市长拉马领导的左翼政党联盟“欧洲阿尔巴尼亚同盟”获得 57.3% 的支持率，掌控 140 个议会席位中的 83 席；由现任总理、民主党主席贝里沙领导的“就业、繁荣与一体化联盟”的支持率为 39.46%，获得 57 席。由于贝里沙要求对两个选区重新计票，大选结果推迟了6周才公布。贝里沙表示对民主党落败承担主要责任，大选后辞去党主席一职。现年49岁的新当选总理拉马曾是享有盛誉的画家，他在任地拉那市市长期间，曾主导将压抑的灰色调为主的首都建筑涂满明亮鲜艳的色彩而受到好评。拉马表示将组建一届年轻的政府，力争在国际社会上改变阿尔巴尼亚的形象。

美日举行《跨太平洋伙伴关系协定》双边贸易谈判首轮会议。7日，美日两国政府就与《跨太平洋伙伴关系协定》谈判并行展开的双边贸易谈判在日本首都东京举行首轮会议。美国贸易代表办公室代理副代表卡特勒与日本首席代表、日本外务省经济外交担当大使森健良出席会议。双方就2013年4月决定美日展开磋商的汽车安全、环境标准及流通和相关管制等问题进行了讨论，还就知识产权和非关税措施等交换了意见。森健良在会后的记者会上表示，“未能达成协议，未进展到讨论双方妥协点的阶段”，承认双方存在较大分歧。

日本福岛核污水泄漏。7日，日本政府宣布，福岛核电站每天至少有300吨遭受核污染的地下水流入大海，且这种情况可能从福岛核事故之后一直存在。当日，日本首相安倍晋三要求政府加大努力，控制放射性污水外泄。他还要求经济产业省采取紧急措施应对局势，确保东京电力采取适当措施清理污水。19日—20日，约300吨高浓度放射性污水从地面蓄水罐泄漏，这是福岛核事故发生以来最严重的单次泄漏。28日，日本原子能规制委员会决定将该事件评定为3级，即“严重事件”。同日，安倍表示不再将福岛核污水泄漏事故全部交由东京电力公司处理，国家将负起责任来认真应对。

埃及局势动荡加剧。7日，埃及总统府宣布，各国对埃及临时政府与穆兄会等伊斯兰派别的和解斡旋努力宣告失败，穆兄会应为此承担责任。13日，埃及临时总统曼苏尔宣布25位新省长人选名单，其中16人具有军方背景，1人有警方背景，多人曾在穆巴拉克时期担任政府要职。14日，埃及总统府宣布全国进入为期1个月的紧急状态。同日，埃及警方开始对聚集在首都开罗阿达维耶清真寺外广场和复兴广场的前总统穆尔西支持者实施清场行动，造成至少638人死亡，近4000人受伤。当日，埃及临时副总统巴拉迪宣布辞职，称难以承担他所不赞成的决定所造成的责任，并对局势表示担忧。联合国秘书长潘基文和美国、欧盟、俄罗斯、土耳其、卡塔尔、伊朗等国均对清场行动表示谴责。16日，穆兄会号召举行“愤怒日”游行，抗议当局武力清场，游行民众再次与军警爆发冲突。17日，埃临时政府发言人称，总理贝卜拉维已正式提议依法解散穆兄会。18 日，美国宣布暂停向埃提供财政援助，但将继续向埃提供军事援助。20 日，穆兄会总训导巴迪亚被警方逮捕。当日，穆兄会宣布由巴迪亚的副手、强硬派代表马哈茂德·伊扎特担任临时领导人。随后又有多名穆兄会领导人被捕。21 日，欧盟特别外长会在比利时首都布鲁塞尔作出决议，限制成员国向埃及出口武器，以遏制埃及不断升级的暴力局面。同日，开罗上诉法院下令有条件释放前总统穆巴拉克。22 日，穆巴拉克获保释出狱，并被转送开罗马阿迪军事医院软禁。27 日，曼苏尔颁布总统令，表示埃及军人不再向总统直接宣誓效忠，而是把效忠对象改为领导人和国家。30 日，在反穆尔西大游行满 2 个月之际，穆尔西的数千名支持者在埃及多地发起大规模游行示威，部分示威者与当地居民及军警发生冲突，造成 3 人死亡，数十人受伤。

世界经济继续缓慢复苏。8 日，经济合作与发展组织报告显示，其组织成员国整体先行指数 2012 年年底以来逐月上升，到 2013 年 6 月升至 100.7 点，表明经济增长更趋稳固。亚洲五国（中国、印度、韩国、日本、印度尼西亚）整体先行指数在 2013 年 4 月至 6 月持平，显示经济增长正接近长期平均增速。报告显示，大多数发达国家经济增长改善有限，而多数新兴经济体显示出增速趋稳或放缓的迹象。在新兴经济体中，中国、巴西和俄罗斯的经济增长继续放缓，而印度的经济增长有可能出现上行拐点。22 日，经合组织公布的数据显示，2013 年第二季度该组织 34 个成员国整体国内生产总值环比增长 0.5%，比前一季度修正后的增长率高 0.2 个百分点。8 月出炉的一系列数据显示，大多数发达国家的经济前景正在改善。美国经济复苏持续，第二季度美国国内生产总值按年率计算增长 2.5%，高于第一季度的 1.1%；7 月制造业继续保持活跃，非制造业活动连续第 43 个月扩张；7 月美国联邦政府财政赤字约为 976 亿美元，高于 2013 年同期的 696 亿美元，但截至 7 月的 2013 财年前 10 个月赤字总额较上 2012 财年同期明显下降；在截至 7 月的 12 个月里，消费价格指数的涨幅为 2%，7 月失业率降至 7.4%。欧洲经济出现积极信号，第二季度欧元区与欧盟 27 国国内生产总值环比均增长 0.3%，这是欧洲经济自 2011 年第三季度以来首现环比正增长。欧元区第一和第二大经济体表现良好，德国和法国经济增速分别为 0.7% 和 0.5%，均高于预期。这些数字与非欧元区的英国所取得的 0.6% 的增长率大体相当。欧元区第三和第四大经济体——意大利和西班牙经济分别萎缩了 0.2% 和 0.1%。希腊 2013 年前 7 个月实现了 26 亿欧元预算盈余，远超此前设定目标，显示该国的减薪增税举措已现成效。7月欧元区通胀率为1.6%，失业率达12.1%，与此前三个月持平。日本第二季度实际国内生产总值增速按年率计算为2.6%，经济连续三个季度实现正增长，日本7月贸易逆差为1.0239万亿日元，同比大增93.7%，连续13个月出现贸易逆差，失业率为3.8%，核心消费价格指数为100.1，同比上升0.7%，为连续2个月上升。

美国总统奥巴马公布对情报监控项目采取新监管措施。9日，美国总统奥巴马在白宫举行的记者会上宣布，为加强对国家安全局秘密情报监控项目的监督而采取四项举措，分别是：与国会合作对《爱国者法案》中涉及电话监控项目的第215条作出适当修改，如加强监督、透明度和对政府权力的限制；与国会合作调整“外国情报监控法庭”，增强公众对其监管能力的信心，如为被监控者增设公共辩护；加强透明度，如情报部门尽可能公开监控项目信息并建立网站；组建外部专家小组审核使用情报监控的技术手段，并在年底出具最终报告。奥巴马强调，美国无意监听普通民众，情报部门仅关注保护美国民众及盟友的必要信息。22日，美国白宫宣布成立一个由资深安全专家与白宫前任官员组成的小组，任务是对美国国安局的监控项目进行全面评估。

缅甸成立改革领导委员会加速改善民生。9日，缅甸成立以总统吴登盛为首的国家改革领导委员会，以加快推进改革，满足民生的基本社会与经济需求。当日，吴登盛在中央和地方官员会议上说，现任政府在五年任期的头30个月里，为民主转型奠定了基础，创造了较好的国内政治环境，还为经济社会改革修改了大量法律法规，并开始融入国际市场。现政府在余下的30个月里，要更优先满足民生需求。政府将制订一揽子行动计划，包括优先发展电力、农业、能够增加就业的中小型企业以及工业区。他还强调，要大力发展旅游业，吸引外国投资促进经济发展。

柬埔寨大选初步结果出炉。12日，柬埔寨国家选举委员会公布第五届国会选举初步结果，执政的柬埔寨人民党获得123个议席中的68席，反对党柬埔寨救国党获55席。相比上届，人民党减少22个议席，救国党增加26个席位。后者指责选举存在“违规现象”，表示拒绝接受选举结果，要求展开独立调查，否则，将抵制新一届国会，并发动全国范围的示威活动。柬埔寨选举委员会将于9月8日公布国会选举正式结果。29日，救国党主席桑兰西召开新闻发布会说，如果人民党愿与救国党就选举调查问题进行谈判，救国党将放弃定于9月7日举行的示威活动。30日，柬埔寨国王诺罗敦·西哈莫尼呼吁人民党和救国党在柬埔寨王国政府的宪法框架下和平解决大选争端，共同维护国家的稳定和发展。

英国和西班牙直布罗陀争端再起。12日，英国首相卡梅伦的发言人说，西班牙卫兵执行严格的安全检查，导致西班牙与直布罗陀边境交通堵塞几个小时，是有“政治动机的，完全不适当的行为”。当日，英国向地中海派出多艘军舰，准备举行军事演习。同日，英国称，准备就直布罗陀问题采取法律行动。西班牙则称，考虑向联合国和国际法院就直布罗陀问题提出诉讼。13日，英国外交部对西班牙在直布罗陀边境实施的交通管制措施正式向西班牙提出抗议，认为西班牙当局在直布罗陀边境口岸强制增设边检关卡的行为“不可接受”。16日，卡梅伦致电欧盟委员会主席巴罗佐，要求欧盟对西班牙加强直布罗陀地区出入境控制进行调查，欧盟方面表示正在监控该地区局势以确保欧盟法律得到尊重。18日，西班牙大批渔船在直布罗陀附近水域集结示威，抗议直布罗陀当局的填海行动。19日，欧盟委员会发布公报说，将派出调查小组前往直布罗陀，就西班牙加强该地区出入境控制一事展开调查。20日，英国政府正式拒绝了西班牙政府提出的有关进行双边对话的建议，英方坚持认为对话应在西班牙和直布罗陀当局之间展开。

美国国务卿克里访问巴西。13日，美国国务卿克里抵达巴西访问。克里与巴西总统罗塞夫和外交部长帕特里奥塔举行了工作会谈，以谋求改善双边关系。在会谈后举行的新闻发布会上，帕特里奥塔和克里就美国对巴西等拉美国家电信与网络实施的间谍活动，分别表达了各自国家政府的看法和立场。帕特里奥塔说，美国对巴西等拉美国家电信与网络实施的间谍活动是对他国主权的干涉和人权的践踏。美国必须停止这些活动，否则将造成相互间的怀疑与不信任，势必会削弱双方间关系。帕特里奥塔强调，不能小觑间谍活动所带来的冲击，它已形成对当今国际关系准则的挑战。这也是为何南方共同市场向联合国提出请求，要求国际社会就此举行辩论的原因。克里说，美国不会停止对其公民及外国人所实施的监控，因为它属国家安全体系的一部分。在“9·11”恐怖袭击发生后，美国必须对国民与其他国家人民的安全负责。但他也表示，美国会向相关国家进行充分的解释和澄清，以求得谅解与支持。

朝鲜半岛局势总体趋稳。14日，朝鲜和韩国第七轮工作会谈在开城工业园区举行，双方就有关恢复园区正常运转的五项内容达成协议，包括力争停工等类似事态不再重演，任何情况下都将保障园区正常运转等，但协议没有写明园区重启的具体时间。17 日，韩国 30 名电力、通信、供水等相关人员重返开城工业园，检查园区内基础设施状况，为园区企业复工作准备。18 日，朝鲜祖国和平统一委员会发言人发表谈话，同意韩方关于 2013 年中秋节举行离散家属见面的提议，同时建议就重启金刚山旅游举行朝韩当局工作会谈。19 日，韩美 2013 年度“乙支自由卫士”联合军事演习在韩国境内举行，韩方和美方分别有 5 万名和 3 万多名官兵参加此次演习，演习项目包括应对局部战争、反军事网络恐怖袭击和清除大规模杀伤性武器等。韩美联合司令部已于 10 日通过“联合国军司令部”军事停战委员会向朝鲜通报了本次军演的日程、目的等。23 日，朝韩红十字会的工作会谈就离散家属团聚达成协议，活动将于 9 月 25 日—30 日在金刚山旅游区内举行。朝韩还决定于 10 月 22 日—23 日举行视频团聚活动。27 日，韩国统一部说，韩国政府通过板门店联络渠道向朝鲜方面提议，于 10 月 2 日举行重启金刚山旅游项目的工作会谈。同日，美国国务院宣布，应朝鲜政府邀请，美国负责朝鲜人权事务的特别代表罗伯特·金将在 30 日—31 日访问平壤，力图促成朝方“基于人道考虑赦免美国公民裴俊浩”。29 日，韩国统一部表示，韩朝签署并交换了《关于成立和运营开城工业园区韩朝共同委员会的协议》。30 日，美国国务院表示，已收到朝鲜取消美国朝鲜人权事务特使罗伯特·金访问朝鲜首都平壤的邀请，美方对朝鲜的决定表示惊讶和失望。31 日，朝鲜外务省发言人表示，美方说法误导舆论，是美国破坏人道主义对话氛围。

中俄举行第九轮战略安全磋商。15 日，中国国务委员杨洁篪在俄罗斯首都莫斯科同俄联邦安全会议秘书帕特鲁舍夫举行中俄第九轮战略安全磋商。双方表示，2013 年 3 月中国国家主席习近平对俄罗斯进行了成功的国事访问，为中俄全面战略协作伙伴关系注入了新动力、开辟了新前景。双方要加强沟通协调和务实合作，全面落实两国元首达成的一系列重要共识，推动中俄关系取得新进展。双方认为，当前国际形势继续发生新的复杂深刻变化。中俄双方要继续秉持相互尊重、高度互信的精神，相互坚定支持对方维护本国主权、安全稳定和发展利益，携手应对各种挑战，实现各自发展振兴。双方还要加强在国际事务中的协调配合，维护联合国宪章宗旨、原则和国际法基本准则，积极致力于有关热点问题的和平解决，促进世界和地区和平、稳定、发展。双方将共同努力，推动即将举行的二十国集团圣彼得堡峰会和上海合作组织比什凯克峰会取得成功。双方还就朝鲜半岛、阿富汗、西亚北非、叙利亚局势等交换了看法。同日，杨洁篪还在莫斯科会见了俄罗斯外长拉夫罗夫。16 日，俄罗斯总统普京在索契会见杨洁篪。普京表示将全力将俄中关系推向更高水平，并期待 9 月同习近平主席举行会晤。根据中俄双方达成的共识，“和平使命—2013”中俄联合反恐军事演习 7 月 27 日—8 月 15 日在俄罗斯车里雅宾斯克举行。期间，中俄双方参演人员进行了兵力投送与部署、战役筹划、战役实施等不同阶段的演练。

黎巴嫩发生爆炸袭击事件。15 日，黎巴嫩首都贝鲁特南郊发生汽车炸弹爆炸事件，造成 25 人死亡、336 人受伤。当日，联合国秘书长潘基文通过发言人发表声明，认为这种暴力行为“完全无法接受”，呼吁所有黎巴嫩人保持团结，支持政府，集中精力保卫国家的安全与稳定。他希望能尽快将袭击者绳之以法。黎巴嫩总统苏莱曼和看守政府总理米卡提谴责袭击事件并宣布 16 日为黎巴嫩全国哀悼日。22 日，以色列北部边界地区遭到 4 枚来自黎巴嫩方向的火箭弹袭击。当日，联合国驻黎巴嫩临时部队司令塞拉发表声明，呼吁黎巴嫩和以色列军队领导人保持最大限度克制，同联合国驻黎巴嫩临时部队合作，避免双方紧张加剧。23 日，以色列空军对黎巴嫩首都贝鲁特附近发动空袭，回应黎火箭弹入境。同日，黎巴嫩北部城市的黎波里发生两起汽车炸弹爆炸事件，导致至少 45 人死亡、900 人受伤。法国、叙利亚和联合国纷纷对此表示谴责。24 日，苏莱曼在贝鲁特发出警告说，目前黎巴嫩面临陷入动乱的危险。他呼吁尽早组建政府，恢复全国对话，要求军队随时准备维护国家安全，呼吁国民维护民族团结。29 日，联合国安理会一致通过决议，将联合国驻黎巴嫩临时部队任期延长 1 年至 2014 年 8 月 31 日。决议说，安理会强烈呼吁所有有关各方遵守停止敌对行动协议，防止任何侵犯黎以临时边界“蓝线”的行为。安理会敦促以色列与联合国驻黎巴嫩部队协调，加快从盖杰尔北部撤军。安理会还呼吁所有国家全面支持和尊重在“蓝线”和利塔尼河之间建立的联合国驻黎巴嫩临时部队任务区。

马里宪法法院确认凯塔赢得总统选举。15 日，马里官方公布了在 11 日举行的总统选举第二轮投票初步统计结果，宣布联盟党总统候选人易卜拉欣·凯塔以较大优势获胜，当选总统。当日，联合国秘书长潘基文通过发言人发表声明，祝贺马里成功举行总统选举，并对凯塔当选表示祝贺。法国总统奥朗德对马里公布该国总统选举第二轮投票结果表示欢迎。20 日，宪法法院院长卡马拉宣布，凯塔在第二轮投票中得票率为77.62%，其竞争对手共和民主联盟候选人苏迈拉·西塞获得22.38%的选票。凯塔获胜，当选马里新一届总统。马里选举法规定，投票后5天之内官方需公布初步统计结果。结果公布之后将提交马里宪法法院，经确认后生效。凯塔生于1945年，曾任马里外交部长、总理和国民议会主席。2002年和2007年，他两次参加总统竞选，均在第一轮投票中落败。

中国国防部长常万全访美。16日，中国国务委员兼国防部长常万全率中国人民解放军高级代表团对美国进行正式友好访问，其间访问了位于夏威夷的美国太平洋司令部总部和科罗拉多州的美军北方司令部和北美防空司令部，并与美国国防部长哈格尔举行会谈。双方就涉台、美亚太“再平衡”、朝核、钓鱼岛、南海、网络安全等问题坦诚深入交换了意见，就加强两军务实交流与合作达成了五项共识。包括中方确认2014年将应邀参加“2014—环太平洋”联合军演，中美双方同意继续加强两军高层互访，中美两军战略规划部门间建立对口交流机制。会谈结束后，常万全与哈格尔共同出席了联合记者会。常万全强调，此次访问的目的就是落实中美元首建设“新型大国关系”的共识，构建中美新型军事关系，以利于增进战略互信、化解战略风险、维护地区与世界和平。中方愿与美方共同努力，加强对话沟通，开展务实合作，妥善处理矛盾分歧，将两军关系提升至新水平。常万全还会见了美国总统国家安全事务助理赖斯。

叙利亚化学武器问题升温。21日，叙利亚多个反对派组织称，叙政府军在首都大马士革附近使用化学武器，造成至少700人死亡。叙利亚政府军随后声明这一说法不实，并同意联合国调查叙利亚化学武器问题真相小组进行现场调查。26日，该小组成员乘坐的车辆在大马士革遭不明枪手袭击，叙利亚政府指责反对派为阻拦调查发动了袭击。27日，叙利亚外长阿利姆在大马士革召开新闻发布会称，尽管不认为包括美国在内的西方国家会对叙利亚实施军事打击，但叙已做好尽全力保卫国家的准备，西方的军事打击不会阻碍叙政府军近期在战场上的前进势头。28日，联合国调查叙化武问题真相小组恢复工作，再次前往大马士革郊区进行调查。同日，联合国安理会五个常任理事国举行会议，但未就英国提出的对叙利亚采取军事干预的草案达成一致。联合国—阿盟叙利亚危机联合特别代表卜拉希米强调，任何针对叙利亚的军事干预都必须得到联合国安理会的授权。美国总统奥巴马将叙利亚政府使用化学武器列为逾越美国对叙局势进行军事干预“红线”的举动，寻求与盟国协同打击叙利亚。29日，英国议会下议院否决了政府军事行动计划，英国首相卡梅伦表示将“据此行事”。法国总统奥朗德则表示将对叙利亚采取军事行动。叙利亚部分邻国和俄罗斯表示坚决反对西方国家军事干涉叙利亚。31日，奥巴马在白宫就美国对叙政策发表讲话表示，他决定对叙利亚进行“非开放性”、“有限范围”的军事打击。但奥巴马强调，这一决定需要美国国会批准，若美国国会通过，他将签署行政命令。当日，荷兰鹿特丹机场新闻发言人称，载有联合国叙利亚化学武器调查小组成员的飞机已抵达荷兰，随同他们一起抵达的还有在叙利亚调查搜集的证据。最终调查结果将在9月20日左右公布。

美国国防部长哈格尔访问东南亚。24日，美国国防部长哈格尔开始访问马来西亚、印度尼西亚、文莱和菲律宾，并参加在文莱举行的东盟国防部长扩大会议。25日，哈格尔在马来西亚与马总理纳吉布和马国防部长希沙姆丁分别举行会晤。哈在会晤后对记者表示，他与马方就两国防务和军事合作问题交换了意见，包括加强军队科技、国防情报共享等，除国家安全问题外，两国也应关注经贸合作问题。26日，哈格尔与印度尼西亚总统苏西洛会晤后表示，亚太地区对于美未来非常重要，美将继续坚持其在安全、外交、经济、贸易、商业、文化及教育领域的亚太“再平衡”政策。当日，哈格尔还与印尼国防部长普尔诺莫举行会谈。印尼国防部称，两国国防部长围绕地区和全球安全事务、双边联合反恐演习、军贸合作及军事人员能力建设四个议题进行了讨论。28日，哈格尔在文莱斯里巴加湾市分别与日本防卫大臣及韩国、越南、文莱、缅甸和中国国防部长举行双边会谈。29日，哈格尔在文莱斯里巴加湾市出席东盟国防部长扩大会议，东盟十国与八个对话伙伴国国防部长出席此次会议。会上，各国国防部长签署了《斯里巴加湾联合宣言》，各国重申继续积极推动东盟建设，以和平合作创美好未来。哈格尔在会议致辞中警告，在亚洲争议海域，海上事件和紧张局势不断增加，加大了发生危险国际对抗的风险。30日，哈格尔在访问菲律宾期间说，美菲两国8月早些时候开始就扩大美国在菲军事存在进行谈判，他与菲律宾总统阿基诺三世“再次确认谈判进展”。美方无意在菲寻求建立新的永久性军事基地。

南美洲国家联盟举行第七次首脑会议。30日，第七次南美洲国家联盟首脑会议在苏里南首都帕拉马里博举行，阿根廷总统克里斯蒂娜、哥伦比亚总统桑托斯、智利总统皮涅拉和乌拉圭总统穆希卡四国元首缺席会议。会议的主要议题有：加强南美国家在政治和社会领域的一体化，大力消除贫困，在利用自然资源上更好地行使主权，哥伦比亚国内和平进程和阿根廷的马尔维纳斯群岛（英国称“福克兰群岛”）主权归属等问题。会议通过了《帕拉马里博声明》。声明表示，将继续以灵活渐进的方式推动南美洲一体化进程，要在深化国家间合作的基础上构建对南美洲身份的认同。声明称，认同感的形成是一体化进程中的关键一环，南美洲国家联盟将在推动区域内政治、经济、文化、社会等各领域交流合作的过程中培养各国民众对“南美人”这一共同身份的认识。声明对加强联盟机制建设、完善联盟发展战略作出规定，明确支持阿根廷对马尔维纳斯群岛（英国称“福克兰群岛”）的主权要求，谴责美国情报机构的间谍行为，并对叙利亚局势表示关切。

习近平出席二十国集团第八次峰会和上海合作组织峰会并访问中亚四国

李克强出席中国—东盟博览会商务与投资峰会

叙利亚化学武器危机一波三折

美国伊朗高层实现历史性接触

默克尔领导的联盟党赢得德国大选

肯尼亚恐怖袭击致多人遇害

塞内加尔总统解散政府。1 日，塞内加尔总统府发言人发布公告宣布，总统萨勒当天解除了总理阿卜杜勒·姆巴耶的职务。同日，塞内加尔司法部长阿米纳塔·杜尔被任命为新总理。2 日，杜尔确定新一届政府成员名单，正式成立新政府。新政府有 31 名部长和 1 名部长级代表，其中女性 5 人。

埃及穆兄会遭遇官方打压。1 日，埃及临时总统发言人称，临时政府已指定一个 50 人委员会于 8 日起开始审议宪法修订案，该委员会主要由政界人士和公众人物组成，穆兄会拒绝参与。同日，埃及司法部门称，前总统穆尔西和 14 名穆兄会成员将因“煽动谋杀和暴力”罪名接受审判。3 日，埃临时总统曼苏尔称，穆尔西未能兑现竞选承诺，下台系民意所趋而非因军事政变，穆兄会命运将由司法部门决定。当日，一家军事法庭以涉嫌侵犯驻苏伊士运河军队罪名判处 11 名穆兄会成员终身监禁，45 名成员 5 年有期徒刑。12 日，埃过渡政府决定将实施中的全国紧急状态延长两个月。13 日，埃政府再次延长被罢黜总统穆尔西的拘押期限至 30 天。17 日，穆兄会高层领导、新闻发言人吉哈德·哈达德及其他两名穆兄会高官在埃及首都开罗被捕。同一天，开罗刑事法院判决暂时冻结穆兄会及一些伊斯兰组织领导人的财产。23 日，埃及法院宣布禁止穆斯林兄弟会在埃及的一切活动，并将其财产充公。

美国监控风波干扰拉美关系。1 日，英国《卫报》记者格林沃尔德对巴西电视台称，巴西总统罗塞夫和墨西哥总统培尼亚的电子邮件曾遭美国国家安全局拦截偷看。2 日，墨西哥及巴西政府分别传召美国驻该国大使，要求就美国国家安全局涉嫌监控两国总统通信一事展开调查。3 日，巴西联邦参议院成立议会调查委员会，对美国私自拦截并窃取巴西公民及企业的电话记录和电子邮件一事展开调查。该委员会由 11 名正式成员和 7 名候选成员组成，调查时间至少为 180 天。该委员会主席凡妮莎参议员表示，成立委员会并无政治目的，而是保护巴西主权不被侵犯。5 日，二十国集团圣彼得堡峰会期间，罗塞夫和美国总统奥巴马进行了会晤。罗塞夫在回到巴西后表示奥巴马将在 11 日前对美国情报部门曾以罗塞夫为监视目标一事作出解释。6 日，奥巴马承诺，将调查有关美国监视巴西和墨西哥总统的报道，以避免双边关系受损。9 日，罗塞夫谴责美国对巴西石油公司进行监控的行为。她说，一旦得到证实，这将表明美国的间谍活动并非出于安全或反恐，而是具有经济与战略企图。11 日，美国总统国家安全事务助理赖斯与巴西外长菲格雷多举行会面，首次就监听丑闻对巴西作出正面回应。赖斯的发言人海登表示，美国承认对巴西实行了监控，但是由于部分媒体的报道歪曲了美国方面的行动，才造成了美国与盟友间关系紧张，甚至产生“法律问题”。美国方面承诺，正致力于同巴西一道来解决这些问题，并将继续在一个双边、区域和全球共享的议程中共同努力。17 日，罗塞夫宣布，由于美国未能按时就其监控巴西通信问题作出合理解释，她决定推迟原定 10 月底对美国进行的国事访问。24 日，罗塞夫在第 68 届联合国大会一般性辩论时表示，尊重他国主权是国际关系的基石，巴西向美国政府表示不满，并要求美方作出解释和道歉，保证此类行为不再出现。罗塞夫还提议建立关于管理互联网和保护网络信息的多边框架，并呼吁联合国在规范相关国家行为方面发挥主导作用。

第三届中国—亚欧博览会开幕。2 日，第三届中国—亚欧博览会开幕式暨中国—亚欧经济发展合作论坛在中国新疆乌鲁木齐举行。本届论坛以“开放互信、共谋发展”为主题，来自 50 个国家（地区）、7 个国际组织的外国政要、前政要及嘉宾与会。吉尔吉斯斯坦总理萨特巴尔季耶夫、塔吉克斯坦第一副总理达夫拉托夫、蒙古国家大呼拉尔副主席贡其格道尔吉、联合国开发计划署署长克拉克、尼泊尔前议长内姆旺分别发表演讲。中共中央政治局委员、国家副主席李源潮，中共中央政治局委员、新疆维吾尔自治区党委书记张春贤出席开幕式并讲话。李源潮指出，世界经济格局正在发生深刻变化，经济全球化、区域一体化潮流方兴未艾，亚欧国家应扩大开放合作、促进共同发展。张春贤指出，中国—亚欧博览会已成为中国和亚欧众多国家经济合作的平台、人文交流的桥梁、共赢发展的助推器，新疆愿与亚欧各国共享发展机会，共同谱写“丝绸之路”美好篇章。

习近平出席二十国集团第八次峰会和上海合作组织峰会并访问中亚四国。 3 日，中国国家主席习近平应邀对土库曼斯坦进行国事访问。同日，习近平在土库曼斯坦首都阿什哈巴德同土总统别尔德穆哈梅多夫举行会谈。

两国元首高度评价中土关系发展，共同规划两国未来合作，决定建立中土战略伙伴关系。习近平就深化两国合作提出六点建议：第一，坚定支持对方为维护国家主权、安全、领土完整和促进经济社会发展所做的努力，坚定支持对方根据本国国情选择的发展道路；第二，加快推进中国—中亚天然气管道 C 线建设并尽早启动 D 线建设，实施好阿姆河右岸气田和“复兴”气田开发项目，扩大合作规模，拓展合作领域；第三，提升双边贸易规模和质量，扩大非资源领域合作，包括基础设施建设、农业、通信、电力、医疗卫生、高新技术合作，积极推动互联互通，便利企业人员往来；第四，促进文化、教育、体育交流合作，加强民间特别是青年学生往来，共同搞好 2013 年、2014 年两年互办文化日活动；第五，加强执法安全和防务合作，共同打击包括“东突”在内的“三股势力”和跨国有组织犯罪，维护两国共同安宁，确保大型合作项目安全实施；第六，加强在地区事务中的沟通和协调，共同抵御外部势力破坏中亚安定和稳定，支持“阿人主导、阿人所有”的阿富汗和解进程，为本地区发展繁荣和长治久安作出贡献。会谈后，两国元首共同签署了《中土关于建立战略伙伴关系的联合宣言》，并出席了外交、经贸、能源、林业、教育、体育、地方合作等领域多项合作文件的签署。

5 日，二十国集团领导人第八次峰会在俄罗斯圣彼得堡举行。此次峰会的主题是“世界经济增长和创造高质量工作岗位”，重点讨论世界经济金融形势、投资、贸易、发展、国际货币金融体系改革等议题。二十国集团成员、六个受邀非成员国，联合国和国际货币基金组织等七个国际组织的领导人出席会议。习近平出席会议并发表重要讲话，强调各国要放眼长远，要努力塑造各国发展创新、增长联动、利益融合的世界经济，坚定维护和发展开放型世界经济，建设更加紧密的经济伙伴关系，肩负起应有的责任。习近平强调：第一，采取负责任的宏观经济政策；第二，共同维护和发展开放型世界经济；第三，完善全球经济治理，使之更加公平公正。峰会通过了《二十国集团圣彼得堡峰会领导人宣言》和《二十国集团峰会五周年声明》。

6 日，习近平应邀对哈萨克斯坦进行国事访问。7 日，习近平在哈萨克斯坦第二大城市阿斯塔纳同哈总统纳扎尔巴耶夫举行会谈。两国元首总结中哈关系发展，全面规划今后合作，就深化中哈全面战略伙伴关系达成广泛重要共识。两国元首认为，在涉及对方核心利益和重大关切问题上坚定相互支持，是中哈全面战略伙伴关系的实质。双方将继续就重大问题保持密切沟通和协调。中哈能源合作具有优势互补、互利双赢的特性，两国是长期、稳定、可靠的能源合作伙伴。双方要实施好跨境油气管道建设，加强油气开发和加工合作，支持中国石油天然气集团公司参股卡沙甘油田。双方还要在民用核能、新能源、清洁能源领域打造新的合作亮点。中哈在更广泛的领域合作潜力巨大。双方要结合各自发展战略，改善双边贸易结构，促进贸易多元化，提升合作规模和质量，确保实现2015年双边贸易额400亿美元的目标。双方要加快推进互联互通、农业、高技术、地方等非资源领域合作，推进双边本币结算进程。重视人文交流对巩固睦邻友好的重要作用，双方将争取早日互设文化中心，2013年、2014年两年互办文化日。“东突”等“三股势力”和跨国有组织犯罪是两国及本地区面临的共同威胁，必须严厉打击。双方要深化执法安全和防务领域合作，维护共同和平和安宁。两国元首还就重大国际和地区问题交换了意见，同意加强在联合国、上海合作组织、亚洲相互协作与信任措施会议等多边机构框架内的协调和合作，共同应对全球性和区域性挑战。两国元首还共同签署了《中哈关于进一步深化全面战略伙伴关系的联合宣言》，见证了中哈经贸合作中长期发展规划等合作文件的签署。当天，习近平在哈萨克斯坦纳扎尔巴耶夫大学发表题为《弘扬人民友谊　共创美好未来》的重要演讲。习近平在演讲中提出，为了使欧亚各国经济联系更加紧密、相互合作更加深入、发展空间更加广阔，可以用创新的合作模式，共同建设“丝绸之路经济带”，以点带面，从线到片，逐步形成区域大合作。第一，加强政策沟通。各国就经济发展战略进行交流，协商制订区域合作规划和措施。第二，加强道路联通。打通从太平洋到波罗的海的运输大通道，逐步形成连接东亚、西亚、南亚的交通运输网络。第三，加强贸易畅通。各方应该就推动贸易和投资便利化问题进行探讨并作出适当安排。第四，加强货币流通。推动实现本币兑换和结算，增强抵御金融风险能力，提高本地区经济国际竞争力。第五，加强民心相通。加强人民友好往来，增进相互了解和传统友谊。纳扎尔巴耶夫在致辞中表示，哈方完全赞同习近平主席提出的建设“丝绸之路经济带”的战略构想，愿同中方加强经济、交通、人文互联互通，共同构筑新的“丝绸之路”。

8 日，习近平开始对乌兹别克斯坦进行国事访问。9 日，习近平同乌兹别克斯坦总统卡里莫夫举行会谈。两国元首就中乌关系及共同关心的国际和地区问题坦诚深入交换意见，达成广泛共识，决定进一步发展和深化中乌战略伙伴关系。签署了《中乌关于进一步发展和深化战略伙伴关系的联合宣言》。习近平就两国务实合作提出建议：一是到 2017 年将双边贸易额提升到 50 亿美元；二是深化能源合作；三是推进基础设施互联互通，早日实现中国—吉尔吉斯斯坦—乌兹别克斯坦铁路、公路全线贯通；四是共同建设工业特区、农业示范园区，扩大双边本币结算，加强科技合作；五是促进人文交流，互办主题年，在撒马尔罕设立孔子学院，推动建立更多友好省州（市）。卡里莫夫表示，乌中两国一直相互尊重、平等相待、相互支持、互不干涉内政。中国真诚帮助乌兹别克斯坦发展，从不向乌方施压，从不附加政治条件。中国是乌兹别克斯坦的伟大邻邦和值得信赖的伙伴。乌兹别克斯坦人民敬佩中国的悠久文明和现代化建设成就，赞赏中国为维护世界和平、促进共同发展作出的重要贡献。

10 日，习近平抵达吉尔吉斯斯坦首都比什凯克开始访问。11 日，习近平同吉尔吉斯斯坦总统阿坦巴耶夫举行会谈。双方就发展中吉关系、深化两国合作坦诚深入交换意见，达成重要共识。两国元首宣布将中吉关系提升为战略伙伴关系。习近平强调，中方支持吉尔吉斯斯坦走自主选择的发展道路，支持吉方维护独立、主权、国家安全和促进经济社会发展的努力。双方要保持密切沟通，打击包括“东突”在内的“三股势力”，维护共同安全和稳定。双方要抓紧推进中国—中亚天然气管道 D 线等大项目，扩大双边贸易规模，加强电力、能源、交通、农业、毗邻地区合作，支持教育、学术、文艺交流，提升人文合作水平。阿坦巴耶夫表示，中国是吉尔吉斯斯坦伟大邻邦和可靠伙伴。两国关系经受住形势变幻的考验。吉方从战略高度和长远角度重视加强同中国睦邻友好合作。习近平主席的访问必将有力提升两国合作水平，推动吉中关系长期稳定发展。两国元首同意，加强在上海合作组织内协调和配合，推动成员国团结合作和本组织健康稳定发展，维护本地区和平稳定、发展繁荣。中方高度评价吉方担任本组织轮值主席国所做工作，支持比什凯克峰会取得成功。两国元首共同签署了《中吉关于建立战略伙伴关系的联合宣言》，并出席了经贸、能源、投融资、中医药等领域多项合作文件签署。

13 日，上海合作组织成员国元首理事会第 13 次会议在吉尔吉斯斯坦首都比什凯克举行。习近平、哈萨克斯坦总统纳扎尔巴耶夫、吉尔吉斯斯坦总统阿坦巴耶夫、俄罗斯总统普京、塔吉克斯坦总统拉赫蒙、乌兹别克斯坦总统卡里莫夫出席会议。成员国元首首先举行小范围会谈，随后举行大范围会谈。观察员国阿富汗总统卡尔扎伊、伊朗总统鲁哈尼、蒙古国总统额勒贝格道尔吉和印度、巴基斯坦代表以及有关国际和地区组织代表参加大范围会谈。会议围绕发展成员国长期睦邻友好关系，本组织下阶段工作目标和任务，以及重大国际和地区问题深入交换意见，达成广泛共识。习近平在小范围会谈发言并在大范围会谈发表《弘扬“上海精神” 促进共同发展》的重要讲话。习近平提出四点主张：第一，弘扬互信、互利、平等、协商、尊重多样文明、谋求共同发展的“上海精神”；第二，共同维护地区安全稳定；第三，着力发展务实合作；第四，加强人文交流和民间交往，为上海合作组织发展打牢民意基础和社会基础。成员国元首签署《上海合作组织成员国元首比什凯克宣言》，发表了《上海合作组织成员国元首理事会会议新闻公报》。

李克强出席中国—东盟博览会商务与投资峰会。3 日，第 10 届中国—东盟博览会、中国—东盟商务与投资峰会在中国广西南宁隆重开幕。缅甸总统吴登盛、柬埔寨首相洪森、老挝总理通邢、泰国总理英拉、越南总理阮晋勇、新加坡副总理张志贤、东盟秘书长黎良明出席开幕式并分别致辞。中国、东盟、东盟秘书处以及其他国家（地区）工商界和政府部门代表共约 1100 人参加了峰会。

中国国务院总理李克强出席开幕式并发表主旨演讲。李克强在演讲中说，中国将始终不渝走和平发展道路，为本地区和世界繁荣稳定作出积极贡献。周边地区始终是中国外交的重点，中国新一届政府将坚定不移地奉行与邻为善、以邻为伴的周边外交方针，更加主动地实现中国发展战略与周边各国发展目标的对接，有效构建共享和平繁荣的命运共同体。李克强指出，本地区还存在一些不利于稳定与发展的干扰因素，但这不是主流。对于南海争议，中方一贯主张，应当由直接当事方在尊重历史事实和国际法的基础上进行磋商，中国政府是有担当的，也愿通过友好协商寻求妥善解决之策。中国对东盟的睦邻友好政策绝不是权宜之计，而是我们长期坚持的战略选择。中方将坚定不移地把东盟国家作为周边外交的优先方向。中国和东盟国家你帮我，我帮你，帮助别人就是帮助自己，共同推动双方长期友好互利合作战略伙伴关系迈上新台阶。李克强表示，当前，国际形势继续发生深刻复杂变化，世界经济正处于深度调整中。亚洲各国应当坚持经济优先、发展优先、民生优先的大方向，并把焦点聚集在这里。继续发扬团结协作、同舟共济的精神，携手应对风险和挑战，努力保持经济平稳运行和健康发展。李克强指出，中国与东盟携手走过了不平凡的历程，开创了合作的“黄金十年”。中国与东盟的经济联系从来没有像今天这样紧密相依。作为天然的合作伙伴，双方要继往开来，推动中国与东盟战略伙伴关系百尺竿头、更进一步，创造新的“钻石十年”。李克强就进一步加强中国与东盟的合作提出五项倡议：一是打造中国—东盟自贸区“升级版”；二是加快推进公路、铁路、水运、航空、电信、能源等领域互联互通合作；三是加强金融合作；四是开展海上合作；五是增进人文交流。

南苏丹总统访问苏丹。3 日，南苏丹总统基尔访问苏丹。访问期间，双方在元首级、部长级等进行了多层次的会谈，双方决心克服干扰两国关系发展的障碍，并就落实两国业已签署的合作协议的所有条款、重启两国最高联委会等双方一致同意设立的机制和委员会工作达成了谅解。签署了成立两国企业家理事会的谅解备忘录。

美国联邦储备委员会宣布维持现有宽松政策不变。4 日，美国联邦储备委员会发布的全国经济形势调查报告说，受楼市和个人消费回暖带动，2013 年 7 月初到 8 月下旬，美国经济延续温和增长态势。报告显示，在此期间，波士顿、亚特兰大、旧金山地区的经济缓慢增长，芝加哥地区的经济增长有起色，而其他 8 个地区的经济延续温和增长态势；受汽车和住房相关商品带动，全美大多数地区的个人消费保持增长。报告还指出，全美大多数地区的住宅楼市回暖，各地对商业地产的需求都在增加，全美制造业微弱增长，大多数地区的旅游业活动扩张，贷款活动有所减弱，大多数行业的雇佣保持稳定增长，物价上涨压力有限。18 日，美国联邦储备委员会宣布，将维持现行的宽松政策不变，暂不削减第三轮量化宽松倾向政策规模。

奥巴马成为首位正式访问瑞典的美国总统。4 日，美国总统奥巴马抵达瑞典首都斯德哥尔摩，开始进行为期两天的访问。这是在任美国总统首次对瑞典进行正式访问。瑞典首相赖因费尔特前往机场迎接奥巴马，随后两人在首相府进行了双边会谈并发表《联合宣言》。在举行的联合记者招待会上，赖因费尔特说，瑞典和美国之间有着特殊的历史、经济联系，拥有共同的价值观，与美国的贸易在瑞典经济发展中占有重要地位。奥巴马表示，他对自己是第一个访问瑞典的美国在任总统感到自豪。美国与瑞典在北约、阿富汗、气候变化等领域都进行了很好的合作。双方在会谈中就美欧跨大西洋贸易投资伙伴关系计划、环境保护等问题交换了意见，希望双方的合作能够取得更多成果。当晚，丹麦首相赫勒·托宁·施密特、芬兰总统尼尼斯托、挪威首相斯托尔滕贝格和冰岛总理古恩劳格松来到斯德哥尔摩，与奥巴马共进晚宴。在奥巴马访问瑞典期间，丹麦、芬兰、冰岛、挪威和瑞典与美国发表一份联合声明，宣布将投资方向从化石燃料转向清洁可再生能源，停止在海外资助建设新的火力发电厂。

韩朝关系进退互现。5日，韩国统一部宣布，韩朝双方当天同意重新开通被切断5个多月的西部地区军事通信线路。14日，韩国一位举重运动员在朝鲜首都平壤举行的2013年亚洲杯及亚洲俱乐部举重锦标赛上夺冠，颁奖仪式上升起韩国国旗，并奏响韩国国歌。这是朝鲜首次允许在其境内升起韩国国旗，并奏响韩国国歌。16日，经过韩朝双方多轮工作会议，停工5个多月后，开城工业园区恢复试运营。30日，开城工业园区韩朝共同委员会办事处正式挂牌成立。16日，韩朝红十字会互换了参加离散家属团聚活动的人员名单。21日，朝鲜祖国和平统一委员会发表声明称，由于韩国政府将朝韩对话用于煽动民族矛盾，朝鲜宣布推迟离散家属团聚活动，朝鲜还宣布，推迟有关重启金刚山旅游项目的会谈。当天，韩国政府发表声明，对朝鲜决定推迟离散家属团聚活动表示谴责，并称之为“违背伦理道德的行径”。韩国政府同时表示，对朝韩关系会否重陷僵局表示忧虑。

多哥组成新政府。6日，多哥总统福雷发布总统令，再次任命祖努为政府总理并要求他完成新政府组建工作。17日，多哥组成了由祖努领导的新政府。多哥总统府秘书长当晚通过国家电视台宣读了福雷发布的组成新政府的总统令和新政府人员名单。新政府由27名成员组成，其中外交部长由福雷的前外交政策顾问罗贝尔·迪塞担任，司法与机构关系部长由福雷的另一名前外交政策顾问科菲·埃萨夫担任。前外交部长埃利奥特·奥欣担任管理现代化部长。

尼泊尔主要政党围绕制宪会议选举进行谈判。6日，尼泊尔联邦社会党同尼高级别政治委员会签署“五点协议”，宣布参加新一届制宪会议的选举。协议规定，制宪会议选举议席为601席，按比例选举产生553席，直选产生240席，由内阁任命26席。7日，尼过渡政府同各政党召开联合会议，与会政党代表要求政府积极同尼共（毛）进行磋商，推动制宪会议如期举行。10日，尼共（毛）主席基兰同尼高级别政治委员会召集人、大会党主席柯伊拉腊举行会谈，要求延期举行制宪会议选举，为尼共（毛）筹备参选提供时间。13日，尼总统亚达夫主持召开尼各政党会议，尼共（毛）在会上提出四点要求，一是召开有原制宪会议各党和当前发起人民运动各党参加的圆桌会议；二是成立政党组成的政府，政府总理由各党共识产生，如过渡政府领导人雷格米辞去最高法院大法官职务，可担任政府总理；三是制宪会议选举推迟至 2014 年 3 月—4 月举行；四是由圆桌会议讨论制定出台新宪法的路线图等。16 日，尼高级别政治委员会同尼共（毛）进行磋商，因各自坚持自己立场导致谈判失败，尼共（毛）表示将继续抵制选举。30 日，参加制宪会议的 130 个政党中的 124 个政党参加比例制选举。

国际奥委会举行第 125 次全会。6 日，国际奥委会第 125 次全会在阿根廷首都布宜诺斯艾利斯开幕。7 日，在奥运会举办城市的评选中，经过两轮投票，日本首都东京最终获得主办权。此次申办 2020 年奥运会的三个候选城市分别是土耳其伊斯坦布尔、西班牙马德里和日本东京。这是东京第二次获得奥运会主办权，赛期为 2020 年 7 月 24 日—8 月 9 日。在此次会议中，经投票选举，德国的巴赫当选为新一任奥委会主席，摔跤比赛成为 2020 年夏季奥运会新增临时项目。

澳大利亚联邦议会进行选举。7 日，澳大利亚国家选举委员会宣布，在对联邦议会选举超过 90% 选票统计后显示，反对党自由党—国家党联盟赢得议会下院 150 个议席中的 90 个，其领导人阿博特战胜了现任总理陆克文，成为澳大利亚第 29 任政府总理。陆克文随后发表讲话，正式承认败选，表示将不再担任工党领袖。16 日，阿博特正式公布新一届 19 人内阁名单及其他相关职务的任命。18 日，新一届政府宣誓就职。阿博特在就职仪式上表示将尽快兑现竞选承诺，建立稳定、高效的政府。

印度发生宗教冲突。7 日，印度北方邦穆扎法尔纳格尔镇发生大规模宗教冲突，造成至少 48 人丧生，多人受伤。事件起因是 3 名青年因 1 名妇女被跟踪骚扰而发生争执并导致死亡，其中 1 名为穆斯林，另 1 名为印度教徒。冲突发生后，印度中央政府紧急调拨 5000 名军警到事发地区维护秩序，并逮捕多名涉嫌煽动暴力的当地政客。

柬埔寨公布国会选举正式结果。8 日，柬埔寨选举委员会公布第五届国会选举正式结果，柬埔寨首相洪森领导的执政党柬埔寨人民党赢得此次大选，将继续领导国家进行下一个五年的发展建设。反对党救国党随后发表声明表示反对，称仍要求成立独立委员会调查选举违规行为，并将抵制新一届国会。当日，救国党在首都金边举行了约有 2 万人参与的大型集会，抗议选举结果。14

日，在柬埔寨国王西哈莫尼的邀请下，柬埔寨人民党副主席、首相洪森与救国党主席桑兰西就大选争议举行磋商，但未能达成谅解。15 日，救国党的支持者连续 3 天在金边举行大规模游行集会抗议。16 日，西哈莫尼发布文书，呼吁反对派示威者与军警停止暴力冲突，保持最大限度克制，共同维护国家团结与稳定。当天，洪森与桑兰西在国会大厦举行磋商，在努力减少暴力冲突、改革柬埔寨选举委员会、展开两党各个层级的对话、商讨解决大选争议等方面取得共识，但在设立独立调查委员会的问题上未能达成一致。17 日，两党高层又进行了对话后表示，双方已取得较多共识，并将继续磨合两党立场，就相关问题进行进一步磋商。21 日，反对党支持者向西哈莫尼递交印有“26 万指纹”的请愿书，要求国王延期召开新一届国会首次会议。23 日，西哈莫尼出席第五届国会首次会议开幕仪式，宣布新一届国会正式诞生，反对党当选议员集体缺席开幕仪式。24 日，在国会第一次会议上，洪森被选举为新一届政府首相。25 日，柬埔寨新政府举行成立后的首次内阁会议。当天，桑兰西表示将继续举行大规模全国抗议活动。洪森表示，新政府已经成立，抗议示威活动应该停止，否则政府将采取必要措施使国家恢复和平与稳定。

尼日利亚发生多起暴力袭击事件。8 日，尼日利亚东北部博尔诺州贝尼谢克镇一个青年志愿者组织清晨遭遇尼日利亚伊斯兰极端组织“博科圣地”武装分子袭击，造成 17 人死亡、18 人受伤。17 日，尼日利亚政府称武装分子假扮军人袭击了东北部一小镇，造成至少 87 人死亡、多人受伤。22 日，尼日利亚官员称，反政府武装分子身穿政府军军服，在该国东北部地区设置安检站，在高速公路上对行人开枪，共造成至少 142 人死亡。29 日，“博科圣地”组织武装分子在凌晨闯入东北部约贝州古杰巴市的农业学院学生宿舍，向熟睡的学生开枪，造成约 50 人丧生。

侯赛因宣誓就任巴基斯坦总统。9 日，在 7 月巴基斯坦总统大选中胜出的马姆努恩·侯赛因在首都伊斯兰堡宣誓就职，正式出任总统。巴基斯坦首席大法官乔杜里在总统府主持仪式，巴前任总统扎尔达里、总理谢里夫和其他政要官员、军方高层人士参加。侯赛因来自执政党穆斯林联盟（谢里夫派），曾是纺织商人，20 世纪 90 年代曾担任巴南部信德省的主管官员，是谢里夫的亲密盟友。扎尔达里于 8 日期满卸任，他表示无意竞选总理，卸任后将把主要精力放在对人民党的领导上。

挪威举行议会选举。9 日，挪威议会选举举行，共有 17 个政党或组织参加本次议会选举，登记选民人数为 360 万。10 日，计票结果公布，以保守党为代表的在野党共获得 169 席中的 96 席，以工党为代表的执政党获得 72 席，保守党主席艾尔娜·索尔贝格获得组阁权，与进步党等原在野右翼政党谈判组成新一届政府。

叙利亚化学武器危机一波三折。9 日，美国国务卿克里在英国首都伦敦举行的记者会上表示，只要叙利亚在一周内交出所有化学武器并允许对其进行全面且完整的核查，美国就可以放弃对叙军事打击。同日，俄罗斯外长拉夫罗夫与叙利亚外长穆阿利姆会谈后表示，已敦促叙当局，将化学武器的储存地点置于国际监管之下，并进一步销毁，然后加入禁止化学武器组织。10 日，穆阿利姆表示，叙政府已接受俄方将叙化学武器提交国际社会管控提议。当日，俄罗斯向美国递交了解决叙利亚问题的按阶段斡旋计划；奥巴马表示，他已请求国会延后就授权出兵的提案进行表决，以便给俄罗斯时间来劝说叙利亚交出化学武器。14 日，俄美就销毁叙利亚化学武器问题达成一项框架协议。根据该协议，美俄会在未来几天向禁止化学武器组织提交一份草案，内容包括销毁叙化学武器的步骤和核查措施。16 日，联合国公布叙化武调查报告，认为 8 月 21 日在叙首都大马士革存在较大规模使用化学武器的行为，但报告没有说明是政府军还是反对派使用了化学武器。20 日，叙利亚向禁止化学武器组织提交首批化武清单。27 日，联合国安理会以 15 票全票通过涉叙化武决议，要求叙利亚与禁止化学武器组织、联合国合作，消除其化武库存。29 日，叙利亚总统巴沙尔·阿萨德表示，叙政府正在认真研究联合国安理会通过决议的内容，会遵守联合国要求销毁其化学武器的决议案。

联合国粮农组织发布《食物浪费足迹：对自然资源的影响》报告。11 日，联合国粮农组织发布题为《食物浪费足迹：对自然资源的影响》的报告说，全球每年浪费的食物达 13 亿吨，造成的直接经济损失高达 7500 亿美元，这一数字还不包括鱼和海产食品。生产但未被食用的粮食消耗了大量的自然资源，其中仅水一项就相当于俄罗斯伏尔加河年流量的 3 倍，同时还导致每年新增 33 亿吨温室气体。

第七届夏季达沃斯论坛开幕。11 日，第七届夏季达沃斯论坛在中国大连开幕。世界经济论坛主席施瓦布、亚美尼亚总理萨尔基相、比利时首相迪吕波、保加利亚总理奥雷沙尔斯基、芬兰总理卡泰宁、马耳他总理穆斯卡特、俄罗斯副总理德沃尔科维奇、土耳其副总理巴巴詹以及来自世界 90 个国家和地区政界、工商界、学术界的代表2100多人出席会议。中国国务院总理李克强出席论坛开幕式并发表特别致辞。李克强在致辞中说，目前世界经济形势仍错综复杂。面对下行压力，2013年以来，中国坚持稳中求进，采取一系列创新性政策措施，统筹稳增长、调结构、促改革。一是兼顾当前和长远，稳定宏观经济政策。二是坚定不移推进改革开放，着力激发市场活力。三是着眼转型升级，调整优化结构。这些举措促进中国经济企稳向好，近期主要经济指标普遍回升，市场信心增强。2013年经济社会发展预期目标一定能实现。李克强指出，中国经济已进入中高速增长阶段。中国工业化、城镇化远未完成，市场潜力巨大，改革将释放新的制度活力。我们有能力、有条件保持经济长期持续健康发展，使民生不断改善，让改革和发展的成果惠及最广大人民群众。李克强说，中国作为发展中大国，在国际事务中有自己的责任和担当，我们愿为世界经济增长作出贡献。但我们承担的国际责任和义务只能与自身发展水平相适应。国际社会应加强宏观经济政策协调，尽可能减小一些国家宏观经济政策变化对世界经济特别是新兴市场国家经济的冲击。李克强说，中国经济发展的奇迹已进入提质增效的“第二季”，“后面的故事会更精彩”。我们要坚定不移地沿着改革开放道路走下去，把中国特色社会主义事业不断推向前进。

越南和新加坡宣布建立战略伙伴关系。11日，越南总理阮晋勇与到访的新加坡总理李显龙会谈。会谈后，两国总理在新闻发布会上宣布把两国关系提升至战略伙伴关系。阮晋勇表示，相信越新战略伙伴关系将引领双边关系发展，为2015年建成东盟共同体作出贡献。

国际货币基金组织报告称全球经济失衡现象缓解。13日，国际货币基金组织发布报告说，全球经济不平衡现象较金融危机前总体改善，各国需在继续推进调整的同时支持经济增长。国际货币基金组织在当天公布的有关二十国集团的报告中说，各国在减少经济发展的内外部失衡方面取得进展，但仍需采取更多措施纠正失衡，并促进全球经济可持续和平衡增长。

伊拉克安全形势非常严峻。13日，伊拉克首都巴格达北部一座萨拉姆清真寺发生爆炸，共造成30人死亡、24人受伤。15日，伊拉克警方和内政部官员说，伊拉克当天发生多起暴力袭击事件，造成至少26人死亡、81人受伤。袭击主要发生在什叶派穆斯林聚居的南部地区。21日，巴格达东部和北部的两个地区遭到汽车炸弹袭击，造成200多人伤亡。当日，在巴格达东部的萨德尔城，1名自杀式袭击者驾驶1辆装有炸药的汽车冲向人群并引爆炸药，附近的 1 辆汽车随后也发生爆炸，2 起爆炸造成至少 86 人死亡、166 人受伤。此外，位于巴格达北部乌尔区的一个市场当天也遭到汽车炸弹袭击，造成至少 8 人死亡、15 人受伤。当天早些时候，位于巴格达以北约 200 公里的拜伊吉也遭到袭击。4 名自杀式袭击者在当地特警总部门口引爆炸弹，造成 7 名警察死亡。26 日，巴格达北部郊区一市场接连发生 4 起汽车炸弹袭击，造成至少 11 人死亡、35 人受伤。当天，巴格达南部杜拉区的一市场遭到炸弹袭击，造成至少 7 人死亡、15 人受伤。此外，伊拉克巴古拜和舍尔加特等地也发生多起暴力袭击事件，共造成 4 人死亡、1 人受伤。29 日，在位于巴格达以南约 50 公里的穆赛伊卜镇，1 名自杀式袭击者进入正在侯赛因清真寺内举行的葬礼现场并引爆身上的炸弹，爆炸造成至少 30 人死亡、40 人受伤。30 日，巴格达省发生 11 起汽车炸弹袭击，其中大多数针对什叶派聚居区。爆炸造成至少 37 人死亡，超过 120 人受伤。

第 68 届联合国大会开幕。17 日，第 68 届联合国大会在美国纽约联合国总部开幕。本届联大的主题是“为 2015 年后发展议程做好准备”。联合国秘书长潘基文、193 个会员国的代表出席了第 68 届联大第一次全体会议。潘基文在会上发表讲话说，随着千年发展目标的最后期限 2015 年日益临近，联合国将重点致力于加快实现千年发展目标。工商业界、民间社会和慈善团体将共同展示千年发展目标取得的成就。同时，联合国将更加努力地制定 2015 年后发展议程，包括一系列可持续发展目标，以应对新时代的复杂挑战，体现人们对于世界的构想。潘基文还向联大通报了联合国调查叙利亚化学武器问题真相小组关于 8 月 21 日叙首都大马士革郊区化学武器袭击传闻的调查报告。24 日，第 68 届联合国大会一般性辩论在纽约联合国总部开幕。潘基文发表开幕致辞，就千年发展目标、国际和平与安全、气候变化、地区动荡、妇女、人权等一系列广泛议题阐述了联合国的立场。本届联大主席阿什在潘基文发表讲话后，为一般性辩论致开幕词。他在讲话中重申，制定 2015 年后的全球发展议程是本届联大的重要主题，希望所有成员国共同努力，完成重要使命。本届联大一般性辩论从 9 月 24 日—10 月 1 日举行，130 多位国家元首和政府首脑以及 60 多位外长出席。

巴基斯坦爆炸事件不断发生。17 日，巴基斯坦南部港口城市卡拉奇发生多起暴力袭击事件，造成 11 人死亡，多人受伤。22 日，巴西北部城市白沙瓦 1 座教堂遭到 2 名自杀式袭击者爆炸袭击，造成 70 多人死亡、100 多人受伤。

巴总理谢里夫强烈谴责爆炸事件。他在一份声明中说，恐怖分子针对无辜民众下手违反伊斯兰教的教义。这种残酷行为反映了恐怖分子毫无人道。巴基斯坦塔利班的一个派别已经宣称对此次爆炸袭击负责，称将继续对非穆斯林的目标发动袭击，直到美国停止对该国偏远部落地区的无人机袭击。巴内政部长尼萨尔也发表讲话对爆炸事件表示谴责，并宣布了为期3天的全国哀悼日。27日，1辆运送政府工作人员的汽车在巴西北部遭炸弹袭击，造成10多人死亡、超过40人受伤。29日，白沙瓦一家市场遭到汽车炸弹爆炸袭击，造成30多人死亡、70多人受伤。

美菲再启联合军演。18日，菲律宾和美国在吕宋岛展开为期3周的两栖登陆联合军演，代号为“菲布莱克斯14”。双方共2300人参加。菲海军副司令伯纳迪诺在开幕式上称，为保护国家主权和领土完整，多边联合演习至关重要。美海军陆战队准将肯尼迪称，演习旨在提高防卫、人道救援、救灾及反恐行动能力。

马里举行新总统就职典礼。19日，马里新任总统易卜拉欣·凯塔就职典礼在马里首都巴马科举行。法国总统奥朗德、科特迪瓦总统瓦塔拉、摩洛哥国王穆罕默德六世以及尼日尔、多哥、尼日利亚、加纳、布基纳法索和几内亚等国元首出席就职典礼。凯塔在就职典礼上表示，他将致力于国家的“统一”和“重建”，达成民族和解。他还强调将继续与腐败作斗争，让所有人在法律面前一律平等。

巴勒斯坦新一届政府宣誓就职。19日，巴勒斯坦新一届政府在约旦河西岸城市拉姆安拉宣誓就职。原看守总理哈姆达拉担任新一届政府总理。新政府保留了原政府所有内阁成员。巴政府发言人巴萨苏表示，新一届政府将延续之前的政策，包括经济发展计划，并将继续致力于实现巴勒斯坦内部和解。

肯尼亚恐怖袭击致多人遇害。21日，肯尼亚首都内罗毕一购物中心发生枪击事件。经过4天对峙，肯尼亚安全部队战胜恐怖分子。这次事件共造成200多人伤亡。索马里武装团体青年党宣布制造这起血案，目的是报复肯尼亚对索马里的军事干预。

默克尔领导的联盟党赢得德国大选。22日，德国举行第18届联邦议院选举。全国共有34个党派、4451名候选人参与本次大选角逐。德国政府向6200万名选民发出了选举通知，73%的选民参加了投票。根据最终统计结果，以现任总理默克尔为首的基督教民主联盟与姊妹党基督教社会联盟所组成的联盟党赢得41.5%的多数选票，默克尔成功连任总理，但基督教民主联盟未能在联邦议会中赢得绝对多数。27日，德国社会民主党召开党内会议，决定与现任总理默克尔领导的联盟党就联合组阁可能性进行谈判。社会民主党主席加布里尔在新闻发布会上说，“我们有信心进行对话”，社会民主政策将是社民党进行组阁谈判时的指导方针。

日本召开十三国海洋会议。24日，日本外务省召集菲律宾、越南、印度尼西亚、马来西亚等13个太平洋和印度洋沿岸国家代表，首次举办了以如何确保海上交通安全为主题的研讨会。日本外务政务官城内实在会议伊始针对中国围绕领土、领海及海洋权益同日本等周边国家存在争议的状况声称：“不能允许强行改变现状。应当遵守航行自由、和平解决纷争这些基本准则。”会议内容包括为确保船只航行的自由及安全，将完善相关法规并加强技术合作等。

美国伊朗高层实现历史性接触。24日，伊朗总统鲁哈尼在联合国大会上发表讲话，表示伊朗愿意推进伊朗核问题对话，希望与美国达成致力于化解分歧的框架。26日，伊朗核问题六方外长与伊朗外长扎里夫在联合国总部就伊朗核问题举行闭门磋商，面对面交换意见。随后，扎里夫与美国国务卿克里进行单独会晤。27日，应伊朗方面要求，鲁哈尼在结束对联合国总部访问、启程回国前同美国总统奥巴马通电话，双方同意致力于推进伊朗核问题对话。28日，鲁哈尼在回国后被人扔鞋，但也有民众对其表示支持。30日，伊朗伊斯兰革命卫队司令贾法里将军批评鲁哈尼的电话外交，表示这是一个“战术错误”。

意大利自由人民党内阁成员宣布集体辞职。28日，意大利政府中属于自由人民党的部长宣布集体辞职，以抗议总理莱塔就提高增值税提交信任案的决定。当天，意大利副总理兼内政部长、自由人民党总书记阿尔法诺通过发言人宣布，阿尔法诺召集了自由人民党党团进行讨论，各部长决定立即集体提交辞呈。相关部长随后向媒体确认了这一消息，在辞呈上签字的，除了阿尔法诺外，还有制度改革部长、基础设施与运输部长、农业部长和卫生部长。

越南共产党召开十一届八中全会。9月30日—10月9日，越南共产党十一届八中全会在首都河内召开。越共中央总书记阮富仲分别在开、闭幕式上作引导与总结发言。全会总结了越共十一大以来经济社会发展情况，认为抑制通货膨胀、稳定宏观经济和以投资结构、金融市场、国企重组为重点的结构调整取得一定成效；继续审议经过数轮调整完善的《1992年宪法》修正案草案，重点围绕党的领导作用、经济成分、宪法委员会、拆迁征地问题、越南工会地位、国会信任投票规定、地方政府等问题进行了讨论，并就草案内容基本达成一致，确保修宪工作正确方向；全会分析了当前越南教育培训工作面临的挑战及主观原因，确定了全面、根本地对教育培训工作进行革新的任务举措，通过了《关于在社会主义定向市场经济和融入国际条件下全面、根本地革新教育培训工作，满足工业化、现代化的要求》决议；全会审议、讨论并评估越共九届八中全会关于新形势下捍卫祖国战略的决议落实十年的结果，一致同意颁布有关新形势下捍卫祖国战略的决议；审议并决定有关党建工作的若干重要问题，讨论并为党内选举制度提出初步意见，决定越共十二大各筹备小组成立事宜及其他若干重要问题。

10月

习近平出访印度尼西亚、马来西亚并出席亚太经合组织峰会

李克强出席东亚领导人系列会议并访问文莱、泰国、越南

美国联邦政府非核心部门关闭后重张

叙利亚局势朝政治解决方向艰难前行

伊朗核问题谈判取得新进展

埃及局势持续动荡

美国联邦政府非核心部门关闭后重张。1 日，由于美国国会民主、共和两党尚未解决新财年的预算分歧，美国联邦政府的非核心部门暂时关闭。美国航天局、环境保护署、劳工部、内政部、财政部、能源部、卫生与公众服务部等部门被迫停工的雇员高于各自总雇员人数的 50%，国土安全部、司法部、退伍军人事务部等部门被迫停工的雇员低于各自总雇员人数的 20%。此外，美国 400 余处国家公园、国家纪念园和纪念碑以及部分博物馆关门。当天下午，美国总统奥巴马发表电视讲话，指责共和党为阻挠由民主党主推的医疗改革法案顺利实施而导致联邦政府关门，并再度为医疗改革法案辩护。2 日，奥巴马召集国会民主、共和两党领导人举行会谈，但双方立场分歧难以调和。同日，白宫宣布，奥巴马由于联邦政府停摆而缩短原定的亚洲四国之行，取消对马来西亚及菲律宾的访问。3 日，白宫宣布，奥巴马一并取消对印度尼西亚和文莱的访问，并将缺席第 21 次亚太经合组织领导人非正式会议、东亚峰会以及美国—东盟峰会，改为国务卿克里代为出访。4 日，美国贸易代表办公室宣布，受联邦政府非核心部门关门影响，取消美欧贸易投资伙伴关系第二轮谈判。7 日，奥巴马敦促国会众议院尽快就政府临时拨款议案投票，同时呼吁国会尽快提高债务上限以避免违约风险。8 日，奥巴马表示愿意接受财政问题短期解决方案并与共和党就医改、政府开支和财政赤字等问题展开协商。美国国会众议院议长博纳表示，结束联邦政府停摆状态需要民主、共和两党进行可以涉及任何议题的财政谈判。10 日，美国民调机构盖洛普公司发布最新民调结果显示，美国民众对政府的满意度为 18%，跌至 1971 年来最低点。15 日，国际评级机构惠誉国际信用评级有限公司发布报告，将美国“AAA”主权信用评级列入负面观察名单，同时维持评级展望前景为“负面”。16日，美参议院、众议院先后投票通过联邦政府临时拨款议案，决定给予联邦政府临时拨款，同时调高其公共债务上限。根据该议案，联邦政府各部门将获得预算运营到2014年1月15日，同时把财政部发行国债的权限延长至2014年2月7日。17日，奥巴马签署该议案，美国联邦政府非核心部门的关门危机结束。

叙利亚局势朝政治解决方向艰难前行。1日，禁止化学武器公约组织核查叙利亚化学武器专家小组到达叙利亚，开始对叙拥有化学武器情况进行检查。5日，“叙利亚反对派和革命力量全国联盟”与“叙利亚自由军”共同举行新闻发布会，坚持以叙利亚总统巴沙尔·阿萨德下台作为谈判条件。6日，巴沙尔表示，要进行“政治层面的对话”，绝不与“恐怖分子”进行谈判。同日，禁止化学武器组织专家展开初步实地核查。7日，美国国务卿克里和俄罗斯外长拉夫罗夫分别表示，美俄支持推动尽早召开叙利亚问题第二次日内瓦会议。同日，“叙利亚全国民主变革力量民族协调机构”（全国协调机构）表示，将参加日内瓦会议，不为参会设置先决条件。11日，联合国安理会正式同意组建禁止化学武器组织—联合国联合代表团，负责消除叙利亚化学武器相关工作。13日，“叙利亚全国委员会”表示拒绝参加日内瓦会议。14日，叙利亚正式加入《禁止化学武器公约》，成为禁止化学武器组织第190个成员国。17日，联合国秘书长发言人表示，联合国方面正努力促成日内瓦会议，潘基文将召集此次会议。21日，巴沙尔表示，对话的前提是反对派不能持有武器、远离恐怖主义、反对外部干涉，日内瓦会议成功召开的关键是要解决参会的反对派派别性质和代表性问题。同日，“全国协调机构”呼吁反对派从有利于形成统一观点、目标和磋商机制的角度出发，就以统一代表团身份参加日内瓦会议一事达成协议。31日，禁止化学武器组织发表新闻公报称，叙利亚已在11月1日期限前销毁所有其宣布的化学武器生产和组装设施，按时完成全面消除叙利亚化学武器的首期目标。

朝鲜半岛博弈持续。1日，韩国举行庆祝建军65周年阅兵式，展示多款尖端武器，韩国总统朴瑾惠出席并发表讲话称，韩应具备强有力的对朝鲜威慑力，以迫使朝最终弃核，并让朝“发生真正的变化”。2日，韩美国防部长举行第45次韩美安保会议，正式签订应对朝鲜核威胁的“针对性遏制战略”计划。4日，朝鲜国防委员会政策局发表声明，点名批评朴槿惠，重申朝将继续坚持经济发展与核开发并行路线。5 日，朝鲜人民军最高司令部下令有关部队进入攻击待命状态。7 日，韩国统一部敦促朝鲜立即停止诽谤和中伤韩国元首，为韩朝关系取得进展表现出有诚意的态度。同日，朝鲜祖国和平统一委员会谴责韩美“针对性遏制战略”计划，称此举是破坏对话和平进程、激化紧张、挑起核战争的严重挑衅。10 日，韩美日举行海上联合军事演习，美国派出核动力航空母舰、导弹巡洋舰、导弹驱逐舰，韩国和日本派出驱逐舰、护卫舰。11 日，朝鲜祖国和平统一委员会发表声明谴责韩美日军演，称三国若不顾朝鲜反复警告，朝鲜革命武装力量将立即发起反击。14 日，韩国外交部提交报告称，六方会谈何时重启取决于朝方的态度。23 日，韩国和朝鲜签署关于运营和管理开城工业园区韩朝共同委员会办事处的附属协议书。24 日，朝鲜和美国新一轮会谈在瑞士日内瓦举行，双方表示会谈略有进展，但分歧依然存在，两国将通过纽约渠道就朝美会谈保持接触。31 日，朝鲜外务省表示，只要美国不放弃敌朝政策，朝鲜就不会单方面为重启六方会谈而首先行动。

习近平出访印度尼西亚、马来西亚并出席亚太经合组织峰会。2 日，中国国家主席习近平抵达印度尼西亚首都雅加达，开始对印度尼西亚进行国事访问。当日下午，习近平同印度尼西亚总统苏西洛举行会谈，就双边关系及共同关心的国际地区问题广泛深入交换意见，双方同意全方位推进各领域合作，共同决定把中印尼关系提升为全面战略伙伴关系。会谈后，两国元首出席两国政府经贸合作五年发展规划以及多项合作文件的签署仪式并共同会见记者。3 日，习近平在印尼国会发表题为《携手建设中国—东盟命运共同体》的重要演讲，全面阐述中国对印尼和东盟睦邻友好政策，提出着重从坚持讲信修睦、坚持合作共赢、坚持守望相助、坚持心心相印和坚持开放包容五个方面作出努力，建设更为紧密的中国—东盟命运共同体。同日，习近平和苏西洛共同出席中印尼商务午餐会，中印尼双方发表《中印尼全面战略伙伴关系未来规划》。

3 日晚，习近平抵达马来西亚首都吉隆坡，开始对马来西亚进行国事访问。4 日，习近平会见马来西亚最高元首哈利姆。习近平表示，愿同马方共同努力，推动中马关系取得更大成果，实现互利双赢、共同发展。哈利姆表示，习近平主席访问见证了马中两国深厚的传统友谊和牢固的相互信任，推动两国友好合作迈上更高水平。同日，习近平与马来西亚总理纳吉布举行会谈，双方高度评价中马合作成果，就新形势下全面推进中马关系深入交换意见，达成广泛共识，决定将两国关系提升为全面战略伙伴关系。当日，习近平与纳吉布共同出席中马经济合作高峰论坛，就加强两国务实合作、中国经济发展发表重要讲话。习近平和纳吉布共同见证了两国政府经贸合作五年规划及钦州、关丹产业园区等多项合作协议的签署。5 日，中马双方发表《联合新闻稿》。

7 日—8 日，亚太经合组织第 21 次领导人非正式会议在印度尼西亚巴厘岛举行。会议由苏西洛主持，经合组织 21 个成员的领导人或代表出席了会议。会议的主题是“活力亚太，全球引擎”，主要议题包括实现茂物目标、可持续和公平增长、亚太互联互通等。第一阶段会议重点讨论当前全球经济形势下亚太经合组织在加强多边贸易体系方面的作用。习近平发表题为《发挥亚太引领作用　维护和发展开放型世界经济》的重要讲话，阐述对当前世界经济的看法，强调亚太经合组织正在进入新的发展时期，应该加强宏观经济政策协调，维护亚太经济金融稳定，推动各成员深化经济结构调整，推进亚太经济一体化进程，维护和发展开放型世界经济，推动亚太地区继续在世界经济复苏方面发挥引擎作用。第二阶段会议重点讨论促进亚太互联互通等议题。习近平发表讲话指出，亚太经合组织一要构建覆盖太平洋两岸的亚太互联互通格局；二要打通制约互联互通建设的瓶颈；三要在区域和国际合作框架内推进互联互通和基础设施建设；四要用互联互通促进亚太地区人民在经贸、金融、教育、科学、文化等各领域建立更紧密联系，加深彼此了解和信任。与会期间，习近平出席亚太经合组织工商领导人峰会并发表题为《深化改革开放　共创美好亚太》的演讲，出席领导人和工商咨询理事会代表对话会，分别会见俄罗斯、韩国、智利、泰国、新西兰和澳大利亚等成员国领导人。

亚太经合组织第 21 次领导人非正式会议发表题为《活力亚太　全球引擎》的会议宣言。宣言承诺，加强政策协调和多边贸易体制，推进区域一体化进程，深化互联互通等领域合作，共同维护和发展开放型世界经济。宣言指出，将采取具体措施把上述承诺转变为广泛的繁荣和机遇。

伊朗核问题谈判取得新进展。2 日，伊朗总统鲁哈尼表示，伊朗已为新一轮核问题谈判准备好“准确提案”，可以就不同形式的铀浓缩活动展开磋商，并允许国际原子能机构对伊朗核设施进行核查，但伊朗拥有在本国进行铀浓缩活动和利用核技术权利的原则不容谈判。15 日，美国、英国、法国、俄罗斯、中国和德国与伊朗谈判代表在瑞士日内瓦举行伊朗核问题谈判。伊朗谈判代表、外长扎里夫陈述了伊方提议，谈判各方就具体问题进行了深层次的双边和共同磋商。各方首次达成共同声明认为，两天的谈判“深入和具有前瞻性”。

在谈判结束后举行的记者会上，负责牵头此次谈判的欧盟外交和安全政策高级代表阿什顿表示，此次谈判“紧张密集”又“非常重要”，就伊朗核问题进行了迄今为止“最详尽的讨论”，各方已达成一致意见，当前不会公开讨论有关谈判和正在进行的工作方面的细节。扎里夫表示，各方进行了详尽和富有成果的磋商，有望成为伊朗与国际社会关系的新阶段，伊朗核问题六国表现出了必要的政治意愿以推动进展。28 日，国际原子能机构与伊朗就伊朗核问题核查框架文件举行第 12 轮对话，双方发表联合声明指出，双方一致认为，由于伊朗就讨论的问题提出了切实可行的提议，使此次对话富有成果；双方将继续努力，争取尽快就解决伊朗核计划中的“突出问题”达成一致。

伊拉克频发暴力袭击事件。2 日，伊拉克武装分子在萨拉赫丁省击落一架军方直升机，造成 4 人死亡。5 日—7 日，首都巴格达、尼尼微省、安巴尔省、迪亚拉省等地发生多起暴力袭击，造成至少 157 人死亡，449 人受伤。12 日—13 日，巴格达、瓦西特省、萨拉赫丁省、卡迪西亚省、巴士拉省等地发生多起暴力袭击，造成至少 28 人死亡、133 余人受伤。15 日，基尔库克市一座清真寺遭炸弹袭击，造成至少 11 人死亡、26 人受伤。17 日，巴格达、摩苏尔市、图兹胡尔马图市等地发生多起暴力袭击，造成至少 59 人死亡、196 人受伤。20 日，巴格达、拉瓦市遭到自杀式炸弹袭击，造成至少 44 人死亡、69 人受伤。21 日—23 日，费卢杰市、鲁特拜市、拉马迪市等地发生多起针对警方的袭击事件，造成至少 39 人死亡。27 日—28 日，巴格达、尼尼微省、萨拉赫丁省、安巴尔省、迪亚拉省等地发生多起爆炸袭击，造成至少 62 人死亡、180 人受伤。30 日—31 日，巴格达、摩苏尔市发生自杀式炸弹袭击，造成至少 45 人死亡、133 人受伤。11 月 1 日，联合国伊拉克援助团发表公报说，伊拉克 10 月份恐怖袭击和暴力冲突共造成 979 人死亡、1902 人受伤。

马尔代夫大选风波迭起。2 日，马尔代夫总统瓦希德发表全国讲话表示，将于 11 月 11 日前和平移交权力，呼吁有关各方保持克制。7 日，马尔代夫最高法院宣布取消总统选举第一轮投票结果，同时列举了第一轮投票中的舞弊行为。9 日，马尔代夫选举委员会决定本月 19 日重新举行第一轮总统选举投票。11 日，大选候选人之一的瓦希德宣布退出大选，并对大选能否实现公正表示怀疑。19 日，马尔代夫选举委员会宣布，尽管已作出种种努力，但截至当天凌晨，进步党候选人亚明和共和党候选人卡西姆仍以时间不足为由拒绝在选民登记表上签字，致使选举受阻，同时由于警方阻拦，原定当天举行的总统选举被迫取消。同日，马尔代夫警方发表声明，强调警方在严格执行最高法院的规定，不会支持违背最高法院有关裁决和规定的选举。当晚，民主党候选人纳希德带领支持者举行静坐抗议活动，要求立即举行总统选举。21日，马选举委员会宣布，经与政府指定代表及各候选人代表进行磋商，最终确定新一轮大选投票将于11月9日举行，如果有必要将于11月16日举行第二轮大选投票。27日，纳希德、亚明、卡西姆三位总统候选人经协商后，向选举委员会建议将选举提前至11月2日举行，以便新总统能够在11月11日现总统任期届满前就职。29日，马选举委员会驳回3名总统候选人上述建议。

冈比亚宣布退出英联邦。2日，冈比亚政府发表声明，宣布退出英联邦，并不再寻求成为任何新殖民主义组织的成员。声明没有说明冈比亚决定退出英联邦的原因。英国外交部对此表示遗憾，认为加入或退出英联邦由成员国自主决定。冈比亚曾为英国殖民地，1965年加入英联邦。

日本内政外交动作不断。3日，日本外务大臣岸田文雄、防卫大臣小野寺五典与美国国务卿克里、国防部长哈格尔举行日美安保磋商委员会会晤，即“2+2”会晤。双方表示将加强防卫合作，在2014年底前完成修改日美防卫合作指针。美对日修改关于行使集体自卫权的宪法解释、制定国家安全保障战略以及增加防卫预算表示欢迎。4日，岸田文雄与克里、澳大利亚外长毕晓普举行会谈，三方发表针对东海、南海问题的联合声明，表示“反对任何有可能改变东海现状的强制性、单方面行动”，并提出在南海问题上应保证航行自由、遵守国际规范。9日，日本政府决定将全面修改武器出口三原则，将其写入外交及安全政策中长期指针《国家安全保障战略》。15日，日本召开第185届临时国会，首相安倍晋三发表施政演说，表示继续推行“积极的和平主义”，力争使“跨太平洋伙伴关系协定”谈判年内达成妥协以及创设国家安全委员会，同时推进修改宪法。16日，岸田文雄与英国外交大臣黑格举行战略对话，就推进以海洋安全、宇宙和网络空间、反恐对策为重点的安全领域合作达成一致。17日，安倍晋三向靖国神社自费献上被称为“真榊”的供品，但放弃参拜。本次秋季大祭期间，共有2名内阁大臣和159名国会议员参拜靖国神社。中、韩两国政府对此予以强烈谴责。22日，日本政府正式宣布参加“不使用核武器公约”。27日，安倍晋三在出席陆上自卫队阅兵式时称，要推进包括集体自卫权、集体安全保障等有关安全保障法律的探讨，与拥有共同价值观的国家加强防卫合作。

埃及局势持续动荡。4日，埃及多个城市爆发大规模抗议示威活动，穆斯林兄弟会及前总统穆尔西的支持者与反对者及警方发生冲突，造成4人死亡，20余人受伤。6日，埃及多地举行“十月战争”40周年纪念日庆祝集会之际，首都开罗等地再次爆发大规模抗议示威，穆兄会支持者与反对者及警方发生冲突，造成至少51人死亡、270人受伤。9日，埃及政府宣布正式解散穆兄会注册的非政府组织。同日，埃及法院宣布将于11月4日开庭审理穆尔西涉嫌煽动暴力和谋杀示威者一案。11日，埃及多地再次爆发以穆兄会及穆尔西支持者为主的抗议示威活动，并与警方发生冲突，造成1人死亡、8人受伤。26日，塞得港爆发穆兄会支持者抗议示威并引发流血冲突，造成25人死亡、200余人受伤。29日，开罗刑事法庭开庭审理穆兄会最高决策机构指导局前主席巴迪亚涉嫌谋杀示威者案，3名法官当庭辞职。30日，穆兄会下属的自由与正义党副主席埃萨姆·埃里安被捕，该党对此发表声明强烈谴责。

美国发起新一轮反恐行动。4日，美国参与一项针对索马里反政府武装“伊斯兰青年运动”的反恐行动，以此作为对9月发生在肯尼亚购物中心恐怖袭击事件的回应。5日，美国在利比亚抓获“基地”组织高级头目阿纳斯·利比。6日，美国国防部发表声明，指认利比参与策划实施了1998年美国驻肯尼亚和坦桑尼亚大使馆恐怖袭击事件，表示此次反恐行动由美国总统奥巴马批准。当日，美国国务卿克里表示，美军的突击行动显示了美国打击恐怖主义的坚定决心。同日，利比亚政府针对美方在利比亚的反恐行动表示不满，要求美方对此次“绑架”利比亚公民的行为作出解释。8日，奥巴马在白宫记者会上强调，有“强有力的证据”显示利比曾策划并协助实施杀害数百人的恐怖图谋，因此必须将其绳之以法，并表示将继续打击非洲地区恐怖组织。10日，索马里政府宣布，将全力配合国际社会打击恐怖主义。11日，美国国务院证实美军抓获巴基斯坦塔利班组织高级指挥官拉蒂夫·马哈苏德。28日，索马里“伊斯兰青年运动”重要领导人易卜拉欣·阿里乘坐的汽车遭美国无人机攻击，阿里被炸身亡。

突尼斯正式开启全国对话。5日，突尼斯执政党联盟和反对派阵营举行全国对话大会，突尼斯总统马尔祖基、总理拉哈耶德、制宪议会议长本·加法尔以及多个政党领导人出席。与会各党派签署了以突尼斯劳工总联合会为首拟订的危机解决路线图，其主要内容是：现政府在全国对话大会第一次全体会议后的3周内正式辞职，接管国家权力的将是一个独立人士领导的技术政府；制宪议会在全国对话大会第一次全体会议后的4周内通过新宪法，并组建选举委员会，通过选举法，确定下一次大选时间；制宪议会在全国对话大会第一次全体会议后的1周内确定临时政府总理人选，新总理被提名后需在2周内完成组阁。25日，拉哈耶德提交3周后将权力移交技术内阁的承诺书。当晚，全国对话大会第一次全体会议召开，与会的执政党伊斯兰复兴运动与反对党共同组成“政府轨道”委员会，负责实施路线图、根据当前政府的情况提名新任政府首脑。26日，各政党成立专家委员会协助制宪工作，制宪议会同时恢复工作。

巴基斯坦安全形势持续紧张。7日，巴基斯坦白沙瓦市发生炸弹袭击，造成至少6人死亡、12人受伤。10日，奎达市一警察局附近发生遥控炸弹爆炸，造成至少6人死亡、35人受伤。21日，1列客运列车在俾路支省遭遥控炸弹袭击，造成至少5人死亡、15人受伤。29日，俾路支省一部族长老住所遭不明身份武装分子开枪袭击，造成至少7人死亡、4人受伤。30日，奎达市发生遥控炸弹爆炸，造成至少4人死亡、14人受伤。31日，美军无人机空袭北瓦济里斯坦米兰沙阿地区，造成至少3人死亡、3人受伤。

诺贝尔奖项陆续颁出。7日，2013年诺贝尔奖生理学或医学奖揭晓，获奖者为美国科学家詹姆斯·罗思曼和兰迪·谢克曼、德国科学家托马斯·祖德霍夫，获奖原因是其关于细胞运输系统膜融合的研究成果。8日，2013年诺贝尔物理学奖揭晓，获奖者为比利时物理学家弗朗索瓦·恩格勒特和英国物理学家彼得·希格斯，获奖原因是其发现粒子如何获得质量理论。9日，2013年诺贝尔化学奖揭晓，获奖者为美国科学家马丁·卡普拉斯、迈克尔·莱维特和阿里耶·瓦谢勒，获奖原因是其为复杂化学体系设计了多尺度模型。10日，2013年诺贝尔文学奖揭晓，获奖者为加拿大女作家爱丽斯·门罗，获奖原因是其为当代短篇小说大师。11日，2013年诺贝尔和平奖揭晓，获奖者为禁止化学武器组织，获奖原因是该组织为消除化学武器所作出的长期、艰巨的努力。14日，2013年诺贝尔经济学奖揭晓，获奖者为美国经济学家尤金·法马、拉尔斯·彼得·汉森和罗伯特·席勒，获奖原因是其对资产价格所作的实证分析。

缅甸民族和解逐步推进。8日，缅甸政府释放56名少数民族政治犯。8日—10日，缅甸政府代表团与克钦独立组织和谈代表团举行和平谈判，包括其他多支少数民族武装组织代表在内的多方观察员出席。此次谈判达成的共识包括：双方继续为实现全国性停火、创造政治对话基础而努力；建立联合监督委员会；举行民族武装峰会；解决难民安置和道路开通问题。22 日，总统府部长昂民与克伦尼民族进步党举行第三轮和谈，并提交全国停火协议草案。10 月 30 日—11 月 2 日，17 支少数民族武装举行全国民族武装峰会，就与政府签署全面停火协议、达成和平的政治路线图、举行政治对话、建立信任措施等事项达成共识。

世界经济复苏步伐进一步稳固。8 日，国际货币基金组织发布《世界经济展望报告》，预期全球经济 2013 年、2014 年将分别增长 2.9% 和 3.6%。同日，经济合作与发展组织公布的数据显示，其成员国 8 月整体通货膨胀率降至 1.7%。9 日，国际货币基金组织发布《财政监测报告》显示，除日本以外的所有发达经济体预算赤字 2013 年将降至 3.7%，2014 年将进一步降至 3.0%；2013 年、2014 年其公共债务水平将稳定不再攀升。同日，经济合作与发展组织发布的《综合经济先行指数报告》显示，大多数发达国家经济增长前景得到改善，但新兴经济体增长前景显现差别。10 日，经济合作与发展组织公布的数据显示，其成员国整体失业率 8 月为 7.9%。16 日，欧盟统计局公布的数据显示，欧元区通货膨胀率 9 月为 1.1%，处于近年来低点。21 日，俄罗斯经济发展部部长表示，1 月—9 月俄罗斯国内生产总值同比增长 1.5%。22 日，美国劳工部公布的数据显示，9 月美国失业率降至 7.2%。23 日，德国经济部部长表示，预计德国经济 2013 年、2014 年将分别增长 0.5% 和 1.7%。同日，西班牙中央银行发布的公报显示，西班牙第三季度国内生产总值环比增长 0.1%，是自 2011 年第二季度以来首现环比增长。25 日，英国国家统计局公布的数据显示，第三季度英国国内生产总值环比增长 0.8%，创下近三年来最高经济增速。28 日，美国联邦储备委员会公布的数据显示，包括工厂、矿业和公共事业企业产出在内的美国工业生产 9 月环比增长 0.6%。30 日，日本经济产业省公布的数据显示，9 月日本工矿业生产指数环比上升 1.5%。31 日，欧盟统计局公布的数据显示，10 月欧元区按年率计算的通货膨胀率降至 0.7%。

李克强出席东亚领导人系列会议并访问文莱、泰国、越南。9 日，中国国务院总理李克强抵达文莱首都斯里巴加湾市，出席东亚领导人系列会议并对文莱进行正式访问。当日，第 16 次中国—东盟（10 +1）领导人会议召开，会议就深化中国—东盟关系进行了深入讨论，提出合作框架设想，达成广泛共识。李克强发表讲话，指出中国和东盟要进一步深化两点政治共识，提出中国—东盟未来10年合作框架的七点建议，强调推动中国—东盟宽领域深层次高水平全方位合作，续写双方关系新篇章。会议发表《纪念中国—东盟建立战略伙伴关系10周年联合声明》。10日，第16次东盟与中日韩（10+3）领导人会议召开。李克强发表讲话，强调把握和平发展、互利合作大方向，推进东亚合作健康发展，并就深化10+3合作提出四点建议。与会各国领导人一致认为要充分发挥10+3作为东亚合作主渠道的作用，共同促进东亚的稳定与繁荣。同日，第八届东亚峰会召开。李克强发表讲话，强调要聚焦发展、开放包容、合作共赢，推进东亚合作向前发展，并阐述中国在南海问题上的原则立场。与会各国领导人表示，东亚合作应继续坚持东盟主导，充分发挥现有机制作用，持续推进务实合作。东盟国家领导人表示愿与中方通过友好协商妥善处理南海问题。会议发表《第八届东亚峰会主席声明》。出席东亚领导人系列会议期间，李克强分别会见韩国、印度尼西亚、缅甸、柬埔寨、新西兰、马来西亚、澳大利亚和美国等国领导人。11日，李克强同文莱苏丹哈桑纳尔举行正式会谈。李克强表示，愿进一步提升两国战略合作水平，密切高层交往，深化务实合作，推进能源合作，密切人文交流。哈桑纳尔表示，愿与中方进一步加强战略沟通，扩大互利合作，提升两国关系水平，实现共同发展。会谈后，两国领导人共同出席系列合作文件的签字仪式，并发表《联合声明》。

11日下午，李克强抵达泰国首都曼谷，开始对泰国进行正式访问。李克强同泰国总理英拉举行会谈，双方共同规划了中泰关系未来发展方向和重点，就深化两国各领域合作达成重要共识。李克强强调，要发挥中泰关系的示范和引领作用，继续落实好中泰《战略性合作共同行动计划》和《可持续发展合作谅解备忘录》，发挥好两国经贸联委会机制作用，加强铁路基础设施建设合作与金融合作，密切人文交流。英拉表示，愿全面推进泰中各领域合作，进一步提升两国关系水平。会谈后，两国领导人共同出席系列合作文件的签字仪式并会见记者，双方发表《中泰关系发展远景规划》。同日，李克强在泰国国会发表题为《让中泰友好之花结出新硕果》的演讲，并会见泰国国会主席兼下议长颂萨、国会副主席兼上议长尼功、反对党领袖阿披实等。12日，李克强分别会见泰国国王普密蓬的代表诗琳通公主和泰国枢密院主席炳·廷素拉暖。

13日，李克强抵达越南首都河内，开始对越南进行正式访问。李克强与越南总理阮晋勇举行会谈，就深入发展中越全面战略合作伙伴关系深入交换意见，达成重要共识。李克强指出，此次双方达成的关于同时成立海上、陆上、金融三个联合工作组，并行推进三大领域的合作的共识，是中越关系面向未来取得的重要突破。李克强同时阐述了中方关于三大领域合作的基本考虑。阮晋勇表示，愿与中方进一步密切高层交往，增进政治互信，并行推进三大领域合作，争取尽快取得积极务实成果。会谈后，两国总理共同出席系列合作文件签字仪式并会见记者。14 日，李克强分别会见越南共产党中央总书记阮富仲、越南国家主席张晋创、越南国会主席阮生雄。李克强强调，双方要从战略高度和长远角度出发，巩固中越传统友谊，推动两国全面战略合作伙伴关系迈上新台阶，希望双方共同努力落实好此访期间达成的共识。15 日，李克强与阮晋勇共同出席中越工商界午餐会并发表讲话。同日，中越双方发表《新时期深化中越全面战略合作的联合声明》。

阿塞拜疆举行总统选举。9 日，阿塞拜疆举行新一届总统选举，包括现任总统伊尔哈姆·阿利耶夫在内的 10 名候选人参加竞选，5.3 万名观察员参与选举监督，其中包括 1400 多名来自美国、俄罗斯等国家和国际组织的国际观察员。19 日，阿塞拜疆宪法法院宣布，阿利耶夫以 84.54% 的得票率再次当选阿塞拜疆总统，主要反对派全国民主力量委员会候选人贾米勒·哈桑雷得票率为 5.53%，其余 8 位候选人均未超过 3%。当天，阿利耶夫宣誓就职。

安理会延长驻阿富汗国际安全援助部队任期。10 日，联合国安理会通过决议，决定将驻阿富汗国际安全援助部队的任期延长至 2014 年 12 月 31 日。决议认为，阿富汗局势发生了变化，越来越多的塔利班成员已同阿富汗政府和解，摒弃“基地”组织及其追随者的恐怖主义意识形态，支持和平解决阿境内的持续冲突，但尽管如此，安全问题仍是阿富汗和该地区的一个严峻挑战。决议对阿富汗政府承诺在国际安全援助部队的支持下建立国家安全部队表示欢迎，呼吁联合国会员国向国际安全援助部队提供人员、装备和其他资源，并继续努力支持阿富汗的安全、稳定和过渡。

利比亚总理被武装分子扣押后获释。10 日，利比亚总理扎伊丹在利比亚首都的黎波里被武装分子绑架，数小时后获释。11 日，扎伊丹举行新闻发布会表示，绑架者隶属于的黎波里革命者委员会和打击犯罪行动处，利比亚国民议会某个党派的议员对绑架起到至关重要的指挥作用，绑架行为是有预谋的、企图颠覆现政权的政变行为，并强调拒绝因此辞职。

二十国集团财长和央行行长会议召开。10 日，二十国集团财长和央行行长会议在美国首都华盛顿举行。会议主要讨论当前全球经济形势、国际金融架构改革、长期投资融资以及加强二十国集团进程等议题，并发表联合公报。会议认为，全球经济增长继续缓慢复苏，尽管一些新兴市场国家增速放缓，但仍然是全球经济增长的重要动力来源；当前全球经济面临的下行风险主要包括发达国家失业率居高不下、美国近期财政不确定性增大、发达国家退出非常规货币政策可能导致全球资本流动波动加大等。为应对上述挑战，各国应采取合理的宏观经济政策，继续推进结构改革，并实施宏观审慎政策。同时，有关国家在调整货币政策时应认真权衡利弊，并加强与市场沟通，兼顾本国和全球的经济增长与金融稳定。会议强调应积极落实二十国集团圣彼得堡行动计划，制订全面的增长战略，促进长期投资融资，改善公共债务管理，加强国际税收合作，建立更加安全可靠的金融体系，努力促进就业和包容性增长。会议重申应尽快落实 2010 年国际货币基金组织份额和治理改革方案，并在 2014 年 1 月前完成第 15 次份额总检查。

欧盟投票通过建立边境监视系统规则。10 日，欧洲议会投票通过由欧盟委员会制定的“欧洲边界监视系统”规则草案。利用新的欧洲边界监视系统，欧盟成员国可以实时分享有关欧盟外部边界情况的图像和数据等信息，以改善欧盟陆地和海上边界的管理。欧洲议会表示，建立欧洲边界监视系统是更好地监测和防范非法移民和跨国犯罪，同时也可避免类似于 10 月 3 日意大利兰佩杜萨岛附近非法移民船倾覆事件的发生。法国、意大利等 18 个欧盟成员国将于 12 月初开始使用该系统，其余成员国将于 2014 年 12 月开始使用。

美国国务卿克里突访阿富汗。11 日，美国国务卿克里访问阿富汗，与阿富汗总统卡尔扎伊就美阿达成安全协议问题举行会谈。双方就两国签署《双边安全协议》的基本原则达成一致，但在美军士兵司法管辖权问题上存在分歧。美国希望驻阿美军能够享有司法“豁免权”，在触犯阿富汗法律的情况下回美国受审。克里表示，如果司法管辖权问题不能得到解决，将不可能达成双边安全协议。卡尔扎伊则强调，这一问题超出了阿富汗政府的权限，只有阿富汗人民通过大国民议会才能作出决定。克里表示美国政府会尊重阿富汗大国民议会的决定。

国际货币基金组织和世界银行举行年会。11 日，国际货币基金组织和世界银行年会在美国首都华盛顿举行，年会的主题是“全球性挑战、全球性解决方案”，与会者对如何应对全球经济新风险和新挑战进行了讨论。在全体会议上，国际货币基金组织总裁拉加德指出，世界经济正处于重大变化之中，各国要注意新趋势并防范新风险，本组织需提高其代表性以反映世界经济格局的变迁，并增强危机防范与解决能力。世界银行行长金墉宣布世行将进行系列机构改革，指出要整顿财政纪律、节约开支、打破世行内部负责不同地区的部门条块分割的状态、加强相互交流和资源共享，旨在通过整顿人员、财政和工作重点的方式来实现减贫和促进共同繁荣的战略目标。年会期间，还分别召开了欧洲、亚太和拉美等不同地区的经济前景研讨会和以消除贫困、促进共同繁荣和性别平等等发展议题为主题的研讨会。

非盟特别峰会举行。12日，非洲联盟特别峰会在埃塞俄比亚首都亚的斯亚贝巴召开，会议主要讨论非盟与国际刑事法院的关系问题。会议提出，为维护非盟成员国的宪法秩序、稳定和完整，非盟成员国国家元首在任职期间不应受到指控，也不应被要求出现在任何国际法庭上。会议决定成立一个专门联络小组，与联合国安理会保持联系，讨论非盟与国际刑事法院之间的裂痕，特别是关于肯尼亚案件审判推迟和苏丹案件等事宜，上述工作将在11月原定肯尼亚总统肯雅塔赴海牙接受庭审之前完成。所有非洲国家支持肯尼亚依据《国际刑事法院罗马规约》第16条向联合国安理会递交对肯雅塔和卢托庭审推迟的申请。会议没有就34个非洲缔约国集体退出《罗马规约》达成一致意见。国际刑事法院自2002年7月成立以来，所调查的8起案件全部与非洲相关，其中有3名在任的非洲国家领导人遭到指控，分别是肯尼亚总统肯雅塔、副总统卢托以及苏丹总统巴希尔。

欧盟财长会议通过建立银行业单一监管机制议案。15日，欧盟财长会议通过建立银行业单一监管机制的最终方案，为欧盟完成银行业联盟迈出重要一步。根据该议案，欧洲央行及其成员国监管机构共同构成监管主体，欧元区和非欧元区主动参与国家的金融机构为监管对象，非欧元区的欧盟国家可自愿加入这一监管框架。新银行业单一监管机制将于2014年11月正式生效，届时欧洲央行将拥有欧元区银行的直接监管权。

沙特阿拉伯拒绝担任安理会非常任理事国。17日，第68届联合国大会选举尼日利亚、乍得、沙特阿拉伯、立陶宛和智利为新任安理会非常任理事国，任期从2014年1月1日至2015年12月31日。18日，沙特阿拉伯外交部发表声明表示，感谢联合国会员国对沙特的信任，但由于联合国安理会在处理诸如巴以问题、叙利亚流血冲突和中东大规模杀伤性武器等问题上持双重标准，未能真正行使其维护世界和平的责任，沙特拒绝接受联合国安理会非常任理事国席位。11 月 12 日，沙特正式致信联合国拒任安理会非常任理事国。

第 23 届伊比利亚美洲国家首脑会议召开。18 日，第 23 届伊比利亚美洲国家首脑会议在巴拿马首都巴拿马城召开。会议主题是“伊比利亚美洲国家在世界新格局下扮演的政治、经济、社会和文化角色”，22 个成员国的国家元首、政府首脑或代表与会。会议通过了包括《巴拿马宣言》在内的 3 个文件，强调将深化会议机制改革并进一步加深成员国之间经贸文化联系，决定从 2014 年起将首脑会议改为每两年一届，在会议过程中增加领导人非正式会谈，并拟从 2015 年起在 3 年时间内逐步提高会费。

巴基斯坦总理谢里夫访问美国。20 日，巴基斯坦总理谢里夫抵达美国首都华盛顿，与美国国务卿克里举行会谈，双方一致同意继续进行反恐合作，加强双边经贸和投资关系，认为增强巴基斯坦经济稳定性将对打击恐怖主义发挥作用。23 日，谢里夫与美国总统奥巴马举行会晤，双方就反恐合作、经贸合作、能源合作、阿富汗安全过渡和南亚局势等议题展开讨论。会晤后，奥巴马对媒体表示，双方表达了对恐怖主义和极端主义的共同关切，同意携手寻找更多“富有建设性”的合作模式，并探讨了经济议题。谢里夫表示，双方对一系列双边及地区议题展开了“热诚而全面”的交流，同意继续推动反恐合作，一致认同维护阿富汗安全稳定的重要性。谢里夫还强调，美方应停止在巴境内的无人机空袭。

印度总理辛格访问俄罗斯。20 日，印度总理辛格对俄罗斯进行正式访问，并参加第十四次印俄峰会。21 日，辛格与俄罗斯总统普京举行会谈，就核能与化石能源合作、军事技术合作等双边关系发展中的迫切问题以及一些重大国际、地区问题广泛交换意见，并高度评价两国关系发展。双方发表联合声明表示，传统密切的军事技术合作是两国战略伙伴关系至关重要的组成部分，两国将扩大军事技术合作；两国就印度库丹库拉姆核电站建设问题商定尽快完成总体框架协定、提出相关技术与商业建议。访问期间，印俄双方签署了能源部门间合作、标准化、科技创新、生物技术、相互移交罪犯方面的五个政府间协议。

俄印蒙三国总理同日访华。22 日，俄罗斯总理梅德韦杰夫、印度总理辛格、蒙古国总理阿勒坦呼亚格抵华访问。

同日，中国国家主席习近平会见俄罗斯总理梅德韦杰夫。习近平强调，要加强中俄全面战略协作，实现共同发展振兴，造福两国人民。梅德韦杰夫表示，要积极、务实地促进两国各领域交流与合作，加强在国际和地区事务中及多边机制框架下的战略沟通与协调。当天，中国国务院总理李克强与梅德韦杰夫共同主持中俄总理第十八次定期会晤。两国总理就全面深化各领域务实合作达成重要共识：第一，扩大经贸合作和相互开放，提升贸易质量；第二，加强高科技领域、农业以及高铁等基础设施领域合作；第三，巩固和发展中俄能源全面战略合作；第四，密切人文交流，重点办好青年友好交流活动；第五，在多边框架下加强协调配合，推动建立公正合理的国际秩序。会晤后，两国总理签署《中俄总理第十八次定期会晤联合公报》，并见证 20 项双边合作文件的签署。

23 日，习近平会见印度总理辛格。习近平强调，要抓住机遇，携手合作，推动中印战略合作伙伴关系迈上新台阶，并就发展中印关系提出四点建议：一要推动中印关系同国际大势相结合，增进战略互信；二要推动中印关系同各自发展需求相结合，深化务实合作；三要推动中印关系同两国复兴进程相结合，妥善管控分歧；四要将中印关系同振兴东方文明相结合，扩大交流对话。辛格表示，愿与中方进一步加强战略沟通和人文交流，增进相互信任和理解，提高务实合作水平。同日，李克强与辛格举行会谈，双方就新时期推进中印关系全面快速发展达成重要共识。李克强强调，要以信心、恒心和决心，在深化战略安全合作、挖掘经贸合作潜力、打造人文交流亮点、妥善管控处理分歧和加强多边领域合作等方面推动中印关系取得更大发展。辛格表示，希望从加强政治互信、扩大共同利益、增进相互理解三个方面深化两国关系，维护地区和世界的稳定与繁荣。会谈后，两国总理共同见证 9 项合作文件的签署，并共同会见两国企业家代表，双方发表《中印战略合作伙伴关系未来发展愿景的联合声明》。

25 日，习近平会见蒙古国总理阿勒坦呼亚格。习近平强调，要把握互信互利原则，推动中蒙关系长期健康稳定发展，并就发展中蒙关系提出三点建议：一要加强高层往来和战略合作；二要提高务实合作水平；三要扩大人文领域交流。阿勒坦呼亚格表示，愿与中方密切合作，不断充实蒙中战略伙伴关系的内涵。同日，李克强同阿勒坦呼亚格举行会谈。李克强强调，要巩固中蒙睦邻友好，推动务实合作取得新成果，提出愿与蒙方在五个方面推动两国战略伙伴关系向前发展：一是增进政治互信，开展战略合作；二是大力开展互联互通等基础设施建设；三是以大项目合作为龙头，带动经贸合作全面发展；四是加强金融合作，完善投资环境；五是深化教育、文化、青年、地方等交流与合作。阿勒坦呼亚格表示，愿深化两国战略合作伙伴关系，拓展各领域合作。会谈后，两国总理共同签署《中蒙战略伙伴关系中长期发展纲要》，并见证双边多项合作文件的签署。

苏丹总统巴希尔访问南苏丹。22日，苏丹总统巴希尔抵达南苏丹首都朱巴，与南苏丹总统基尔举行会谈。双方就加快执行和落实2012年9月签署的《共同合作协议》、明确划定边界线、建立两国边界“非军事安全区”、尽快设立阿卜耶伊地区行政管理机构、开放两国边境口岸和加强经贸合作等问题达成共识。两国总统认为必须在11月15日前完成划定边界线，然后决定开放边界口岸。双方决定鉴于阿卜耶伊问题的敏感性和复杂性，将其交由两国总统直接处理并请非盟相关机构协助，先期在该地区建立民事管理部门。

美国窃听丑闻持续升级。23日，德国政府宣布，德国总理默克尔的移动电话可能被美国情报机构监听。默克尔致电美国总统奥巴马表示强烈不满，奥巴马对此予以否认，但未提及以前是否监听。24日，英国《卫报》报道，据机密文件显示，美国情报机构曾监听至少35名国际政要的电话，但未指出具体名单。25日，欧洲理事会主席范龙佩表示，欧盟各国首脑在欧盟秋季峰会上就逐渐升级的美国“窃听门”事件进行了讨论，28个成员国支持法、德两国与美国展开对话，并寻求在2013年年底前达成欧美双边涉密信息服务的协议。28日，美国国务院发言人普萨基承认，美国在海外的监控项目给美国和盟友的关系带来巨大挑战。29日，美国参议院情报委员会主席范因斯坦发表声明说，白宫已承诺停止监听盟国，奥巴马对默克尔被监听一事并不知情。31日，美国国务卿克里表示，美国在某些情况下的监控行为不恰当，并保证不再发生类似情况。

欧盟秋季首脑会议召开。24日—25日，欧盟秋季峰会在比利时首都布鲁塞尔举行。会议以经济治理为主题，重点商讨“数字化议程”、经货联盟和改善就业三项议题，具体研究有关“单一数字市场”建设、建立银行单一清算体系、青年就业计划、解决中小企业融资问题、举行“东部伙伴关系”峰会、管理难民潮等问题。会议将推进“数字化议程”列为首要议题，提出2015年完成建立“单一数字市场”，强调大力发展数字经济对促进欧盟经济增长、改善欧盟就业情况、提高欧盟国际竞争力具有重要意义。会议决定通过以下三大措施发展欧盟数字市场：一是鼓励投资政策，消除欧盟内部数字边界；二是统一市场法规，加快公共部门的电子化管理；三是大力培养信息技术人才，增加劳动者技能。

俄罗斯出台反恐新举措。25 日，俄罗斯国家杜马通过《关于与恐怖主义作斗争新措施法》。该项法律规定了接受恐怖活动训练、组织恐怖团体、参加恐怖团体活动、公开呼吁实施恐怖活动以及参加境内外非法武装团体等违法行为的判刑标准和罚款数额。根据这项法律，如果恐怖分子的亲友被证明拥有来自该恐怖分子的活动资金等财产，就必须对后者实施恐怖活动所造成的损失进行赔偿。

格鲁吉亚举行总统选举。27 日，格鲁吉亚举行第六次总统大选。参加本次选举的候选人共有 23 位，注册选民约为 350 万人。29 日，格鲁吉亚中央选举委员会公布计票结果，执政联盟“格鲁吉亚梦想”候选人格奥尔基·马尔格韦拉什维利以 62.11% 的得票率胜选，前执政党候选人达维特·巴克拉泽得票率为 21.73%，前议长尼诺·布尔贾纳泽得票率为 10.18%。马尔格韦拉什维利 1969 年 9 月 4 日出生，先后在格鲁吉亚第比利斯国立大学、捷克中欧大学学习社会学和哲学，获哲学博士学位，曾任格鲁吉亚公共事务学院院长、格鲁吉亚教育和科学部长，2013 年 2 月任格鲁吉亚内阁第一副总理。

孟加拉反对党组织全国大罢工。27 日，孟加拉国最大反对党民族主义党发起全国大罢工，要求政府下台并组成看守内阁。由于罢工，首都达卡大部分店铺关门歇业，公交停驶，使馆区采取部分封闭道路的措施，武装警察在主要商业街区设岗检查。反对党支持者与执政党支持者及警方在全国多地发生流血冲突，造成人员伤亡。29 日，孟加拉内政部长表示，有 11 人因罢工丧生。民族主义党新闻发言人则表示，因罢工该党已有 18 人死亡，7052 人受伤，2630 余人被逮捕。

美国在罗马尼亚反导基地正式开工。28 日，美国设在罗马尼亚南部的德韦塞卢反导基地开工建设。罗马尼亚总统伯塞斯库、国防部长杜沙和美国国防部副部长米勒及北约官员等人员出席开工仪式。伯塞斯库表示，希望德韦塞卢基地能够成为北约保护系统的一部分。米勒表示，反导基地开工象征着美、罗和北约之间关系的新开始，也表明美、罗两国强大而持续的战略伙伴关系及未来发展的巨大潜力。德韦塞卢基地预计 2015 年投入使用。

第八届非洲经济会议举行。28 日，第八届非洲经济会议在南非约翰内斯堡举行，会议由联合国非洲经济委员会、非洲开发银行和联合国开发计划署共同主办，主题是“非洲区域一体化”。非盟委员会主席德拉米尼·祖马在开幕式上表示，非洲必须汇集自身资源、技术、市场、行业、经验以及其他优势，加速经济发展。与会者集中讨论的议题包括：实现非洲一体化的领导机制；实现一体化面临的跨境基础设施建设问题；实现一体化的政治、经济因素；私营部门如何推动一体化；实现工业化和贸易自由化对非洲的影响；跨境公共产品和自然资源的管理问题。

世界首条跨亚欧海底铁路隧道开通。29日，连接亚欧大陆的马尔马雷海底隧道正式通车。该隧道位于土耳其伊斯坦布尔市，穿越博斯普鲁斯海峡，连通亚洲和欧洲，全长13.6公里，其中跨海峡部分1.4公里；隧道深度为海平面以下60米，为世界之最。

俄罗斯举行大规模核遏制力突击战备演练。30日，俄罗斯战略导弹部队、空天防御兵、海军和远程航空兵举行大规模核遏制力突击战备演练，分别发射洲际弹道导弹、战术导弹、防空导弹和水下弹道导弹各两枚，俄军同时在哈萨克斯坦境内靶场进行短程反导演练。俄罗斯总统新闻发言人佩斯科夫表示，当天的突击演练由总统普京领导，所有导弹发射正常，均击中预定目标。

11月

李克强访问罗马尼亚并出席中国—中东欧国家领导人会晤和上海合作组织总理第12次会议

伊朗核问题谈判达成第一阶段协议

美国监控丑闻持续发酵

华沙气候大会达成协议

古巴首个经济特区正式成立

古巴首个经济特区正式成立。1 日，古巴马列尔港“发展特区”法正式生效，同时特区管理办公室正式成立，并开始接受外国投资者的项目申请。古巴政府表示，为了创建“良好的商业环境”，特区办公室将采用“一站式服务”，投资项目申请的审核只需要 10 天到 30 天即可完成。对投资经济发展特区感兴趣的所有外国企业都将获得比在古巴其他地区更优惠的税收、海关、货币和银行贷款等条件。特区占地面积 465 平方公里，被划分为 8 个领域，主要涵盖了工业包装、高科技、物流、贸易与服务等部门。

朝鲜“开放”信号引关注。1 日，日本参议员安东尼奥·猪木在未获参议院运营委员会许可的情况下前往朝鲜访问。访问期间，猪木会晤了朝鲜国防委员会副委员长张成泽、朝鲜劳动党中央书记金永日等官员，出席了由其本人担任理事长的非营利法人组织“运动与和平交流协会”在朝鲜首都平壤开设事务所的活动。21 日，朝鲜最高人民会议发布政令，宣布朝鲜各道将建经济开发区。根据政令，平安北道成立鸭绿江经济开发区，慈江道成立满浦经济开发区和渭原工业开发区，黄海北道成立新坪旅游开发区和松林出口加工区，江原道成立现洞工业开发区，咸镜南道成立兴南工业开发区和北青农业开发区，咸镜北道成立清津经济开发区、渔郎农业开发区和稳城岛屿旅游开发区，两江道成立惠山经济开发区，南浦市成立卧牛岛出口加工区。23 日，朝鲜劳动党中央副部长朴根光率领代表团出席在圣保罗举行的巴西共产党第 13 次全国代表大会。

伊拉克总理马利基访美。1 日，伊拉克总理马利基抵达美国首都华盛顿，开始对美国进行访问。马利基在白宫会见美国总统奥巴马，商讨一系列涉及双边关系和地区局势的问题。会见结束后，马利基与奥巴马在白宫椭圆形办公室发表讲话。马利基说，伊拉克正与地区内国家改善关系，以组成一个温和的联合阵线，对抗暴力与恐怖势力。奥巴马表示，他与马利基就一系列经济、地区和安全问题进行了磋商，双方讨论的重点是近期“基地”组织活动在伊拉克仍然猖獗且有愈演愈烈之势的情况，双方就如何打击“基地”等恐怖组织展开讨论。白宫发布的联合声明中称，奥巴马与马利基重申双边战略伙伴关系，承诺将发展共同利益，支持一个稳定、安全和繁荣的伊拉克和中东地区。双方认识到向伊拉克军队提供更多武器装备的紧迫性，以方便其打击恐怖组织。7日，位于伊拉克首都巴格达以北30公里的塔米耶镇，袭击者驾驶2辆装有炸药的汽车先后冲向一个军事基地并引爆炸药，造成15人死亡、45人受伤。同日，伊拉克多个地方发生暴力袭击，造成12人死亡、23人受伤。13日，费卢杰市市长阿德南·侯赛因在视察一个政府项目时遇袭身亡，1名工程师和1名保镖受伤。同日，伊拉克北部和东部发生多起爆炸袭击，造成22人死亡、58人受伤。20日，伊拉克发生多起爆炸和枪击等暴力袭击，造成49人死亡、134人受伤，其中发生在巴格达的暴力袭击导致47人丧生、131人受伤。25日，伊多个城市发生暴力袭击事件，造成数十人伤亡。

巴塔头目被美国无人机击毙。1日，美军无人机向巴基斯坦北瓦济里斯坦首府米兰沙阿附近疑似武装分子藏匿处的建筑和1辆汽车发射了4枚导弹，巴基斯坦塔利班头目马哈苏德和保镖等6人当场死亡，2人受伤。2日，巴塔在巴西北部落地区召开会议，推举二号人物赛义德接替马哈苏德。同日，巴政府发表声明称美国无人机的轰炸严重侵犯了巴基斯坦主权。巴外交部召见了美国大使，就马哈苏德被杀一事提出抗议。巴内政部长尼萨尔·阿里汗表示，由3名政府成员组成的小组原计划2日会见巴塔代表，但袭击妨碍了和谈进程。23日，巴西北部开伯尔—普什图省执政党正义运动党发动数千名示威者在首府白沙瓦举行示威，并阻断驻阿富汗北约部队途经巴基斯坦的一条主要补给通道，以抗议美军无人机对巴的空袭。正义运动党领袖伊姆兰·汗表示，除非美国停止无人机空袭，否则补给线将一直关闭。

日本众参两院通过《自卫队法》修正案。1日，日本众议院以自民、公明两党的多数赞成通过《自卫队法》修正案。根据修正案，在紧急情况下从海外撤侨，可派遣陆上自卫队执行陆上运输任务。13日，日本参议院通过一项

“日本船只警备特别措置法”的法规，首次允许日本籍船只上的民间保安人员在“海盗多发海域”持有小型枪支。15 日，日参议院全体会议通过《自卫队法》修正案。26 日，日众议院国家安全保障特别委员会强行表决通过《特定秘密保护法案》。法案旨在严惩泄露国家机密的行为，把防卫、外交、反间谍和反恐 4 个领域特别需要保密的情报指定为“特定秘密”，列举武器、弹药和飞机数量与性能等“特定秘密”内容。依据法案，国家公务员泄密将被处以 10 年以下有期徒刑，合谋者和教唆者将被处以 5 年以下有期徒刑。27 日，日参议院表决通过关于新设负责制定日本外交和安全保障政策的“国家安全保障会议”法案。根据这一法案，日本将新设由首相、外务大臣、防卫大臣和内阁官房长官参加的“四大臣会议”，作为“国家安全保障会议”的核心，负责制定日本的外交、安全保障和危机管理政策。

俄罗斯与日本、埃及分别举行“2 +2”会晤。2 日，俄、日两国首次外长防长磋商会议（2 +2）在日本首都东京举行，俄罗斯外长拉夫罗夫、防长绍伊古和日本外相岸田文雄、防卫相小野寺五典出席会议。俄方对日美导弹防御合作表示关切。日方介绍了为解禁集体自卫权而开展的工作。双方同意为建立互信而推进在亚太地区安全问题多边会议上的合作，并就俄罗斯海军与日本海上自卫队开展反海盗合作及联合训练达成一致。双方就定期举行“2 +2”磋商达成共识。同日，拉夫罗夫和绍伊古会见了日本首相安倍晋三。俄方介绍了在亚太地区构建新安全框架的构想，希望日方予以赞同。安倍表示，“由于得到普京总统的协助，这次磋商得以早日实现，对此表示感谢”。安倍称将通过强化经济及安全领域的合作“使谈判取得进展”。双方还就为实现朝鲜无核化而开展合作达成一致。14 日，拉夫罗夫与绍伊古在埃及首都开罗与埃及外长法赫米和防长塞西举行会谈。拉夫罗夫在会谈结束后对记者说，双方进行了俄罗斯和埃及双边关系史上的首次“2 +2”外长和防长形式的会晤，审议了双边合作的各种问题，达成了原则性协议。他表示，在讨论国际问题时双方谈及叙利亚、利比亚和该地区其他国家局势，这些国家“深入变革的进程”正在继续进行，“目前这些进程的影响还没有彻底表现出来”。

韩国总统朴槿惠访问欧洲三国及欧盟总部。2 日，韩国总统朴槿惠开始对法国、英国、比利时及欧盟总部进行为期 8 天的访问。

3 日，朴槿惠在法国首都巴黎会见了联合国教科文组织总干事博科娃，就 1950 年韩国加入该组织以来双方在教育、文化和科学等诸多领域的合作深入交换了意见。4日，朴槿惠会见法国总统奥朗德。双方表示，随着韩国与欧盟之间自由贸易协定的全面实施，有必要加强韩、法两国贸易。法国总统府发表新闻公报说，奥朗德和朴槿惠在会谈中认为，朝鲜无核化对于朝鲜半岛、地区以及世界和平与安全必不可少，呼吁朝鲜遵守联合国安理会有关决议规定的国际义务，以彻底、可核实和不可逆的方式放弃一切核武器与核计划。

同日，朴槿惠抵达英国首都伦敦，开始对英国进行国事访问。5日，朴槿惠参加朝鲜战争参战纪念碑奠基仪式，纪念朝鲜战争停战60周年和韩、英两国建交130周年。同日，朴槿惠受英国女王伊丽莎白二世邀请在白金汉宫共进晚宴。6日，朴槿惠与英国首相卡梅伦在伦敦唐宁街10号首相府会谈。双方就扩大两国核能研究领域的伙伴关系及强化金融产业合作等经济合作方案达成协议，并商定截至2020年将两国的贸易投资规模扩大至目前的两倍。双方签署了《全面的核电合作谅解备忘录》，以促进韩国参与英国核电站建设。

7日，朴槿惠抵达比利时首都布鲁塞尔，与比利时首相迪吕波就两国企业、教育和文化等领域合作举行会谈。会谈后，韩、比两国签署了国际发展援助合作协议，同意加强对刚果、卢旺达、越南等第三世界国家的投资和建设。

8日，朴槿惠参加第七届韩国—欧盟峰会，与欧洲理事会主席范龙佩和欧盟委员会主席巴罗佐举行会谈，就朝鲜半岛局势和中东地区安全问题、韩欧自由贸易协定实施两年来的双边关系以及扩大科技、教育和人员交流等共同关心的问题交换意见。

美国监控丑闻持续发酵。2日，马来西亚外长阿尼法·阿曼在一份声明中表示，作为对美国和澳大利亚两国驻吉隆坡使馆从事间谍活动的回应，已经召见这两国大使，并向他们递交了抗议照会。同日，印度尼西亚外交部召见澳大利亚驻印尼大使格雷格·莫里亚蒂，要求就美国被指利用澳大利亚驻印尼大使馆收集情报作出解释。5日，德国外长韦斯特韦勒要求英国大使对媒体报道英国驻德国使馆是隐蔽的间谍活动地点的报道进行解释。德国外交部在声明中说，把外交场所用作谍报活动站是违反国际法的。同日，韩国政府要求美方就韩国是美国国家安全局进行监听的主要对象国之一一事向美方表示了忧虑，并要求美方对此作出详细解释。比利时首相迪吕波会见新任美国驻比利时大使丹妮丝·鲍尔时，向美国大使通报了欧盟各国首脑在峰会上就“窃听门”丑闻的考虑。他说，比利时会站在法国和德国一边，一起解决与美国政府之间的分歧。迪吕波表示，尽管情报部门在反恐活动中的作用是至关重要的，但盟友之间需要彼此信任。20 日，印尼政府表示，由于澳大利亚情报机构窃听印尼总统苏西洛及印尼高官，印尼已正式调降与澳大利亚的外交关系。23 日，澳大利亚总理阿博特致函印尼总统苏希洛，对窃听事件进行解释。26 日，联合国大会负责人权事务第三委员会一致通过决议，要求保护网络隐私。决议对于网络监听监控行为侵犯人权的状况表示关切。这份决议由德国和巴西两国发起，由于决议并没有指名道姓地批评某个国家，美国也投了赞成票。

美国国务卿克里访问中东和欧洲多国。3 日，美国国务卿克里抵达埃及首都开罗，开始对埃及进行访问。克里与埃及外长法赫米举行会谈，讨论地区问题和双边关系。会谈后举行的联合记者会上，克里表示："我首先要向埃及人民重申，美国是埃及人民的朋友，是埃及的合作伙伴。美国希望、并且愿意帮助埃及取得成功。埃及在政治和经济上的成功不仅对埃及人民非常重要，对于这个地区、对于美国、对于国际社会都非常重要。"法赫米表示，非常欢迎克里在埃及急需国际合作时到访埃及，希望双方能够加强合作，进一步促进埃美关系发展，实现两国共同利益及民众诉求。访问期间，克里与埃及临时总统曼苏尔及第一副总理兼国防部长塞西会面，就美埃关系及中东地区的和平与稳定问题交换了意见。

同日，克里抵达沙特阿拉伯访问。4 日，克里在会见沙特国王阿卜杜拉后与沙特外交大臣费萨尔举行的联合新闻发布会上说，美国与沙特的关系是战略性的，经得起时间的考验。他表示，两国在叙利亚等问题上的看法和目标没有根本分歧。费萨尔说，沙特和美国的友好关系是建立在相互尊重、互惠互利和真诚透明基础之上的，两国在一些问题上的看法有分歧对于两国关系来说是再正常不过的，两国只要通过经常性对话就可以达成共识。

5 日，克里对波兰进行访问，分别与波兰总理图斯克、外交部长西科尔斯基进行会谈，并在波兰国防部长谢莫尼亚克陪同下参观位于罗兹省瓦斯克的 32 号空军基地。克里说，波兰近年来发展成为欧洲经济、安全大国，堪称奇迹。美、波两国长期以来保持建设性对话，同盟运转良好，美国计划继续为美波同盟扩大投资。他强调，美国与欧盟从来都是亲密的盟友，站在同一条战线上，都在通过各种方式保卫国家和人民。在打击恐怖主义和保护公民的隐私权之间，美国正在努力取得合适的平衡，希望"监听门"不要影响到双方正在进行的自由贸易区谈判。西科尔斯基表示，克里此访确立了波美良好的战略合作关系，两国紧密的政治、军事合作即为力证。

同日，克里抵达以色列，出席以色列前总理拉宾遇刺18周年的纪念活动。6日，克里与以色列总理内塔尼亚胡举行会谈。内塔尼亚胡表示，为了促使伊朗方面证明该国核项目用于和平目的，应向伊朗方面施加更大压力。同日，克里访问巴勒斯坦，在伯利恒会见了巴勒斯坦国总统阿巴斯。在随后召开的记者会上，克里敦促巴以双方为正在进行的巴以和谈作出妥协，以实现巴以人民共同生活的两国方案。克里赞扬阿巴斯对于和谈的诚意，重申以色列在约旦河西岸和东耶路撒冷兴建的定居点是非法的。克里宣布，美国将向巴勒斯坦提供750万美元，用于基础设施项目建设。

7日，克里到访约旦，与国王阿卜杜拉二世举行会谈。克里对约旦国王为该地区实现和平和维护地区安全与稳定所作出的努力表示赞赏，赞扬约旦为缓解叙利亚人民的苦难所付出的一切。他表示，美国将继续向约旦在安置叙利亚难民问题上提供帮助，并努力敦促国际社会发挥更大作用，为安置叙利亚难民承担义务。阿卜杜拉二世表示，约旦将继续与有关各方进行协调，推动巴以谈判，解决最终地位问题。他呼吁国际社会发挥更大作用，制止以色列在被占领土所采取的一意孤行的单边行动。

8日，克里返回以色列，再次与内塔尼亚胡会面。内塔尼亚胡在声明中说，他着重向克里表达了对正在瑞士日内瓦举行的伊核问题六国与伊朗谈判的担忧。同日，克里改道前往瑞士日内瓦参加六国与伊朗代表举行的临时安排的会谈。

10日，克里抵达阿拉伯联合酋长国首都阿布扎比，同阿联酋阿布扎比酋长国王储兼阿联酋武装部队副总司令谢赫穆罕默德·本·扎耶德·阿勒纳哈扬会谈，克里通报了有关伊核问题谈判和磋商的结果。双方讨论了叙利亚局势，一致强调在过渡阶段支持埃及政府的重要性。11日，克里与阿联酋外交部长谢赫阿卜杜拉·本·扎耶德·阿勒纳哈扬会晤。克里在记者会上说，在瑞士日内瓦谈判中，伊核问题六国保持“一致”，向伊朗提出了协议草案，“但是伊朗没有接受”。他表示，伊朗需向外界证明核计划的和平性质。伊朗“拥核”是对包括以色列在内整个地区的威胁。他强调，应以外交而非军事手段打破伊核问题谈判僵局，“战争是最后的选项”。阿外交部长阿卜杜拉认为，伊核问题最好的解决途径是政治和外交对话，伊朗必须使核计划对国际原子能机构和国际社会保持公开、透明。

同日，克里结束出访返回美国，未按原定计划前往阿尔及利亚和摩洛哥。

埃及国内局势再起波澜。4 日，埃及前总统穆尔西首次出庭受审。现场秩序一度混乱，导致庭审两次暂停。法庭决定将于 2014 年 1 月 8 日再次审理。13 日，穆尔西在狱中通过律师表示，将就被罢黜一事起诉埃及当局。20 日，埃西奈半岛北部发生一起汽车炸弹爆炸事件，造成 10 人死亡，35 人受伤。22 日，埃前总统穆尔西的支持者与反对者爆发冲突，造成 3 人死亡，15 人受伤。23 日，埃及外交部发言人巴德尔·阿卜杜拉蒂说，埃及政府决定降低同土耳其的外交关系，召回驻土大使，并要求土驻埃大使离开埃及。巴德尔表示，土总理埃尔多安发表的有关埃及内政的言论不符合事实，挑战埃及人民的意志，是对埃及内政的干涉。同日，土耳其外交部发表声明，称埃及驻土大使为“不受欢迎的人”，并将土埃外交关系降至代办级。

全球网络空间合作峰会举行。5 日，第四届全球网络空间合作峰会在美国斯坦福大学举行，来自全球 40 多个国家的 350 多名政府官员、国际网络安全组织和知名信息技术公司代表参加。中国国务院新闻办公室主任蔡名照出席峰会开幕式并发表了唯一的主旨演讲，他呼吁各国通过加强合作来维护网络空间安全。峰会围绕网络基础设施保护、网络安全的经济和法律影响、网络安全合作三大主题展开具体讨论。全球网络空间合作峰会创立于 2010 年，由美国知名智库东西方研究所主办。

叙利亚化学武器核查销毁取得进展。5 日，安理会就叙利亚化学武器问题举行非正式磋商，听取了联合国与禁止化学武器组织叙利亚化学武器问题联合调查团特别协调员西格里德·卡格所做的最新情况汇报。卡格会后向媒体表示，报告介绍了工作进展，与叙利亚当局展开的建设性合作，有关今后对特派团的国际支助以及销毁叙利亚化学武器的计划等问题。美国常驻联合国代表鲍尔表示，国际社会在销毁叙利亚化学武器方面取得了显著进展，核查工作开始以来，联合特派团已对叙利亚申报的 23 个地点中的 21 个进行了核查，检查了设在这些地点的 41 处设施中的 39 个。15 日，禁止化学武器组织通过了叙利亚全面销毁化学武器的详细方案。叙利亚已经完成全面消除化武的第一阶段目标，对所有已申报的化学武器生产和组装设施中关键设备进行了功能性破坏。

联合国教科文组织第 37 届大会召开。5 日，联合国教科文组织第 37 届大会在法国首都巴黎召开。来自全球 195 个会员的多位国家元首、150 名部长和 3000 名代表与会，共同规划教科文组织未来 8 年的发展战略。中国教育部副部长、中国联合国教科文组织全国委员会主任郝平作为大会唯一推举候选人正式当选大会主席，任期2年。9日，美国、以色列等5个国家因为拖欠组织会费而自动丧失了投票资格，另外8个国家因未能及时提交代表资格证书、手续不全而失去投票权。美国国务院发言人普萨基表示，美方对丧失联合国教科文组织大会投票权感到遗憾。美方注意到在联合国教科文组织大会丧失了“投票权”，而不是丧失“会员资格”。美方打算继续以任何可能的方式与教科文组织展开协作，包括出席会议和参加辩论，美国现在仍保有教科文组织执委会成员资格并享有这部分投票权。12日，博科娃成功连任联合国教科文组织总干事。博科娃表示，在第二个任期内，将把工作重点放在女性赋权方面，帮助女性在和平环境中表达诉求，实现人生价值。希望联合国教科文组织会员能够更加团结，朝着共同目标而努力。

塔吉克斯坦总统赢得连任。6日，塔吉克斯坦总统选举开始投票，包括现任总统拉赫蒙在内的6名候选人角逐总统职位。来自欧洲安全与合作组织、独立国家联合体、上海合作组织以及驻当地外交使团的500多名国际观察员督选。7日，塔吉克斯坦中央选举和公投委员会主席绍西勇在新闻发布会上公布了统计结果：“由塔吉克斯坦人民民主党、青年联盟和独立工会协会推选的总统候选人拉赫蒙获得302.3754万名选民的支持，得票率为83.6%。根据塔吉克斯坦共和国宪法第66条和《塔吉克斯坦共和国总统选举法》第34条的规定，中央选举和公投委员会通过决议，宣布拉赫蒙当选塔吉克斯坦共和国总统。”16日，拉赫蒙在政府官邸宣誓就职。拉赫蒙表示，今后7年内将继续努力降低居民贫困程度，创造新就业岗位，确保能源独立和发展与发达国家的合作。他强调，“我们设立三个战略目标：实现粮食安全，确保能源安全与走出交通闭塞状态。政府将有计划地争取实现这些目标”。

伊朗核问题谈判达成第一阶段协议。7日，美国、俄罗斯、英国、法国、德国与中国的代表与伊朗代表在瑞士日内瓦举行新一轮核问题谈判。为期3天的谈判未达成协议。12日，国际原子能机构主席天野之弥访问伊朗，与伊朗原子能组织主席萨利希进行了闭门磋商。会谈后，双方表示，伊朗与国际原子能机构就合作路线图达成一致，伊朗将允许核查人员检查阿拉克重水反应堆及阿巴斯港附近的加钦铀矿。24日，伊朗核谈判六国与伊朗在日内瓦就解决伊朗核问题第一阶段措施达成协议。伊朗外长扎里夫在日内瓦国际会议中心举行的记者会上说，当天达成的协议是一项重要成就，但只是第一步，各方需要继续立足于平等、互相尊重和共同利益的原则而共同努力。美国国务卿克里表示，协议主要内容包括：伊朗同意暂停生产丰度为5%以上的浓缩铀，同时稀释或转化库存丰度为20%的浓缩铀；接下来6个月时间里，伊朗不再增加丰度为3.5%的浓缩铀库存，不再兴建额外的铀浓缩设施，不新增离心机；伊朗不再建设被怀疑可能生产武器级别钚的阿拉克重水反应堆；伊朗核设施接受以往从未有过的国际监督；暂停对伊朗黄金、贵金属、汽车等的部分进口限制；暂停对伊朗石油化工产品的部分出口限制。克里强调，对伊朗放松制裁的方式将是“有限和可逆转的”，对伊朗石油禁运和金融制裁等绝大部分措施在6个月内仍将继续。

利比亚进入国家紧急状态。7日，利比亚米苏拉塔民兵武装与的黎波里星期五市场地区武装在的黎波里中心烈士广场附近的公路上爆发激烈冲突。15日，约500名的黎波里市民在的黎波里加尔古尔地区组织游行，抗议民兵武装在该市频频实施暴力活动。游行队伍行进到米苏拉塔民兵组织驻地时遭到袭击。16日，利比亚临时政府总理扎伊丹发表公开讲话，要求相互对立的民兵武装撤出的黎波里。同日，利政府宣布，在的黎波里实施48小时的紧急状态。17日，利革命者行动委员会宣布，利进入为期2天的国家紧急状态。21日，多个民兵武装撤出的黎波里。

菲律宾遭遇20年来最强台风。8日，菲律宾中部6个岛屿遭超强台风“海燕”袭击，致5598人遇难，1759人失踪，影响人口约950万，超过40万人流离失所。11日，菲总统阿基诺三世宣布全国进入灾难状态，中央政府接管灾区的救灾行动。22日，世界银行宣布向菲律宾追加约4.8亿美元金融援助，使世行对菲律宾的援助总额达到近10亿美元。

马尔代夫举行总统大选。9日，马尔代夫进行总统大选投票。前总统、民主党候选人纳希德以46.97%的得票率排名第一，按计划他与名列第二的进步党候选人亚明·阿卜杜勒·加尧姆在10日进行大选第二轮对决。10日，马最高法院发布命令，要求原定10日举行的第二轮投票推迟到16日，并下令在任总统瓦希德11日任期届满后继续执政。15日，瓦希德宣布辞职。他表示，在他继续执政的情况下举行总统大选显然有违宪法精神。16日，亚明在总统选举第二轮投票中以51.5%的多数票当选新一任总统。17日，亚明宣誓就职。他在就职演讲时表示，新政府当务之急是发展经济，将采取有力措施全面推动经济，将马尔代夫建成一个和平、进步的国家。亚明表示将精简机构，减少公共支出，建立一个小型而高效的政府。他承诺改善社会治安，建立法制社会，打击毒品犯罪，给予妇女和年轻人更多关注和机会。亚明现年 54 岁，是曾执政 30 年的马尔代夫前总统穆蒙·阿卜杜勒·加尧姆的胞弟。

国际法庭判决泰柬争议土地主权。11 日，国际法庭判定，泰国与柬埔寨边境千年古刹柏威夏寺周边争议区域主权归属柬方，泰方必须撤出全部武装力量。国际法院的决定属终审判决，具有法律约束力且不得上诉。柬、泰两国外长均到海牙国际法庭听审。柬埔寨副总理兼外长贺南洪说："这样的判决很好。"泰国外长素拉蓬表示，判决是"双方都满意的结果"。两国联合委员会接下来将商讨解决边境争端的途径。

英伊两国恢复外交关系。11 日，英国外交部宣布，任命资深伊朗问题专家阿杰伊·夏尔马为非常驻伊朗临时代办。同日，伊朗外交部宣布，任命穆罕默德·哈桑·哈比布拉扎德为驻英国临时代办。英国外交大臣威廉·黑格上月致电伊朗外长扎里夫，建议双方在对方首都各任命一名非常驻临时代办，以恢复外交关系。双方随后就此事达成一致。

泰国特赦法案引发政治动荡。11 日，泰国国会上议院对特赦法案进行一读辩论，经过 12 个小时的辩论后，参加投票表决的 140 名议员全部投了反对票。按照泰国法律，法案在上议院遭否决后，将被冻结 180 天，然后退回下议院进行再次审议。泰国总理英拉及执政的为泰党此前承诺，如果特赦法案遭上议院否决，将不再交回下议院审议，并彻底放弃这一法案。13 日，泰国反政府团体举行 3 天的全国"罢工、罢市、罢课"，以示反对特赦法案。15 日，民主党向国会两院分别提交了针对英拉的弹劾案和不信任案。20 日，泰宪法法院以 6 票支持、3 票反对的结果裁定，为泰党及其执政盟友提出的修宪草案违反宪法第 68 项条款内容，触犯君主立宪政体。法院认为，该修宪草案破坏国会两院平衡，可能导致下议院控制上议院的局面。24 日，泰前民主党议员素贴在曼谷民主纪念碑附近发起大规模反政府集会。素贴表示，泰国近年来的贪污腐败及社会分裂都来源于"他信政权"，为使泰国实现真正的民主必须彻底清除这一政权，解散英拉政府及国会。同日，支持政府的"红衫军"在曼谷郊区一体育场内举行大规模集会。"红衫军"领导人乍都蓬表示，"红衫军"已做好准备保卫英拉政府的安全，不能让素贴夺取政权。25 日，反政府示威者游行到财政部、内政部、警察总署以及电视台等地。一些部委因示威游行无法正常办公。同日，英拉发表电视讲话，宣布将国内安全法实施范围扩大到首都曼谷全部地区及周边几个省，以应对愈演愈烈的反政府集会示威。英拉强调，目前集会示威者占领了部分政府部门并导致这些部门断水断电，扰乱了政府的正常运作，威胁国家及民众安全，所以国内安全法的实施是必要的。英拉呼吁集会领导人素贴停止组织反政府集会，在国会内部解决政治分歧。26 日，泰国警方向法院提出逮捕反政府集会领导人素贴的请求，法院随后批准了逮捕令。28 日，泰国会下议院否决了反对党提出的针对总理英拉及内政部长乍鲁蓬的不信任案。29 日，泰国陆军司令巴育在一份声明中表示，泰国陆军效忠于国王和人民，反政府人士不要试图强迫陆军在政治问题中“选边站”，各方不要试图把陆军卷入到政府与示威人士的政治纠纷中去。他强调，军方正在密切关注局势发展，如果由于集会活动引发暴力冲突，导致人员伤亡，军队随时准备为人民提供保护和帮助。他呼吁反政府活动在民主和法制范围内举行，各方应迅速地以和平方式化解当前政治危机。30 日，“红衫军”与兰甘亨大学学生爆发冲突，造成 2 人死亡和 35 人受伤。同日，素贴带领反政府示威者在泰国特别案件调查厅等处举行集会。

美欧举行第二轮《跨大西洋贸易与投资伙伴协议》谈判。11 日，《跨大西洋贸易与投资伙伴协议》第二轮谈判在欧盟总部比利时首都布鲁塞尔进行。持续一周的谈判重点聚焦在“监管一致性”的问题上，主要涉及服务业、投资领域、能源和原材料产业的开放和相关产业监管合作等议题。双方还举行了视频会议，讨论医疗措施、知识产权、竞争政策以及中小企业相关的话题。在联合新闻发布会上，双方谈判代表表示，一旦双方降低贸易壁垒，将收获巨大的经济效益，远超日均 20 亿欧元的贸易量。双方承认，谈判障碍依旧存在，主要集中于复杂的技术层面以及极易引发争议的政治层面。美国首席谈判代表达恩·马拉尼表示，第二轮谈判是首轮谈判的“继续与深化”，为双方提供了一个更加深入讨论美欧经贸话题的机会。欧盟委员会贸易委员德古赫特称：“很高兴欧美自贸协定的谈判在历经波折后能重回正轨，我们正在广泛的问题上取得积极且稳定的进展。”

俄罗斯总统普京访问越南和韩国。12 日，俄罗斯总统普京抵达越南首都河内，开始对越南进行正式访问。普京向胡志明墓敬献花圈后与越南国家主席张晋创举行会谈。普京说：“我们谈论的内容包括非常敏感的军事技术及军事合作。两国在机械制造、航空航天以及人道主义领域有大量合作项目。”张晋创表示，普京访越有助于加强两国间的战略合作伙伴关系。会谈结束后，两国举办了 10 多份共同文件的签字仪式，并发表进一步加强两国全面战略伙伴关系的联合声明。访问期间，普京分别与越共中央总书记阮富仲和总理阮晋勇举行会谈。同日，普京抵达韩国访问。13 日，普京与韩国总统朴槿惠举行首脑会谈。两位总统就加强经济合作、扩大人员交流、解决朝核问题的方案、实现东北亚地区和平与稳定等问题深入交换意见。双方发表联合声明，明确表示不能容忍朝鲜独自构建导弹与核的体系，并指出根据《核不扩散条约》，朝鲜不能拥有拥核国家地位。声明强调，朝鲜应该遵守联合国安理会的有关决议和其作出的无核化相关承诺。俄、韩两国将与“六方会谈”当事国一道为营造有利于重启对话的气氛共同努力。声明敦促朝鲜等未加入《禁止化学武器公约》的国家尽快加入公约。

国际红十字会召开第 19 届全体大会。12 日，国际红十字会与红新月会国际联合会第 19 届全体大会在澳大利亚悉尼会展中心开幕。来自世界各地的 187 个成员国共计 1000 多名代表出席了会议。大会的主要内容是跟进该会“2020 战略”的执行进展，确定该会 2015 后千年发展目标的战略定位，以及共商各方关心的问题和发展大计。13 日，大会举行主席选举，日本红十字会会长近卫忠辉连任主席一职。

安理会未能通过推迟审判肯尼亚领导人决议草案。15 日，联合国安理会就推迟国际刑事法院审判肯尼亚领导人的决议草案举行投票，中国、俄罗斯、巴基斯坦等 7 国代表投了赞成票，美国、英国、法国等 8 国代表投了弃权票，该草案未获通过。在安理会，至少需要 9 票赞成且没有常任理事国投票反对，决议才能获得通过。埃塞俄比亚常驻联合国代表阿莱穆在投票后对媒体说，考虑到非洲地区面临持续的恐怖主义威胁，对肯尼亚领导人的审判使他们无法集中精力履行职责，从而对地区和平与安全带来威胁。

英联邦峰会举行。15 日，英联邦政府首脑会议（即英联邦峰会）在斯里兰卡首都科伦坡开幕。英国查尔斯王储、卡梅伦首相和 53 个英联邦成员国的政府首脑出席了开幕式。印度总理辛格、加拿大总理哈珀以及其他几个国家领导人抵制了这次峰会。斯里兰卡总统拉贾帕克萨在开幕式致辞时说，英联邦各成员国应加强团结与合作，共同应对国际挑战，英联邦组织的活力也正来源于此。作为英联邦成员国之一，斯里兰卡正处于一个全新的时代。目前，斯里兰卡国内社会和平稳定，经济发展面临新的机遇，这是在过去的 30 年里斯人民未曾享有的。战后斯里兰卡虽然还面临诸多挑战，但斯政府有坚定的信心和明确的发展目标，将着力解决好健康、教育、就业和消除贫困等民生问题。峰会讨论了减免弱小国家债务、全球气候变暖、联合国“千年发展计划”、反恐、网络安全等国际问题。与会各方一致认为，实现公平和包容性发展应成为英联邦最优先政策。会议决定，下一届峰会将于 2015 年在马耳他举行。峰会通过《科伦坡宣言》后闭幕。

日本首相安倍晋三访问柬埔寨和老挝。16 日，日本首相安倍晋三抵达柬埔寨首都金边与柬总理洪森举行会谈，共同庆祝日本和柬埔寨建交 60 周年。安倍表示，鉴于台风“海燕”造成菲律宾民众伤亡惨重，日本“希望认真讨论加强日本和东盟的灾害合作框架”。洪森表示赞同安倍的提议。会谈后双方发表了联合声明。两国同意在政治与安全领域加强对话，并增进国防领域的合作。声明呼吁朝鲜履行联合国安理会决议的相关责任，促请朝鲜实践自己在 2005 年六方会谈联合声明中的承诺，采取具体步骤实现非核化。17 日，安倍对老挝进行正式访问。安倍与老挝总理通邢举行会谈，双方同意由两国外交和防务部门探讨建立安全对话框架，并就扶贫优惠贷款、万象瓦岱国际机场候机楼扩建项目、遗留集束炸弹清除工作、色公大桥的设计等方面达成协议。老挝宣布将对日本实行公务护照免签政策，同意日本国际贸易机构在万象设立办事处。安倍在新闻发布会上称，日本“增加了对地区乃至对全球和平与稳定的贡献”。他再次邀请东盟国家领导人 12 月到日本首都东京参加“东盟—日本纪念峰会”。

欧洲理事会主席和欧盟委员会主席访问亚洲三国。17 日，欧盟委员会主席巴罗佐抵达蒙古国首都乌兰巴托，开始对蒙古国进行访问。巴罗佐与蒙总统额勒贝格道尔吉举行小范围见面和正式会谈。巴罗佐宣布继续将蒙古国列入“普遍优惠制”国家，即在蒙古国生产的产品出口欧盟国家享受免税待遇。同时表示双方将加强教育、文化、社会等领域的合作。额勒贝格道尔吉表示，蒙古国视欧盟为“第三邻国”，并将发展对欧盟关系作为外交政策优先方向之一。他代表蒙古国和蒙古国人民感谢欧盟及其成员国在蒙民主和市场经济转型过程中所提供的帮助。同日，巴罗佐会见了蒙总理阿勒坦呼雅格。

19 日，欧洲理事会主席范龙佩和巴罗佐抵达日本首都东京，与日本首相安倍晋三举行了定期首脑会谈，双方就亚洲和中东地区形势交换了意见，并谴责朝鲜导弹发射及核试验，要求朝鲜弃核。双方一致认为应加速解决朝鲜绑架日本人问题。会谈后发表了联合公报。双方确认将基于自由和人权等共同价值观，尽早签订政治领域战略伙伴关系协定。

20 日，范龙佩、巴罗佐抵达北京，出席第 16 次欧盟中国领导人会晤。中国国家主席习近平会见范龙佩和巴罗佐。范龙佩和巴罗佐表示，欧中都是促进世界和平、安全与繁荣的重要力量。双方建立全面战略伙伴关系 10 年来，合作日益巩固和加强，彼此成为重要合作伙伴。欧方高度赞赏中国取得的巨大发展成就，支持中国全面深化改革。中国保持发展势头，对欧洲很重要。欧盟也正致力于改革，推进一体化进程。欧中共同拥有一个实现和平、公正、繁荣世界的梦。习近平指出，作为最大的发展中国家和最大的发达国家联合体，中欧是维护世界和平的“两大力量”；作为世界上两个重要经济体，中欧是促进共同发展的“两大市场”；作为东西方文化的重要发祥地，中欧是推动人类进步的“两大文明”。中国共产党十八届三中全会就全面深化改革进行了总体部署。中国正朝着实现中华民族伟大复兴的目标向前迈进。21 日，范龙佩、巴罗佐同中国国务院总理李克强共同主持第 16 次欧盟中国领导人会晤。范龙佩和巴罗佐表示，欧中全面战略伙伴关系建立 10 年来，双方关系日益成熟，取得巨大发展，为世界的和平、稳定与发展作出了贡献。面向未来 10 年，欧中关系前景广阔。欧方支持中国全面深化改革，愿与中方加强沟通，相互信任，相互支持，推进欧中投资协定谈判，扩大互利合作，通过对话谈判解决摩擦和分歧，共同反对贸易和投资保护主义，加强在国际、地区事务中的协调与配合，推动欧中关系长期、稳定发展。李克强说，中方高度重视中欧关系。欧盟是多极化世界中的重要一极，也是中国实现现代化进程中的重要合作伙伴，中欧加强合作符合彼此共同利益，向世界发出了和平、发展、合作的积极信息。李克强表示，当前中国和欧洲都处在各自发展的关键阶段，深化中欧关系的必要性和紧迫性更加突出。会晤后，范龙佩、巴罗佐与李克强出席了欧中农业、能源、知识产权等领域有关合作文件的签字仪式。双方共同发表了《欧中合作 2020 战略规划》。

第三届非洲—阿拉伯国家峰会举行。19 日，第三届非洲—阿拉伯国家峰会在科威特举行。来自非洲和阿拉伯地区的 60 多个国家的首脑、部长和相关领域专家出席会议。开幕式上，非盟委员会主席祖马和非盟轮值主席埃塞俄比亚总理海尔马里亚姆作为会议的联合主席发言。峰会以“发展和投资领域的伙伴”为主题，再次强调了两大区域间经济合作和区域一体化的重要性，呼吁加强两大区域投资和经贸合作，加快非洲—阿拉伯联合行动计划的执行。峰会通过了《科威特宣言》及一系列关于反恐、反走私、促进经济发展等方面的决议。宣言指出，阿拉伯和非洲国家认识到需要努力制定支持经济发展的政策，以保证促进消除贫困和新千年发展计划的可持续性。坚决反对一切形式恐怖主义和跨境有组织犯罪，如绑架、贩卖人口、毒品走私、海盗和非法军火交易等。宣言重申了阿拉伯和非洲国家的决心和承诺，即将共同努力解决两地区冲突和暴力行为的主要原因，并寻求实现这两个地区人民繁荣和富饶的环境。20 日，峰会主席、科威特埃米尔萨巴赫在闭幕式上说，阿拉伯和非洲国家未来所面临的合作与发展道路漫长而艰难，需要付出双倍努力和精力才能克服各种挑战，达到预期结果。下届峰会将于 2016 年在非洲国家举办。

华沙气候大会达成协议。19 日，《联合国气候变化框架公约》第 19 次缔约方会议暨《京都议定书》第九次缔约方部长级会议在波兰首都华沙开幕，旨在为 2015 年通过和 2020 年开始实施的全球新减排协议做好准备工作。东道主波兰总理图斯克出席开幕式并发表讲话，他呼吁华沙气候大会谈判取得进展，各方为达成共识作出最大努力。图斯克说，华沙气候大会将开启气候保护的新道路，从而就气候协议达成一致。波兰作为主办国不会将本国意愿强加于其他与会国，但气候变化问题需世界各国通力合作才能得到有效解决。联合国秘书长潘基文在开幕式上呼吁各国以“智慧、紧迫感和决心”迎接气候变化带来的挑战，要求那些还没有接受《京都议定书》第二承诺期的国家尽快接受，并呼吁发达国家尽快落实对发展中国家做出的资金和技术支持承诺。23 日，会议达成协议后在华沙落下帷幕。中国代表团团长、国家发改委副主任解振华在会议闭幕后举行的新闻发布会上介绍了本次会议取得的成果：·是重申了落实“巴厘路线图”成果对于提高 2020 年前行动力度的重要性。同时围绕资金、损失和损害问题达成了一系列机制安排，为推动绿色气候基金注资和运转奠定基础。二是就进一步推动“德班平台”达成一致，为下一步“德班平台”谈判沿着加强公约实施的正确方向不断前行奠定了政治基础。23 日，潘基文发表声明说，华沙气候大会通过的决定将成为在 2015 年达成一项具有法律约束力的普遍协议的重要基石。

美国和澳大利亚举行“2 +2”会晤。20 日，美国和澳大利亚部长级定期磋商会议在美国首都华盛顿举行。美国国务卿克里、国防部长哈格尔与澳大利亚外长毕晓普、国防部长大卫·约翰斯顿举行会晤。克里在会晤后的新闻发布会上宣布，美澳之间签署了一项非约束性的协议，协议的规则将指导双方建立一项军力部署协议，该协议将在未来强化美澳关系。哈格尔称，美国总统奥巴马在2011年访问澳大利亚堪培拉时宣布了美军在澳大利亚的军力部署计划，目前计划仍在进行中。美国海军的两个团已经在澳大利亚西北海岸的主要城市达尔文进行了轮换。到2014年，美国海军在达尔文附近的轮换部队将扩大到1100人。

乌克兰紧急“叫停”入欧谈判。21日，乌克兰政府决定，暂停有关与欧盟签署联系国协定的准备工作，同时表示将加强与俄罗斯等其他独联体国家的经贸关系。同日，欧盟外交和安全政策高级代表阿什顿发表声明说，这一决定不仅让欧盟失望，也让乌克兰人民失望。她强调，乌克兰的未来在于和欧盟保持密切关系，乌克兰人民将是协定的主要受益者。欧洲议会负责与乌克兰谈判的两位特使——欧洲议会前议长考克斯和波兰前总统克瓦希涅夫斯基发表声明，对乌克兰的“单方面决定深表失望”。俄罗斯总统新闻秘书佩斯科夫对乌克兰有意加强与俄经贸伙伴关系表示欢迎。他表示，乌方暂停签署联系国协定纯属乌克兰内政。22日，俄总统普京表示，俄乌有自贸区协定，许多商品零关税。如果乌欧签署相应的自贸区条约，这一机制就会自动延展至俄关税区，可能扼杀整个俄罗斯的经济系统。他称，这不是政治问题，而是经济问题。2012年3月，乌克兰与欧盟草签了联系国协定，双方打算2013年11月底正式签署此文件。

洪都拉斯举行大选。24日，洪都拉斯举行大选，535万名登记选民投票选出总统、128名国民议会议员、20名中美洲议会议员和298名市级官员。约750名国际观察员及近千名国外媒体记者应邀参与选举监督和报道。28日，洪官方宣布，保守派候选人胡安·埃尔南德斯获得35.88%的选票，赢得大选。

李克强访问罗马尼亚并出席中国—中东欧国家领导人会晤和上海合作组织总理第12次会议。25日，中国国务院总理李克强抵达罗马尼亚首都布加勒斯特，开始对罗马尼亚进行正式访问。同日，李克强与罗马尼亚总理蓬塔举行会谈。李克强说，中罗建交以来，无论国际形势如何变幻，中罗关系始终顺利发展，得到两国人民的广泛支持。2014年中、罗将迎来建交65周年和建立全面友好合作伙伴关系10周年，希望双方以此为契机，深化传统友好，挖掘合作新领域，推动中罗关系取得新发展。蓬塔称，中国是罗马尼亚的特殊伙伴和朋友，李克强总理对罗马尼亚进行的友好、务实访问具有重要历史意义，必将推动两国关系进入新阶段。罗方愿与中方扩大经贸、电力、铁路、畜牧业等领域务实合作和人文交流，在国际、地区事务中相互支持和配合。会谈后，两国总理共同出席了双边经贸、投资、文化、检疫、能源等领域合作文件的签署。同日，李克强分别会见波黑总理贝万达、克罗地亚总理米拉诺维奇、立陶宛总理布特克维丘斯和爱沙尼亚总理安西普。

26 日，李克强和罗马尼亚总理蓬塔共同主持中国与中东欧 16 国领导人会晤，就深化中国—中东欧关系进行深入讨论，规划未来合作蓝图。李克强表示，中国和中东欧国家传统友谊深厚，没有利害冲突，扩大合作的基础坚实牢固。中国与中东欧国家合作透明、开放、包容，既符合双方利益，也将为深化中欧全面战略伙伴关系发挥积极建设性作用。李克强强调，中国高度重视发展同中东欧国家的关系，愿同各国创新合作思路、方式和机制，落实好布加勒斯特纲要，推动中国—中东欧合作跨上新台阶。李克强提出今后一个时期合作的六点建议：一是做大做实经贸合作；二是加快推进互联互通；三是大力加强绿色合作；四是积极拓展融资渠道；五是深挖地方合作潜力；六是丰富人文交流。与会的中东欧国家领导人积极评价中东欧国家—中国合作成果，欢迎李克强提出的双方合作战略框架。会晤后，中国与中东欧 16 国共同发表《中国—中东欧国家合作布加勒斯特纲要》。会议期间，李克强分别会见保加利亚总理奥雷沙尔斯基、斯洛伐克总理菲乔、捷克总理鲁斯诺克、波兰总理图斯克。27 日，李克强分别会见罗马尼亚总统伯塞斯库，参议长安东内斯库和众议长兹戈内亚，并在议会发表演讲。

28 日，李克强抵达乌兹别克斯坦首都塔什干，出席上海合作组织成员国总理第 12 次会议。李克强在乌总统官邸会见总统卡里莫夫。李克强说，乌兹别克斯坦是中国在中亚值得依赖的好朋友、好伙伴。习近平主席 2013 年 9 月对乌兹别克斯坦的国事访问取得丰硕成果，为两国关系发展注入了强大动力。卡里莫夫表示欢迎李克强来乌出席上合组织总理会议。乌中战略伙伴关系有着牢固的基础和广阔的发展前景。中国一贯奉行相互尊重、平等相待、互利共赢的原则，深得乌兹别克斯坦等中亚国家人心。乌方愿与中方携手努力，进一步提升两国合作水平，造福两国人民。双方还就共同关心的国际和地区问题深入交换意见。29 日，李克强出席上海合作组织成员国总理第 12 次会议，同与会各国领导人就促进上合组织框架内多领域合作、加强上海合作组织建设等深入交换意见，达成广泛共识。李克强说，上海合作组织成立 12 年来，奉行互信、互利、平等、协商、尊重多样文明、谋求共同发展的“上海精神”，在诸多领域的合作取得重要成果。当今世界政治经济形势发生复杂变化，我们既要保持传统，坚持原则，也要创新合作方式，拓展合作领域，共同应对挑战。总理会议通过了《关于成立上海合作组织开发银行和上海合作组织发展基金下一步工作的决议》、《上海合作组织成员国政府首脑关于进一步开展交通领域合作的联合声明》，签署了《上海合作组织成员国传染病疫情通报方案》等文件。会议决定，上海合作组织下次总理会议将于2014年在哈萨克斯坦举行。会议期间，李克强分别会见吉尔吉斯斯坦总理萨特巴尔季耶夫、哈萨克斯坦总理艾哈迈托夫和塔吉克斯坦总理拉苏尔佐达。

联合国宣布2014年为“声援巴勒斯坦人民国际年”。26日，第68届联合国大会在美国纽约联合国总部就巴勒斯坦问题举行全体会议，以纪念“声援巴勒斯坦人民国际日”。联大就一项由30多个国家共同提交的决议草案进行投票表决。在参加投票的173个联合国会员国中，有110个国家赞成，美国、以色列、帕劳、马绍尔群岛、密克罗尼西亚联邦、加拿大和澳大利亚投了反对票，56个国家弃权。大会通过决议，决定宣布2014年为“声援巴勒斯坦人民国际年”。

欧盟东部伙伴关系峰会举行。28日—29日，第三次欧盟东部伙伴关系峰会在立陶宛首都维尔纽斯召开。欧盟机构和成员国领导人，以及乌克兰、亚美尼亚、阿塞拜疆、格鲁吉亚四国总统，摩尔多瓦总理，白俄罗斯外长出席会议。峰会发表联合声明，总结了东部伙伴关系两年来进展情况，规划了至2015年下届峰会前合作方向和目标。欧盟与格、摩草签联系国协定，2014年秋天正式签署。欧盟与乌签署民航协定，与阿签署签证便利化协定，与格签署参与欧盟危机管理行动框架协定。欧盟现任轮值主席国立陶宛总统格里包斯凯特表示，此次峰会非常成功，“东部伙伴关系”计划发展到一个新阶段。

月

泰国形势持续紧张

南苏丹局势突发动荡

日本政府继续调整安全战略

多哈回合谈判取得历史性突破

美国联邦储备委员会拉开退出量化宽松政策序幕

南非前总统曼德拉去世

泰国形势持续紧张。1 日，泰国副总理巴差宣布，首都曼谷当晚实施宵禁。当晚，泰国反政府集会领导人素贴要求总理英拉将管理国家的权力交给人民，成立“人民议会”。2 日，英拉发表电视讲话说，只要能使泰国恢复平静，她愿意接受反政府一方的任何合法要求。英拉再次承诺不会对集会民众使用武力。3 日，为庆祝泰国国王生日，形势出现缓和。4 日，泰国副总理兼外交部长素拉蓬说，如果素贴希望就组建“人民议会”等政治提议展开谈判，必须首先向警方自首。泰国海军司令表示，军方不希望重蹈政变覆辙。6 日，紧张形势再度升级。8 日，英拉表示，她已经做好解散国会并重新举行大选的准备，前提是这必须是大多数民众的意愿。英拉还建议通过全民公决的方式确定如何结束国家乱局。但泰国最大反对党民主党当天投票决定，本党议员从国会集体辞职，加入反政府集会示威的队伍。9 日，英拉发表电视讲话宣布解散国会下议院，尽快确定重新大选的日期，在此期间，总理和内阁将继续履行职责。同日，素贴在总理府外的集会现场发表声明称，人民已经从英拉政府手中成功夺回了权力。他号召反政府示威者继续集会，迫使英拉交出临时政府总理的职位，并由“人民议会”行使临时政府职责直到大选，他本人不会参加大选。10 日，英拉在新闻发布会上表示已经做出最大让步，再次呼吁各方共同维护民主制度。素贴当日表示，反对派将以“叛乱罪”起诉英拉。12 日，英拉发表电视讲话，邀请各政党、各部门派代表 15 日共商解决政治僵局的办法，但遭到反对派拒绝。当日，泰国紧急情况委员会会议决定，将泰南陶公、北大年、也拉 3 府紧急状态法令实施期限再延长 3 个月。14 日，泰国军方在位于曼谷的武装部队司令部举行论坛，邀请反政府示威者及一些重要机构、民间团体、学术界代表和国内外媒体共同探讨解决政治僵局的办法。泰国武装部队司令塔纳萨拒绝素贴寻求军方支持的要求，强调军方的行为必须遵守法律。15日，泰国看守政府主导的“政改论坛”召开，看守内阁副总理蓬帖称，看守政府同意有关学者的建议，任何政党在赢得下一届国会下议院选举后，都将在其任期内推进该国的政治改革进程。17日，英拉重申，在新一届政府产生前，她不会辞去其看守内阁总理职务。她欢迎有关各方通过各种政治论坛对该国的改革提出建议和意见，但认为国家改革的时机须符合宪法规定，因此坚持国家政改应在大选后进行。17日，民主党主席阿披实连任。18日，阿披实表示，当前政治气氛不佳，人民对政府权力基础有所怀疑，选举应该要延后。19日，泰国特别案件调查厅厅长塔尼表示，调查厅决定冻结包括素贴在内的18名反政府集会领导人的银行账户，并向他们发出传票，指控他们犯有煽动叛乱罪。调查厅还将冻结反政府集会用于接收支持者募捐款项的两个公共账户，直到关于集会领导人的案件调查结束。20日，兼任国防部长的英拉主持国防委员会会议，国防部发言人塔纳提转述，英拉呼吁军方将领提醒军队保持中立，平等对待所有政党。英拉也要求武装部队，如果有需要，请他们协助选举委员会让大选顺利进行。21日，民主党决定不参加2014年2月2日的大选。23日，大选登记开始。25日，英拉正式提议，在2014年2月2日大选结束后，成立“泰国改革委员会”以全面推进各项改革。该提议遭到反对派拒绝。26日，泰国选举委员会发表声明，建议看守政府推迟大选，以避免更多冲突和伤亡。如果各方不能有效缓解目前紧张局势，选委会将使用职权采取合适措施。30日，泰国陆军副发言人温泰表示，军方没有准备发动政变。泰国会下议院选区制议员候选人登记工作除泰南数个府因受反政府群体阻挠而暂停外，其余各府的登记工作尚属正常。

埃及各派力量围绕新宪法激烈博弈。1日，由修宪“50人委员会”推出的埃及新宪法完成起草。3日，提交临时总统曼苏尔，并将于2014年1月下旬进行全民公决。埃及多数属于世俗和自由派的政党对新宪法表示欢迎。18日，埃及前总统穆尔西因涉嫌间谍罪及恐怖主义罪行将遭检方起诉。22日，包括埃及穆兄会在内的多个伊斯兰党派组成的“支持合法性全国联盟”宣布抵制将于2014年1月举行的新宪法草案公投。穆兄会下属政党自由与正义党官方网站当天援引这一支持前总统穆尔西联盟的声明说，由于新宪法草案是由

“通过‘政变’掌权的政府”制定，因此它是无效的。25 日，埃及临时政府宣布，穆兄会为恐怖组织。对此，穆兄会执行委员会成员易卜拉欣·穆尼尔表示，穆兄会将继续进行抗议。26 日，内政部新闻发言人拉蒂夫表示，埃及过渡政府决定对任何参与支持穆兄会游行的人判处 5 年监禁，这是根据埃及刑法第 86 条关于恐怖主义集团的相关规定做出的。当日，联合国秘书长潘基文呼吁所有埃及人就过渡进程寻求共同点并重新达成共识，并再次强调政治包容的必要性。27 日，穆尔西和穆兄会支持者再次与其反对者和军警爆发冲突，导致 3 人死亡，265 人被捕。

乌克兰爆发大规模抗议。2 日，乌克兰首都基辅发生数万名抗议者参加的示威活动，抗议政府拒绝签署与欧盟的贸易协定。当日，联合国秘书长潘基文通过其发言人发表声明，呼吁乌克兰各方保持克制，避免进一步的暴力冲突。北约秘书长拉斯穆森也呼吁乌克兰各方保持克制，不惜一切代价避免暴力以及使用武力。3 日，乌克兰最高拉达（议会）否决由反对派提出的对政府不信任案。当日，乌克兰总统亚努科维奇抵达北京，开始对中国进行国事访问。5 日，中国国家主席习近平在北京人民大会堂与亚努科维奇举行会谈，两国元首一致同意深化中乌战略伙伴关系。10 日，俄罗斯国家杜马通过一项关于乌克兰局势的特别声明，呼吁各方为了乌克兰人民的利益，和平解决目前的国内问题。声明强调，乌克兰的地缘政治选择是乌克兰的主权和内部事务，呼吁西方停止对乌克兰政治施加外部压力。当日，乌克兰总统亚努科维奇表示同意与反对派举行圆桌会议进行谈判。11 日，美国国务院发言人普萨基表示，美国正在考虑是否对乌克兰采取制裁措施，“以应对乌克兰政府压制抗议活动之举”。12 日，美国国防部长哈格尔与乌克兰国防部长列别捷夫进行了电话交谈，呼吁乌方不要对和平示威者使用武力。列别捷夫回应称，乌克兰政府并没有打算对示威者使用武力，承诺将哈格尔的意见转达给乌总统亚努科维奇。14 日，来自全国各地的数万名乌克兰地区党支持者高举国旗和地区党旗帜，在首都基辅市中心的欧洲广场举行集会，支持总统的大政方针。乌克兰地区党主席、政府总理阿扎罗夫在这场名为“守护乌克兰”的大规模群众集会上发表讲话说，为了国家利益，全体乌克兰人必须同心同德。他在强调与俄罗斯恢复正常经贸关系重要性的同时，表示乌克兰不会放弃与欧洲一体化的努力。16 日，乌克兰总统亚努科维奇会见美国参议员麦凯恩和克里斯托弗·墨菲，强调乌克兰的欧洲一体化方针不变。17 日，亚努科维奇访问俄罗斯，与俄总统普京会谈，俄方决定购买乌克兰150亿美元债券并降低天然气价格。19日，亚努科维奇在接受乌克兰媒体采访时表示："十分重要的是，不让任何国家介入我国内部问题，也不让它们认为它们可以在这里按自己愿望做主。我绝对反对让某些人来到我们这里教我们如何生活。"22日，约10万人在基辅集会示威，反对派领袖克里琴科号召人群持续示威，在基辅的独立广场上度过新年和之后的几周，以迫使亚努科维奇提前举行总统和议会选举。

美国副总统拜登访问东亚三国。2日，美国副总统拜登到访日本。3日，在与日本首相安倍晋三举行会谈后的联合记者会上，拜登声称，中、日两国有必要构筑危机管理机制和富有成效的对话渠道，以缓解地区紧张局势，避免因误判引发的冲突。当天，拜登还与日本副首相兼财务大臣麻生太郎、自民党干事长石破茂、民主党代表海江田万里等举行会谈，强调日美同盟的重要性，表示"总体上希望保持日美间的紧密联系"。

4日，拜登到访中国，中国国家主席习近平在人民大会堂同拜登举行会谈。习近平表示，同奥巴马总统两次会晤，一致同意努力构建不冲突不对抗、相互尊重、合作共赢的中美新型大国关系，明确了两国关系未来发展方向。近来，双方在双边、地区、全球各层面积极拓展协调与合作，推动两国关系取得了重要进展。习近平指出，当今世界并不安宁。中美在维护世界和平稳定、促进人类发展进步方面肩负共同责任，加强对话与合作是两国唯一正确选择。双方要牢牢把握两国关系正确方向不动摇，尊重彼此核心利益和重大关切，积极拓展务实合作，妥善处理敏感问题和分歧，确保中美关系持续健康稳定向前发展。拜登表示，美中关系是21世纪最重要的双边关系。美方赞赏习近平主席为推动美中关系体现出的战略远见和务实态度，积极致力于同中方一道，在相互尊重、相互信任、平等相待基础上，建设美中新型大国关系。这种关系充满希望和机遇，可以避免守成大国和新兴大国之间发生冲突的历史定律重演。相信我们有能力实现这一目标。习近平重申了中方在台湾问题、涉藏问题及划设东海防空识别区等问题上的原则立场。双方还就朝鲜半岛局势、伊朗核问题、叙利亚等问题交换了意见，同意加强沟通与协调。同日，中国国家副主席李源潮在北京会见拜登。

6日，拜登到访东亚之行的最后一站韩国，与韩国总统朴槿惠进行了会谈。拜登表示，韩国和日本是美国的两个重要盟国，希望两国尽快消除障碍、改善关系。朴槿惠表示，期待日本为此采取有诚意的举措。

伊朗就核问题与西方博弈。2 日，正在阿曼访问的伊朗外交部长扎里夫表示，伊朗人民对西方国家感到不信任，西方国家应采取措施与伊朗建立信任关系。伊朗将继续和平利用原子能，这一点不容谈判。伊朗认为，拥有核武器会损害国家自身安全，伊朗无意在核问题上欺骗世界。5 日，伊朗总统鲁哈尼对到访德黑兰的伊拉克总理马利基说，伊朗希望进一步全面加强与邻国伊拉克各领域长期、互利的战略合作关系，特别是在经济和基础设施建设等方面的合作。7 日，美国国防部长哈格尔发表讲话，称美国将向海湾国家出售导弹防御系统及其他武器，以增强其应对伊朗弹道导弹的能力。8 日，鲁哈尼表示，伊朗与伊朗核问题六方 11 月签署的临时协议已经提振了伊朗的经济。同日，伊朗原子能组织发言人贝赫鲁兹说，两名国际原子能机构核查人员当天视察了伊朗阿拉克重水反应堆。9 日，伊朗国防部长侯赛因·德格罕发表声明回应哈格尔两天前的讲话，称“伊朗增强了自己的国防潜力，有能力予以任何侵略者致命性打击”。10 日，伊朗外长扎里夫表示，若西方国家对伊朗实施新的制裁，则伊朗将拒绝履行已达成的伊朗核问题协议。同日，美国国务卿克里表示，伊朗核问题正处于“微妙外交时刻”，呼吁国会不要通过对伊朗新制裁措施，给伊核问题谈判人员和专家组更多时间和空间。他同时强调，目前对伊朗放松制裁的部分是有限和可逆转的，对伊朗石油禁运和金融制裁等绝大部分措施在 6 个月内仍将继续。11 日，国际原子能机构和伊朗在奥地利首都维也纳举行专家级谈判。12 日，美国财政部公布对伊朗制裁新名单，以规避对伊制裁、为伊朗核计划提供支持为由，宣布将 19 个公司及个人列为制裁对象。伊朗代表团为此退出正在维也纳举行的专家级会谈，以示抗议。17 日，伊朗外交部发言人阿芙哈姆说，伊朗希望尽快与有关各方重启专家级会议，商讨落实伊朗核问题日内瓦第一阶段协议。阿芙哈姆对欧盟将暂停部分对伊朗制裁表示欢迎，称这一声明总体上“有益和具有建设性”，希望看到声明落到实处。19 日，由包括参议院外交关系委员会主席罗伯特·梅嫩德斯在内的 26 名美国参议员联名提出一项针对伊朗的新制裁议案。根据该议案要求，如伊朗违反 2013 年 11 月达成的伊朗核问题第一阶段协议，或者谈判各方无法达成伊朗核问题的全面解决方案，美国政府将强化对伊朗制裁，包括在石油、建筑、工程和矿产等行业采取新措施。白宫立即作出回应，称若议案获得通过，美国总统奥巴马将动用否决权。26 日，约 100 位伊朗议员在议会提出一项提案，这一提案规定，如有新的制裁被追加给伊朗，政府就会将铀浓缩的浓度提高到

60%。30 日，伊朗原子能组织主席萨利希称，伊朗布什尔核电站因进行例行维护暂停工作两个月，核电站在此期间将补充燃料。31 日，正在瑞士日内瓦参加专家级会谈的伊朗谈判代表巴埃迪内贾德说，日内瓦伊朗核问题第一阶段协议将于 2014 年 1 月下旬开始落实。伊朗核谈代表阿拉克齐表示，专家级会谈取得了"较好进展"，不过仍有部分问题需要通过政治途径解决。

英国首相卡梅伦访华。2 日—4 日，应中国国务院总理李克强邀请，英国首相卡梅伦对中国进行正式访问。2 日，中国国家主席习近平在钓鱼台国宾馆会见卡梅伦。习近平强调，中、英都是世界主要经济体，也都是联合国安理会常任理事国。两国关系不仅关系到各自发展，也具有重要全球影响。双方应该登高望远，超越国情、制度和价值观差异，加深相互了解，相互尊重，平等相待，照顾对方重大关切和核心利益，增进互信，规划好中英关系未来，推动两国合作长期健康发展。卡梅伦表示，中国的发展是 21 世纪具有划时代意义的事件，不仅造福中国人民，对世界也是重大机遇。中共十八届三中全会勾画出中国未来发展的宏图，令人刮目相看。英方高度重视中国的成功及英中合作，愿同中方保持高层交往，在相互尊重基础上加强对话，加深了解。同日，李克强在人民大会堂与卡梅伦举行中国新一届政府成立后的首次中英总理年度会晤。双方就中英关系和共同关心的国际、地区问题深入交换意见，达成重要共识。卡梅伦表示，英方尊重中国的主权和领土完整，承认西藏是中国的一部分，不支持"西藏独立"。会谈后，李克强与卡梅伦共同见证了中英投资、科技、金融、司法、文化等领域双边合作文件的签署。两国总理还共同会见了英国企业家代表和记者。同日，中国全国人大常委会委员长张德江在人民大会堂会见卡梅伦，中国国务院副总理汪洋与英国首相卡梅伦在北京共同出席中英工商峰会开幕式。卡梅伦还访问了中国上海和成都。

北约外长会议关注阿富汗问题。3 日—4 日，为期两天的北约外长会在比利时首都布鲁塞尔北约总部召开。3 日会议的主要议题是阿富汗问题和 2014 年峰会的准备工作。各国外长一致认为，北约必须致力于建设适宜的作战能力和强有力的伙伴关系，以从容面对未来的挑战。各国外长还承诺强化跨大西洋联系，为北约在阿富汗的行动翻开新的一页作准备。北约秘书长拉斯穆森呼吁阿富汗总统卡尔扎伊尽快与美国签署《双边安全协议》，警告称如果不签署协议，北约在 2014 年后将无法在阿富汗执行培训任务，国际社会对阿军事和经济援助也将面临风险。4 日的会议以北约—俄罗斯理事会会议开头。拉斯穆森在会后表示，北约和俄罗斯决定强化在一些领域的合作，共建信任。双方将在共同处理过期弹药、打击毒品、恐怖主义和海盗、排除地雷等领域加强合作。双方还就叙利亚等目前国际热点问题进行了讨论。拉斯穆森还表示，北约欢迎禁止化学武器组织在叙利亚所做的工作，并敦促各方同禁止化学武器组织以及联合国充分合作。俄罗斯外长拉夫罗夫表示，“重要的是保持定期对话，以便掌握目前正在讨论的创建北约和美国新使命的所有计划。重要的是了解这些代表团的任务、目标及委任状，当然必须拥有牢固的国际法律基础——联合国安理会决议”。

日本政府继续调整安全战略。4 日，作为统筹日本外交、安全保障政策“司令部”的国家安全保障会议在日本首都东京正式成立并召开了由首相安倍晋三、副首相麻生太郎、官房长官菅义伟、外相岸田文雄以及防卫相小野寺五典组成的“五大臣会议”，就年内制订的国家安保战略、如何应对中国设立防空识别区、朝鲜局势等问题进行了协商。6 日，执政的自民党不顾在野党和民众的强烈反对，在国会参议院全体会议上强行表决通过旨在严惩泄露国家机密行为的《特定秘密保护法案》。该法案已于 11 月 26 日在众议院获得通过，因此在参议院表决通过后便生效，但将在一年后正式付诸实施。当日，日本国会众议院投票否决了最大在野党民主党提出的对安倍晋三内阁不信任决议案。17 日，日本政府在内阁会议上通过了《国家安全保障战略》和《防卫计划大纲》。18 日，美国国务院副发言人哈夫在记者会上表示，两份文件“都加入了强化美日同盟的内容，让人感到高兴”。23 日，日本政府以“紧急性”和“人道主义性质极高”为由，作为《武器出口三原则》例外，决定向在南苏丹开展联合国维和行动的韩国军队无偿提供一万发枪弹。24 日，联合国秘书长潘基文对此予以证实。25 日，日本政府在首相官邸召开《特定秘密保护法案》通过后首次为检查秘密指定妥当与否的“保全监视委员会”会议。“保全监视委员会”委员长为日本现任少子化担当相森雅子，她在会后采访中表示，2014 年秋季之前将制定出秘密指定与解除的统一标准。

26 日，安倍参拜靖国神社。当日，中国外交部发言人秦刚表示，日本首相安倍晋三不顾中方坚决反对参拜靖国神社，中国政府向日方提出强烈抗议和严厉谴责。韩国政府发言人、政府文化体育观光部长官刘震龙代表政府发表声明说，安倍不顾周边国家及国际社会的担忧和警告悍然参拜靖国神社，韩国政府对此表示愤怒，并予以谴责。美国驻日本大使馆发表声明说，安倍参拜靖国神社将激化与邻国的紧张关系，美国政府对此表示失望。美方希望日本与邻国通过建设性方式来解决敏感问题，改善关系。俄罗斯外交部发言人卢卡舍维奇表示，俄罗斯对日本首相安倍晋三当天参拜靖国神社表示遗憾。日本公明党党首山口那津男、日本民主党政策调查会会长樱井充、日本共产党委员长志位和夫、日本社民党干事长又市征治说，都不赞成安倍此举。27 日，联合国秘书长潘基文通过发言人对安倍参拜靖国神社表示关注，强调日本应对其他国家特别是二战受害者的感情表现出应有的尊重，并将重点放在谋求与东北亚国家建立互信和紧密的伙伴关系方面。欧盟外交和安全政策高级代表阿什顿的发言人发表声明，批评安倍参拜靖国神社，强调这一举动不利于缓解该地区紧张局势或改善日本与邻国的关系，尤其是和中国及韩国的关系。同日，韩国国防部副发言人、陆军上校魏永燮表示，韩国将在附加军事补给物资到达后，将日本提供的弹药归还联合国方面。30 日，韩国总统朴槿惠不点名地批评日本首相安倍晋三，称其参拜靖国神社是“揭开历史伤疤”、有损国家间互信的行为。朴槿惠说，如果一个国家反复做出违背国际社会公认的价值和准则、违背人类良知的行为，无论其经济如何强大，也绝不会被视为一流国家。

南非前总统曼德拉去世。5 日，南非首位黑人总统纳尔逊·曼德拉去世，享年 95 岁。南非总统祖马 6 日凌晨就此发表全国讲话，宣布南非全国降半旗，并为曼德拉举行国葬。多国领导人表示哀悼。10 日，曼德拉官方追悼会在南非约翰内斯堡体育场举行，近百名国家元首和政府领导人以及近 10 万南非民众出席。中国国家主席习近平特别代表、中国国家副主席李源潮出席并致辞。南非总统祖马及美国、巴西、纳米比亚、印度、古巴等国领导人，联合国秘书长潘基文和非盟主席德拉米尼·祖马等先后致辞。11 日—13 日期间，南非公民和外国贵宾在南非总统府瞻仰曼德拉遗容。14 日，曼德拉遗体被运回故乡南非东开普省。15 日，曼德拉所属的腾布部落在曼德拉最后的归宿地古努村为曼德拉举行传统葬礼。

安理会决定授权在中非共和国部署国际支助团。5 日，联合国安理会一致通过决议，对中非共和国局势持续恶化、法治及秩序完全失控、派别关系紧张及其对中部非洲地区内外带来的后果深表关注，强调国际社会需迅速采取对策。决议授权部署非盟主导的中非共和国国际支助团，为期 12 个月，在决议通过 6 个月后进行审查。支助团将协助保护平民，恢复安全与公共秩序，提供人道主义援助等。决议还决定对中非实施武器禁运。同日，法国总统奥朗德发表简短电视讲话，宣布法国军队在中非共和国立即采取军事行动，以保护平民，恢复该国局势稳定。奥朗德说，目前法国在中非共和国有 650 名军人，未来几天将增加 1 倍。

多国协助销毁叙利亚化学武器。6 日，挪威与丹麦外交大臣发表联合声明说，把化学武器运出叙利亚是国际社会一项至关重要的任务。两国致力于执行联合国安理会第 2118 号决议，已向由禁止化学武器组织和联合国领导的相关联合行动提供了军事和经济援助。两国同意分别提供舰船、飞机和人力，联合开展海上运输，将化学武器安全运出叙利亚。此次海上联合行动将由丹麦牵头，行动方案在完成两国各自国内审批程序后执行。18 日，俄罗斯外长拉夫罗夫表示，叙利亚化学武器销毁进程需要许多国家的努力，销毁叙利亚化学武器第二阶段已经开始。23 日，俄罗斯国防部长绍伊古说，俄已向叙利亚派遣 25 辆装甲车和 50 辆其他车辆用于运输化学武器，以协助叙销毁化武。24 日，俄罗斯副外长里亚布科夫表示，俄罗斯近期将向联合国转款用于销毁叙利亚化学武器，数额近 200 万美元。27 日，应俄罗斯邀请，中国、美国、叙利亚、丹麦、挪威及禁止化学武器组织——联合国叙利亚特派团代表在俄罗斯首都莫斯科召开多边协调会，讨论并达成了叙利亚化学武器海运护航方案。30 日，联合国和禁止化学武器组织发表联合声明，称由于受到外部技术因素的影响，将叙利亚境内部分关键化学武器在 2013 年 12 月底前运送出境进行销毁的计划可能无法如期完成。

非洲和平与安全首脑会议召开。6 日—7 日，非洲和平与安全首脑会议在法国首都巴黎召开。法国总统奥朗德、35 个非洲国家的元首或政府首脑、联合国秘书长潘基文、欧洲理事会主席范龙佩、欧盟委员会主席巴罗佐、非盟委员会主席祖马等人出席。会议讨论了非洲和平与安全、经济发展与合作及应对气候变化等问题。法国承诺，帮助非洲建立一支快速反应部队并负责其培训，以增强非洲国家应对危机的能力。法国还计划与非洲建立新型经济合作关系，在未来 5 年内推动法非贸易额翻番，并倡议建立“法国—非洲增长基金”，以促进法国、欧盟与非洲在创新和新技术等领域的合作。

多哈回合谈判取得历史性突破。7 日，世界贸易组织第九届部长级会议在印度尼西亚巴厘岛闭幕，会议发表了《巴厘部长宣言》，达成“巴厘一揽子协定”，多哈回合谈判 12 年僵局终获历史性突破，世贸组织成立 18 年来首个全球性贸易协定诞生。该协定包含贸易便利化、农业、棉花、发展 4 项议题共

10份文件，内容涵盖简化海关及口岸通关程序、允许发展中国家在粮食安全上有更多选择权、协助最不发达国家发展贸易等内容。据国际商会预测，协定将为全球经济增加9600亿美元贸易额、创造2100万个就业岗位，其中1800万个在发展中国家。世界贸易组织总干事阿泽维多会后表示："巴厘岛只是一个开始，它让我们有足够的信心解决那些耽搁许久的问题。"未来一年内，世界贸易组织贸易谈判委员会将以此次会议协定为基础，就多哈发展议程遗留议题建立清晰的工作计划，首要关注农业和最不发达国家的发展问题。

德国大联盟政府组成。9日，德国现任总理默克尔所领导的基督教民主联盟举行党内表决，同意在大选中获胜的由基督教民主联盟和基督教社会联盟所组成的联盟党与德国社会民主党组成大执政联盟，联合组阁。15日，德国社会民主党以压倒性投票结果赞成与默克尔领导的保守的联盟党组成"大联合政府"。16日，联合执政协议签署。18日，默克尔宣誓就职。在其第三个任期的首次演讲中，默克尔敦促欧洲合作伙伴，通过让渡经济政策制定权以及对欧元区条约进行具有政治敏感性的修改，来解决欧元区存在的缺陷。默克尔对爱尔兰和西班牙在经济方面取得的进展表示了赞赏，并称希腊、葡萄牙和塞浦路斯也显露出改善的迹象。当天，默克尔宣誓就职后首访伙伴国法国，与法国总统奥朗德会谈并召开共同记者会。奥朗德称，对于欧洲的前途，法、德两国有特殊的责任；默克尔表示，将与法国紧密合作，推动两国关系进入新阶段。

叙利亚局势仍处于胶着状态。11日，联合国西亚经济社会委员会发表报告说，自2011年3月叙利亚危机爆发1000天来，叙国内生产总值下降45%，500万劳动力中有300万人失业。如果这场冲突持续到2015年，叙利亚的经济发展将倒退30年，人力发展将倒退20年。当天，正在伊朗访问的俄罗斯外长拉夫罗夫在与伊朗外长扎里夫联合举行的新闻发布会上说，俄方认为伊朗在和平解决叙利亚问题的过程中将扮演重要角色，十分有必要参加叙利亚问题第二次日内瓦国际会议。扎里夫在发布会上说，军事行动无助于解决叙利亚危机，政治对话是解决问题的唯一途径。叙利亚问题应由叙利亚人民解决，其他国家可以提供协助，但无权替叙利亚人民作决定。美国国务院证实，美国决定暂停向叙利亚北部的反对派提供非致命援助。第34届海湾合作委员会峰会在科威特闭幕时，通过关于叙利亚危机的宣言，呼吁国际社会共同努力解决叙利亚危机。宣言还指责叙利亚"使用国际社会禁止的各种重型和化学武器屠杀人民"，认为叙利亚危机严重危害了本地区的安全和稳定，并要求所有外国军队和真主党武装人员撤出叙利亚。叙利亚外交部迅即发表声明，强烈抗议海合会峰会发布“煽动性”言论，并称恰恰是海合会一些成员国“支持恐怖主义”，致使叙利亚人民遭杀戮、国家遭破坏。伊斯兰合作组织第40次外长会议在几内亚首都科纳克里落幕。与会者对叙利亚严峻的人道主义形势感到担忧，呼吁组织成员国帮助解决叙利亚日益严重的人道主义危机。据统计，目前仅在邻国的叙利亚难民就超过200万人。26日，联合国秘书长潘基文通过发言人发表声明，对叙利亚北部阿勒颇等地近日冲突加剧、造成大量人员伤亡深表担忧，呼吁各方和平解决冲突。声明说，潘基文谴责在平民所在地持续、任意使用重型武器及迫击炮轰炸，强调冲突各方必须遵守国际人道主义和人权法，在任何情况下必须保护所有平民。

俄罗斯总统普京发表国情咨文。12日，普京第10次对联邦会议发表国情咨文，阐明俄罗斯国内外政策的主要方向。在国情咨文中，普京称俄不寻求获得世界强国的称号。围绕叙利亚和伊朗的局势表明，任何国际问题只能通过政治手段解决，而不应该诉诸于没有远景和令大多数国家排斥的武力行动。俄罗斯在解决叙利亚危机问题上从来没有使自己的国家利益受到威胁，也在避免外部力量干涉叙利亚事务以及避免叙利亚冲突扩散方面作出了很大贡献。

日本着力加强与东盟和阿拉伯国家关系。13日，日本与东盟特别首脑会议在日本首都东京开幕，日本首相安倍晋三和东盟十国领导人参加。当日，安倍在首相官邸举行开幕晚宴并发表讲话称，日本与东盟各国是共享未来、心心相通的伙伴。当天，安倍与菲律宾总统阿基诺三世举行双边会谈，决定向菲提供690亿日元贷款，用于菲灾后重建和提高海上警备能力，其中包括向菲律宾提供10艘巡逻船费用。安倍在与印度尼西亚总统苏西洛会谈时，宣布向印尼提供620亿日元贷款，主要用于印尼国内基础设施建设。双方同意加强在安保合作领域的沟通。安倍还会晤了文莱苏丹哈桑纳尔和新加坡总理李显龙，探讨了地区性和国际议题。14日，安倍在该特别首脑会议上宣布，为援助东盟在2015年建立共同体，今后5年期间日本将提供总计约2万亿日元（约合人民币1176亿元）的政府开发援助。15日，安倍与越南总理阮晋勇举行会谈，双方确认了将共同努力确保海洋安全及维持航空秩序的方针。安倍还宣布日本将向越南提供总计约960亿日元贷款以促进越南基础设施的建设。安倍在会谈后的联合记者会上强调，“日本与越南的合作，对于地区的稳定极为重要”。

16日，旨在加强日本与阿拉伯国家经贸关系的第三届“日本和阿拉伯经济论坛”在日本首都东京召开。本届论坛的主题是在阿拉伯国家创造就业岗位和培育产业。伊拉克副总理沙赫里斯塔尼等约20个阿拉伯国家和地区以及日方共约1500人出席。日本经济产业相茂木敏充致辞称：“希望不仅仅能在石油、天然气领域，还在基础设施建设、产业合作、医疗等领域与增长显著的阿拉伯国家构筑多层次关系。”17日，日本外相岸田文雄在日本首都东京与阿尔及利亚、利比亚、突尼斯、摩洛哥、毛里塔尼亚西北非5国部长举行座谈，表示日本正在准备向该地区的国家提供约2400万美元援助，用于打击恐怖主义。岸田在会上表示，要加强日本与西北非地区的关系，必须保障当地日本人及日本企业的安全，要求各国采取措施严厉打击恐怖主义。

孟加拉国政局动荡。13日，孟加拉国首都达卡发生暴力活动，抗议对该国的伊斯兰领袖阿卜杜拉·卡迪尔·莫拉处以绞刑。警察与伊斯兰抗议者爆发冲突，导致至少3人死亡。17日，孟加拉国反对党联盟再次发起连续72小时的全国交通封锁行动，要求恢复无党派看守政府监督下届议会大选。29日，孟加拉国反对党联盟在首都达卡举行示威大游行，要求哈西娜政府取消2014年初的议会选举。游行队伍和防暴警察及执政党成员在达卡市内多处地点发生暴力冲突，导致死伤。30日，反对党联盟宣布从2014年1月1日起将发起持续不断的大规模交通封锁行动，要求哈西娜政府取消1月5日的议会选举。

爱尔兰退出欧盟救助计划。13日，国际货币基金组织向爱尔兰发放了最后一批救助贷款，至此，为期3年共计850亿欧元的贷款全部发放完成。爱尔兰将按计划于15日正式退出欧盟及国际货币基金组织的救助计划，成为欧元区第一个退出救助计划的国家。

巴切莱特再度赢得智利总统选举。15日，智利举行总统选举第二轮投票。当晚，根据智利选举委员会公布统计数字，在对全国99.92%的选票进行统计后，由7个政党组成的反对派联盟“新多数联盟”候选人米歇尔·巴切莱特的得票率为62.16%，执政的“争取变革联盟”候选人埃韦琳·马泰的得票率为37.83%，巴切莱特获胜。巴切莱特1951年9月出生于智利首都圣地亚哥，因其父亲阿尔贝托·巴切莱特曾是智利空军少将，后在皮诺切特政变后入狱而死，青年时期历经坎坷。智利军政府还政于民后，2000年出任民选政府的卫生部长，2002年出任国防部长，2004年辞职投入总统大选。2006年1月，作为执政联盟总统候选人参加大选并获胜，同年3月11日宣誓就职，成为智利历史上第一位女总统。2010年3月结束总统任期。2008年，巴切莱特对中国进行国事访问。

土库曼斯坦举行国民议会选举。15日，土库曼斯坦第五届国民议会选举举行，选民们将从283名候选人中投票选出125名议员。这是土库曼斯坦首次出现两个政党参加国民议会选举，执政的土库曼斯坦民主党共有99名候选人，另一个是2012年成立的企业家党有21名候选人，其他为工会、妇联和青年组织的候选人。

南苏丹局势突发动荡。16日，南苏丹政府宣布挫败一起政变图谋。声明说，当地时间15日晚至16日在南苏丹首都朱巴发生的武装冲突是一起政变图谋，其幕后策划者是2013年7月被撤职的前副总统里克·马沙尔，其政变图谋被挫败，局势已得到控制，有关当局正在对事件进行彻底调查。声明还宣布，在南苏丹实施紧急状态，并从每晚6时到次日晨6时实施宵禁。17日，联合国秘书长潘基文与南苏丹总统基尔通电话，对南苏丹军队内部冲突表示关切，敦促政府与反对派通过对话和平解决分歧。18日，南苏丹军事派别武装冲突从首都朱巴蔓延到郊区琼莱州。当日，基尔举行新闻发布会，表示希望同反对者对话解决问题。19日，美国总统奥巴马通知国会，他已于18日下令在安全形势不断恶化的南苏丹部署一支小型部队，以保护美国公民人身和财产安全。20日，联合国安理会就南苏丹局势举行闭门磋商并发表媒体声明，呼吁基尔与马沙尔立即展开对话，以解决危机。安理会本月轮值主席、法国常驻联合国代表阿劳德在磋商后对媒体说，联合国已收到南苏丹的很多关于侵犯人权、针对种族暴力活动的报告。22日，奥巴马警告南苏丹，意图发动军事政变将会导致华盛顿当局及其盟邦切断对南苏丹的援助。当日，正在菲律宾访问的联合国秘书长潘基文呼吁南苏丹政治和军事领导人立即停止敌对行动，结束针对平民的暴力行为。21日，南苏丹军方发言人阿奎尔说，反政府武装已占据琼莱州首府博尔。22日，南苏丹驻苏丹大使马延·杜特在喀土穆举行的记者招待会上说，南苏丹的石油生产没有受到武装冲突的影响，南苏丹的石油出口一直保持正常。24日，联合国安理会一致通过决议，决定临时将联合国南苏丹特派团扩充至1.38万人，共增派近6000人，以支持其保护平民及提供人道主义援助。当日，美国国务院发言人普萨基发表声明称，美国负责苏丹和南苏丹事务的特使布思正在南苏丹首都朱巴与东非政府间发展组织领导人一起积极斡旋，冲突双方可能会在几天后开始对话。27日，联合国人道主义事务协调办公室在瑞士日内瓦发布公报称，本月中旬以来，南苏丹武装冲突已造成该国至少12万人流离失所，且这一数字可能继续上升，这些人急需食品、饮用水、临时住所和医疗服务。28日，马沙尔发表声明主张举行对话，但作为对话的先决条件，所有在押人员都必须首先获得释放。29日，南苏丹副总统詹姆斯·瓦尼·伊加发表声明，对马沙尔的上述说法进行反驳，并指责其拒绝总统基尔日前宣布的停火倡议。当日，联合国秘书长潘基文通过其发言人发表声明说，联合国和非洲联盟驻达尔富尔联合特派团（联非达团）的一个车队当天在南达尔富尔州格雷达附近遭不明身份武装分子袭击，造成2名维和人员死亡。潘基文对这一袭击联非达团维和人员的“懦夫”行为予以最强烈的谴责，同时希望苏丹政府尽快将此次及此前袭击联非达团的肇事者绳之以法。30日，潘基文通过电话同基尔进行了交谈。在随后发布的一项会议纪要声明中，潘基文表示欢迎基尔致力于停止敌对行动的承诺和准备同反对派领导人进行对话。他呼吁所有各方全面合作，为当前危机寻找一种和平的解决办法。潘基文重申联合国支持东非“政府间发展组织（伊加特）”在南苏丹问题上所进行的调解，呼吁所有各方全面合作，为当前危机寻找一种和平的解决办法。潘基文还同基尔讨论了落实安理会12月24日通过的有关加强联合国驻南苏丹特派团力量紧急计划的措施。同一天，安理会就南苏丹最新局势进行了磋商。31日，肯尼亚外交部发表声明说，基尔和马沙尔已同意停战，并指定谈判人员监督并实施停战计划。双方和谈重点为监督停战，并就解决导致出现当前对峙局面的政治问题进行对话。声明还说，“伊加特”在南苏丹的特使已向基尔和马沙尔传达了东非地区国家支持南苏丹恢复和平稳定的强烈诉求。

联合国安理会通过加强打击网络恐怖主义的决议。17日，联合国安理会以15票赞成一致通过第2129号决议，重申一切形式的恐怖主义均对国际和平与安全构成最严重威胁，强调国际社会应继续将打击恐怖主义作为工作重点。决议特别指出，对恐怖组织或恐怖分子利用互联网实施恐怖行为，包括煽动、招募、资助或策划等活动表示严重关切，明确要求联合国反恐机构会同各国和有关国际组织加强对上述行为的打击力度等。决议并将安理会反恐执行局任期延长4年。

美国联邦储备委员会拉开退出量化宽松政策序幕。18日，美国联邦储备委员会发表声明，宣布“鉴于在促进最大限度就业目标取得的进展以及劳动力市场前景的改善”，决定适度减少资产购买计划。自2014年1月开始，将每月购债规模缩减100亿美元，其中，长期国债由450亿美元削减至400亿美元，抵押贷款支持证券购买由 400 亿美元削减至 350 亿美元，即将每月 850 亿美元的债券购买额调整为 750 亿美元。美联储主席伯南克和即将于 2014 年 2 月 1 日接替主席职务的耶伦均支持该项决定。伯南克强调，削减购债规模并不表示货币政策已经收紧，承诺将继续保持高强度的货币刺激政策。他重申，美联储并没有退出“预设轨道”，未来的决策仍取决于经济数据。未来在进一步缩减上，美联储将“摸着石头过河”。如果经济恶化，手上还有政策工具。在利率政策方面，美联储此前表示，只要失业率高于 6.5%、未来一至两年内通胀率预期低于 2.5%，就不会加息，也就是将维持 0—0.25% 的基准利率。美联储为加息设定门槛，这被称为利率政策“前瞻指引”。在 18 日的声明中，美联储强化了这一指引，表示目前的超低利率可能维持到失业率下降至 6.5% 的时点之后的较长时间，特别是在通胀率预计将持续低于 2% 的情况下。

欧盟冬季峰会召开。19 日，为期两天的欧盟冬季峰会在比利时首都布鲁塞尔开幕，欧盟 28 个国家的首脑出席。此次峰会主要议题包括失业率、移民及银行联盟等。各国首脑在以加强防御能力为目的支持无人侦察机等军事技术的开发一事上达成一致。上千名青年及工会成员聚集场外，抗议欧盟预算条约及欧盟与美国贸易协定的协商不够透明。

卜拉希米公布叙利亚问题国际会议与会方初步名单。20 日，联合国—阿盟叙利亚危机联合特别代表卜拉希米在瑞士日内瓦宣布了 2014 年 1 月 22 日在瑞士举行的叙利亚问题国际会议的主要与会方初步名单。卜拉希米在万国宫举行的记者会上说，除联合国、联合国安理会五个常任理事国、阿盟、欧盟和伊斯兰合作组织代表外，叙利亚的主要邻国土耳其、黎巴嫩、约旦和伊拉克，中东地区国家沙特、埃及、阿拉伯联合酋长国等，以及瑞士、加拿大、巴西、印度、南非等 26 国也将参加此次会议。叙利亚政府已确定参加此次会议代表团人选，并将尽快公布人员名单，而叙主要反对派“全国联盟”仍在与叙境内外其他反对派组织协商，12 月 27 日前无法确定反对派参会具体人选。23 日，联合国秘书长潘基文表示，他支持伊朗参加将于 2014 年 1 月举行的叙利亚问题国际会议，希望针对伊朗是否与会的分歧能尽快得到解决。他同时呼吁叙利亚政府和反对派努力使其各自的代表团尽可能阵容强大且具代表性，并希望其他各方鼓励叙利亚各派带着结束战争、同意和平过渡的意图参会。28 日，阿尔及利亚外长拉马姆拉表示，阿尔及利亚将参加 2014 年在瑞士举行的第二次叙利亚问题日内瓦会议。他说，阿尔及利亚将不遗余力地支持卜拉希米，将努力促使阿拉伯国家与叙利亚冲突各方就此问题进行建设性会谈。

柬埔寨发生大选后最大规模游行示威。22 日，柬埔寨首都金边发生自 7 月全国大选以来的最大规模游行示威活动，由反对党救国党发起，参与人数超过 2 万人，没有发生冲突或造成人员伤亡。与此前示威救国党提出对大选违规行为进行独立调查的要求不同，救国党此次的口号是"要求柬埔寨重新举行大选，要求首相洪森下台"。28 日，救国党主席桑兰西在柬埔寨首都金边举行新闻发布会，表示希望就当前局势与执政的人民党展开谈判，共同解决当前存在的选后政治危机。柬埔寨救国党副主席肯索卡同时在发布会上表示，尽管救国党呼吁与执政党谈判，但仍不会放弃现在组织的游行示威。

突尼斯临时政府开始组阁。23 日，突尼斯全国对话大会全体会议举行，与会的政党同意向制宪议会递交选举委员会 456 名候选人名单，制宪议会将从中挑选出 9 人组成选举委员会，负责下一次大选的组织工作。25 日，突尼斯劳动党发言人哈马米说，临时政府开始组阁。全国对话大会的组织方承诺，在 2014 年 1 月 14 日前完成政府改组，通过新宪法并组建选举委员会。

欧亚经济委员会最高理事会会议举行。24 日，欧亚经济委员会最高理事会会议在俄罗斯首都莫斯科举行，俄罗斯总统普京、白俄罗斯总统卢卡申科和哈萨克斯坦总统纳扎尔巴耶夫出席。三国总统签署一系列协议，决定欧亚经济联盟于 2015 年 1 月 1 日起正式运行，批准亚美尼亚加入关税同盟路线图。在会议结束后共同会见记者时，普京表示，欧亚经济联盟条约的起草工作取得实质性进展，条约中基础性、制度性内容获得一致认同，下一步各方将继续讨论条约中涉及产业的具体内容，以确保货物、服务、资金和劳动力在经济联盟中自由流动。25 日，普京和卢卡申科举行俄白联盟最高国务委员会会议，讨论两国一体化、经贸合作发展等问题，决定俄罗斯向白俄罗斯提供 20 亿美元贷款。

土耳其政府改组。25 日，土耳其总理埃尔多安在与总统居尔会晤后宣布改组内阁，更换了包括当天因子女和其他亲属涉嫌卷入受贿丑闻而宣布辞职的经济部长、内政部长、环境和城市化部长等在内的 10 名部长。

俄罗斯伏尔加格勒连续发生恐怖袭击事件。29 日，俄罗斯伏尔加格勒火车站发生自杀式爆炸，至少造成 18 人死亡，40 人受伤。当日，联合国秘书长潘基文通过其发言人发表声明，强烈谴责这起恐怖袭击事件，呼吁将这一"令人发指"行径的实施者绳之以法。欧洲理事会主席范龙佩在一份声明中说："我最强烈地谴责 29 日发生在伏尔加格勒的这起穷凶极恶的恐怖袭击事件。我向遇难者家属致以深切哀悼。"美国国务院发言人普萨基发表简短声明，对当天发生在伏尔加格勒火车站的恐怖袭击予以强烈谴责，强调美国"支持俄罗斯民众反对任何形式的恐怖主义"。30 日，伏尔加格勒 1 辆无轨电车发生爆炸，造成 15 人死亡。当天，俄总统普京指示，国家反恐委员会强化措施确保伏尔加格勒州和其他地区安全，同时要求该委员会每天向其汇报各地安全形势和相关措施落实情况。俄总理梅德韦杰夫签署政府令，从政府储备基金中拨出 6500 万卢布资金，用于向 2 起恐怖袭击死亡者家属和受伤者提供帮助。伏尔加格勒州将 12 月 30 日至 2014 年 1 月 3 日确定为哀悼日，该州将取消新年所有庆祝活动。俄国家反恐委员会驻伏尔加格勒州代表皮利普丘克介绍，伏尔加格勒市从当天起开展"旋风 - 反恐"专项行动，超过 4000 名警察和内务部队军人参与其中。专项行动主要目的是加强对火车站和商场等人员密集地点的巡视检查力度，避免恐怖袭击再度发生。

刚果（金）首都金沙萨发生袭击事件。30 日，位于刚果（金）首都金沙萨的国家电视台、恩吉利国际机场与一处军营先后遭不明身份武装人员袭击，致使电视台信号一度被切断，机场被临时关闭。当日，刚果（金）政府发言人曼德向外界表示，目前局势已被控制，近 40 名袭击者被击毙，其他不法分子或已被逮捕，或正在追捕中，目前官方已对袭击事件展开调查。

索　　引

（按首字汉语拼音顺序排列）

A

B

C

D

E

F

G

M

N

O

P

Q

R

S

T

W

X

Y

Z